Tore zur Freiheit

Andrea Dinkel-Tischendorf

TORE ZUR
FREIHEIT

EchnAton Verlag

Erstauflage: © EchnAton-Verlag Diana Schulz e.K.
Alle Rechte vorbehalten. Das Werk darf –
auch teilweise– nur mit Genehmigung des
Verlages wiedergegeben werden.

1. Auflage Oktober 2018

Gesamtherstellung: Diana Schulz
Covergestaltung: Leo Tischendorf
Coverbild: ©Andrea Dinkel-Tischendorf
Foto Rückseite: ©Christoph Daab
Druck und Bindung: CPI books GmbH, Leck
ISBN: 978-3-96442-000-8

www.echnaton-verlag.de

Für Maya,
in Liebe und tiefer Dankbarkeit

Der Weg der Liebe ist kein
raffiniertes Argument.
Das Tor dorthin ist Verzweiflung.
Die Vögel ziehen am Himmel
große Kreise voller Freiheit.
Wie lernen sie zu fliegen?
Sie fallen und im Fallen
wachsen ihnen Flügel.
Kabir

Inhalt

Vorwort   11

Einleitung   13
Frühe Kindheit   21
Gottes liebende Licht   28
Wieder verlassen   32
Ein neuer Weg   35
Heute begegnest du deinem Schicksal   38
Meine Suche findet ein Ende   40
Heilung durch Vergebung   46

KAPITEL 1
Das Jenseits   55
Angst vor Verstorbenen?   57
Meine erste Sitzung   61
Hilf ihr!   66
Du hast dich genug im Loslassen geübt   69
Der Zuhälter aus dem Jenseits   74
Angelika und ein Tötungsdelikt   76
Hörst du meine Musik?   84
Abschiednehmen leichter gemacht   88

KAPITEL 2
Das Wirken der Engel   95
Wie begegnen uns Engel?   98
Erinnerungen aus der Tiefe der Seele   101
Die Seeleneigenschaften   103
Engel in Menschengestalt   109

Veränderung durch Berührung   110
Eine engelsgleiche Seele spendet Licht   114
Engel schenken Heilung   119
Eine besondere Heilung meines Körpers   122
Menschen helfen, Toleranz zu entwickeln   124
Tina und ihre Engel-Schwester   126
Spiele die Oboe   133
Ein musikalischer Schutzengel   134
Hannas himmlische Hotline   137
Der Schutzengel und ein Meisterbrief   146
Engel warnen vor Gefahren   147
Engel schenken Frieden   149
Geh doch nackt!   152
Meine Hündin Gina als Engel an meiner Seite   153
Negative Denk- und Verhaltensmuster
verstehen und wandeln   155

KAPITEL 3
Die Geistführer   161
Und du hast doch Talent!   166
Geistführer brauchen auch etwas zu tun!   170
Wounded Knee schenkt mir Vertrauen   171
Zur rechten Zeit am richtigen Ort   173
Schwere wird in Leichtigkeit gewandelt   176

KAPITEL 4
Frühere Leben   183
Heilung durch das Sehen früherer Leben   187
Unsicherheit   190
Markus und das Kinderheim   195
Sandro, der Geigenspieler   198
Manuela und die Nazis   200
Die Radiomoderatorin, die ihren Seelenauftrag lebt   207
Pfarrer Paul   211

Ute und der fehlende Arm 215
Birgit und das Feuer 221
Martina und der Hungertod 224

KAPITEL 5
Wenn die Seele sich erinnert 233
Beate und der Friseur 233
Meine Angst vor Übergewicht 235
Ein gewaltsamer Tod 237
Ein merkwürdiger Schmerz 239

KAPITEL 6
Gebete für Mutter Erde 245

Nachwort 257
Ich möchte Danke sagen 259
Über die Autorin 261

Vorwort

Dieses Buch ist in der Hoffnung geschrieben, es möge jedem Leser und jeder Leserin Erkenntnis schenken über die Liebe und Weisheit, die aus Gott geboren in unserer Seele wohnt, und über die Kraft, die aus seinem Licht ein Feuer in unserem Herzen entfesselt, das jegliches Leid zu transformieren vermag.

Es ist ein Buch voller Geschichten ... wahrer Geschichten – von Menschen, die durch ihre Offenheit, ihren Mut und ihr Vertrauen in der Lage waren, die nicht immer einfachen Herausforderungen ihres Lebens anzunehmen und ihnen mit Liebe, Verständnis und Vergebung zu begegnen.

Jede einzelne Geschichte hat mich selbst tief berührt und den Wunsch freigesetzt, sie zu teilen, um den Sinn des eigenen Lebens zu erkennen und das Geschenk Gottes, welches uns vom ersten Atemzug in die Hand gelegt wird, mit kindlicher Neugier, Begeisterung und Leichtigkeit anzunehmen.

Was wäre die Menschheit ohne guten Willen, ohne Glaube, Hoffnung, Kraft und Hingabe und vor allem – was wären wir ohne Liebe?

Ich hoffe, dass du durch dieses Buch Mut findest, dein eigenes Leben kraftvoll in die Hand zu nehmen; dass du Trost findest und die Erfahrung machst, dass alles im Leben einen tieferen Sinn hat und nichts umsonst war; dass du lernen darfst, wie Vergebung die Tore zur Freiheit und zu wahrem Frieden öffnen kann, und dass deine Seele ihre Flügel weit öffnet, um endlich zu fliegen.

Einleitung

Wir schreiben den 13.12.2015. Bald ist Weihnachten. Ein kalter Wind fegt über Freilassing, meine Wahlheimat seit nunmehr drei Jahren. Die goldenen Strahlen der Sonne breiten sich wärmend und, der Kälte zum Trotz, über das Lattengebirge aus. Mein Blick schweift zum Himmel.

Eindrucksvoll und majestätisch zeichnet sich die schlafende Hexe, der Ostausläufer des Lattengebirges, vom zarten Blau des Horizonts ab. Die Wolken fügen sich reizvoll in das zarte Blau-Grau ihrer Umgebung. Das gleißende Licht der Sonne, die hoch am Horizont steht, wandelt das strahlende Weiß ihres Seins in eine augenscheinliche Öffnung des Himmels.

Je näher ich die riesige Wolke vor mir betrachte, die sich wie ein weites Band in den Himmel erstreckt, desto mehr dehnt sich mein Bewusstsein aus. Mein Körper beginnt zart zu schwingen, und ein Teil von mir ist sich darüber bewusst, wie nah doch tatsächlich das Tor zur anderen Seite ist und wie wenig es bedarf, dies zu spüren. Nur ein bisschen Ruhe und Stille.

Meinen Blick verklärt auf die Wolke gerichtet, beginnt sie sich in einigen schillernden Farben des Regenbogens zu präsentieren: Ein zartes Rosa durchwebt sie, Gold kommt hinzu, Grün und Blau, und der Himmel dazwischen färbt sich in Indigo. Als würde sich auch die Sonne über ihr Erkennen freuen, breitet sie nun ihr Licht über die zuvor grau gefärbte Umgebung.

Ich erinnere mich an die Worte meiner geliebten Freundin Maya: »Die Sonne ist eine Manifestation von Christus, von

Ananda, dem Glückseligen«, und kehre zurück in das Jahr 2003, als ich mit geschlossenen Lidern zwischen einer Gruppe von Menschen stehe. Plötzlich erscheint vor meinem inneren Auge die Sonne in ihrem goldgelben, mächtigen Licht – gerade so, als würde sie allmählich vor mir aufgehen. Als sie in vollem Glanz vor mir steht, ist es, als würde sie mein Wesen in sich selbst aufnehmen. Ich lasse mich glückselig in ihr Licht fallen. Es gibt nichts anderes zu tun!

Und da falle ich ... ungebremst und mit dem Gesicht nach vorne ... platsch ... auf den Boden! Während ich glückselig mit der Nase nach unten auf dem Boden liege und darüber nach-denke, was mein Körper vom Sturz abbekommen haben könnte, richte ich mich langsam wieder auf und stelle fest: Mein Körper ist wohlauf, kein blauer Fleck, keine Beule, einfach nichts! Ich weiß noch, dass ich dachte: »Ja, was soll auch passieren ... ich bin doch nur in die wunderschöne Sonne gefallen! ›Die Sonne ist eine Manifestation von Christus.‹ ... Ja, natürlich!«, und mein Erleben bestätigt die Essenz dieser Wahrheit. Was wären wir ohne ihr Licht? Es gäbe kein Leben auf unserem wunderschönen blauen Planeten.

Als ich von Maya erfuhr, dass die Erde ein ebenso lebendiger Körper wie die Sonne ist und zugleich die Dualseele von Christus, machte all dies Sinn für mich. Was wären wir ohne Mutter Erde, die uns nährt?

All das kommt mir wieder ins Gedächtnis, während ich die schlafende Hexe und den gegenüberliegenden, sagenumwo-benen Untersberg betrachte. Ist es nicht merkwürdig, dass es mich ausgerechnet hierher verschlagen hat? Dass wir ein Haus finden, das uns vom Garten aus den Blick freigibt auf diesen mystischen Berg, dessen Existenz Anlass für Zukunftsweis-sagungen einiger Propheten des letzten Jahrhunderts gab?

Die schlafende Hexe wird im Übrigen in der Frühzeit als Verehrung und Verkörperung der Bergmutter angesehen und beschrieben. Für mich sieht sie eher aus wie ein junges, weibliches Äffchen, und da mein Hang zu Tieren immer ein besonderer war, bin ich mit diesem Bild sehr zufrieden.

»Ich bin angekommen, endlich ›zu Hause‹ ... nach all den aufreibenden Jahren endlich daheim!« Dankbarkeit kommt auf. Gott hat meinen Weg geebnet und mich hierher gebracht, an einen Ort der Stille und des Einklangs mit Mutter Natur. Mit einem Mann an meiner Seite, der die Natur genauso, wenn nicht noch mehr, schätzt und mich immer wieder daran erinnert, dass es nicht nur Arbeit gibt und es genauso verantwortungsvoll ist, die Schönheit, die Gott uns geschenkt hat, wertzuschätzen und uns bewusst mit ihr zu verbinden.

Eine Vision dieser wunderschönen Voralpengegend und auch des Mannes, mit dem ich hier leben würde, zieht in meinem Geiste vorbei: 2008 war ein schwieriges Jahr für mich. Die Trennung meiner langjährigen Partnerschaft brachte viel emotionalen Schmerz mit sich, und doch war es ein transformierendes Jahr, das, wie es nach einem Abschied nun einmal oft ist, auch eine Neugeburt bedeutete.

Zunächst beschloss ich voller Überzeugung, keinen Partner mehr zu haben. Ich hatte die Nase voll von all den komplizierten Beziehungen der Vergangenheit und zog mein Resümee in der innerlichen Auflehnung meiner Seele: »Entweder meinen Seelenpartner, oder niemanden mehr!«

Da stehe ich nun in der Küche meiner alten Wohnung und denke über die kommende Zeit nach. Ich bitte Gott um einen kleinen Einblick in meine Zukunft: Eine bergige Landschaft zieht an meinem geistigen Auge vorbei, ich sehe blauen Himmel, viel Grün.

Einige Wochen vor dieser Vision hatte ich in England einen Mann kennengelernt, in den ich mich Hals über Kopf verliebte. Als wir uns während einer medialen Ausbildung begegneten, hatte er bereits seinen Job als Polizist in London aufgegeben und war nach dem tragischen Tod seiner Frau mit seiner damals 13-jährigen Tochter nach Kanada ausgewandert, um dort ein neues Leben zu beginnen.

Die inneren Bilder versetzen mich in ein aufgeregtes Staunen, obgleich ich immer wusste, dass ich einmal einen Ausländer heiraten würde. Vielleicht kennst du das auch: Es gibt Dinge im Leben, die weiß man einfach. Es ist ein tiefes Wissen, das aus der Seele herausströmt und nicht gleichzusetzen ist mit logischem, rationalem Denken.

»Wow!«, denke ich: »Das muss Kanada sein! Das ist ja wunderbar!« Jonathan war also wieder in greifbare Nähe gerückt, obwohl unser Abschied keineswegs einer Trennung zweier Liebender glich, die wissen, ein Wiedersehen steht außer Frage. Vielleicht hätte ich mir die Berge doch etwas genauer betrachten sollen!

Nach der anfänglichen Begeisterung ereilte mich der Schock. Nein, ich hörte keine englische Sprache, wie ich es mir vorstellte. Ich hörte unmissverständlich einen österreichischen Akzent meines zukünftigen Liebsten! Du kannst dir sicher vorstellen, wie erstaunt ich war. Ausländer hin oder her, einen Deutschsprachigen hätte ich mir jedenfalls nicht vorgestellt!

Nun bin ich mit meinem österreichischen Mann Volker verheiratet und zähle mich zu einem sehr glücklichen und zufriedenen Menschen auf dieser wunderbaren Erde, der gerade die schneeweiße Wolke vor sich betrachtet. Die Kulisse am Himmel wirkt wie ein Gemälde, das sich unter den Wetterbedingungen und Lichteinstrahlungen immer wieder in neuen

Farben und Formen präsentiert. »Wie mein Leben«, denke ich. Stetige Bewegung, Höhen und Tiefen, und kaum tritt etwas in Erscheinung, ist es auch schon wieder weg – wie die Wolke am Himmel.

Von meiner Arbeit als Medium weiß ich, dass die meisten Menschen durch Gewohnheit ihre Lebendigkeit verlieren. Es gibt für mich nichts Schöneres, als sie mit Hilfe der geistigen Welt daraus zu befreien, um ihr tatsächliches Potential zu leben. Betrachten wir doch nur einmal die Natur: Nichts ist von Bestand, stetige Veränderung und Bewegung sind ihre Begleiter. So sind wir Menschen auch. Die Natur erscheint in wunderschönen Farben. Ich mag den Vergleich mit einem Teich: Ist genug Sauerstoff vorhanden, blüht das Leben in und um den Teich herum. Man sieht Libellen, Insekten, Frösche, lebendiges Grün. Ist zu wenig Sauerstoff im Wasser, kippt der Teich, und allmählich schwindet das Leben. Bewegung ist der Lauf des Lebens.

Bewegung ist auch unser Atem: Er kommt und geht, kein Atemzug gleicht dem anderen. Ist einer gegangen, ist er unwiderruflich Vergangenheit. Nicht wiederholbar! So erleben wir ständiges Ableben und augenblickliche Neugeburt. Im Ein- und Ausatmen wird gezeigt: Jeder neue Atemzug ist die Möglichkeit, lebendig zu sein.

Leider denken wir im Westen zu wenig darüber nach und sind schockiert, wenn unser letzter Atemzug naht oder ein geliebter Mensch seinen letzten Odem aushaucht. Dann fangen wir an, über das Leben nachzudenken, und fragen uns, was unserem Leben mehr Inhalt gegeben hätte. Tun wir dies besser heute, jeden Tag von neuem! Wie oft höre ich von lieben Verstorbenen: »Ich habe versäumt, dieses oder jenes zu tun, zu sagen und so weiter …« Ehrlich gesagt, sind diese Gespräche auch für mich immer sehr lehrreich, kann ich doch dann versuchen, noch etwas besser und intensiver zu leben.

Zufrieden blicke ich auf mein Leben. Vor ein paar Jahren fand ich beim Ausmisten staubiger Kisten einen Zettel wieder, den ich als 25-Jährige geschrieben hatte. Auf dem Zettel standen meine Wünsche für dieses Leben: Einen lieben Mann, drei Kinder, einen Hund, ein Haus mit Garten, drei Sprachen sprechen, ins Ausland gehen, Ski fahren lernen, Fallschirm springen, Malen ...

Der gewünschte Mann ist nun da: Volker ist der Mensch, den ich mir immer erträumt habe. Er nimmt mich, wie ich bin, und gibt mir trotz meiner Schwächen stets das Gefühl, geliebt zu sein. Was kann sich ein Mensch mehr wünschen? Die drei Kinder hat er mitgebracht, die waren also schon fertig. Das Haus mit Garten haben wir angemietet, und das Hündchen ist nun auch da. Skifahren habe ich durch meinen Mann ein bisschen gelernt. Und das mit dem Fallschirmspringen ist mir nicht mehr wichtig; es darf also gerne ohne Wehmut von der Liste gestrichen werden!

Die drei Sprachen: Englisch durfte ich mir während meiner Zeit in Florida aneignen, und naja, mein Französisch ist gegangen, wie es gekommen ist. Aber auch das ist nicht tragisch, und schließlich bin ich noch nicht zu alt, um eine neue Sprache zu lernen. Okay, auf meinem Zettel stand: bis 30 ..., aber: welche Bedeutung hat das schon ... man muss ja nicht immer im ICE fahren!

Endlich finde ich Zeit zum Malen. Kreativ und somit schöpferisch tätig sein zu können und zu dürfen, liegt in der Natur des Menschen; es sind Gottesgeschenke an uns. Dieser Gabe Raum zu geben und meiner Seele trotz der vielen Arbeit Zeit zu schenken, ist eine bedeutungsvolle Aufgabe, derer ich mir bewusst bin.

An Heiligabend werde ich 46 Jahre alt und während ich mein Leben Revue passiere, denke ich an Mayas Worte im Jahr 2008, als ich Volker kennenlernte, zurück. Mit dem Hinweis auf diese Beziehung gab sie mir zu bedenken: »Wenn du es jetzt nicht schaffst, schaffst du es nie!« Merkwürdig, dass ich gerade jetzt daran denke.

Es wird mir klar, dass sie die Liebe und das Leben meinte. Ich bin mir sicher, dass sie mit ihrem durchdringenden Blick und ihren ungewohnt strengen Worten eine Anspielung auf die damals nicht vorhandene Wertschätzung von Liebe und Leben machte. Meine kluge Freundin, die mit ihrer Ehrlichkeit und Klarheit und vor allem ihrer Liebe mein Leben so reich beschenkt hat. Jetzt fühle ich sie, die Dankbarkeit und Wertschätzung, ohne die sich ein Mensch nicht als glücklicher Mensch bezeichnen kann.

Bevor ich meine alte Heimat verlassen habe, um mit meinem Mann an der Grenze von Österreich und Deutschland zu leben, gab es noch einen Wehmutstropfen: Ich musste Abschied nehmen von Gina, meinem kleinen Dackelmischlingsmädchen, meiner geliebten und treuesten Weggefährtin, und auch diese Erinnerung kehrt zurück:

Ich sitze am Schreibtisch in meiner alten Wohnung und schaue mir Häuser unserer jetzigen Heimat an. Fünf Jahre suchen wir nun schon nach einem gemeinsamen Domizil. Als ich das Haus im Internet finde, das wir heute bewohnen, kehrt die Vorahnung zurück, die ich einige Monate zuvor spürte. Damals wusste ich: »Wenn ich Richtung Österreich ziehe, wird es Gina nicht mehr geben!« Ein Stich fährt mir ins Herz, und mit Schrecken und Tränen in den Augen betrachte ich meine innig geliebte Hündin, die unter meinem Schreibtisch sitzt. »Ach, Gina!«, seufze ich und blicke in ihre warmen, braunen Augen, die mich ebenso traurig ansehen. Da sie kein gewöhnlicher Hund ist, weiß sie natürlich wie ich Bescheid.

Es kam wie vorhergesehen: Im Sommer 2012 zogen wir ein, im Februar zuvor verstarb meine engste Begleiterin seit sieben Jahren. Ohne ihre Freundschaft, Loyalität und ihre großzügige Liebe hätte ich es nicht bis hierher geschafft. Jetzt ist sie im Himmel, wo wir uns eines Tages wiedersehen, und zwischenzeitlich steht sie mir immer noch treu zur Seite – als Engel im wahrsten Sinne des Wortes. Ab und an sehe oder spüre ich sie, und hin und wieder macht sie sich über unsere neue Hündin Amira bemerkbar. Auch bei Botschaftsabenden, wenn verstorbene Tiere Kontakt aufnehmen, ist sie meist diejenige, die mich zu ihren trauernden Besitzern führt.

Gina kündigte mir Amira an, die gemäß meinem Wunsch, ein wirklicher Hund zu sein, auf wundersamen Weg zu uns kam. Kurz nachdem Gina verstarb und ich hierher zog, hörte ich bei einem Spaziergang plötzlich ihre Stimme in mir: »Eine neue Hündin wird kommen! Sie wird, wie ich, eine Dackelmischlingshündin sein und durch eine österreichische Freundin zu euch geführt. Ihr Name ist Mia!«

Ich war mir nicht sicher, ob ich richtig hörte ... Mia oder Mira? »Na, egal, wenn es so ist, werde ich sie Amira nennen.« Das bedeutet auf Arabisch ›Prinzessin‹ und ist die weibliche Form von Amir, einem indischen Yogi, der im Himalaya lebt und dessen Stimme ich erstmals 2008 wahrnahm.

»Sie kommt früher als du denkst ... noch vor eurem Indienurlaub!«

»Oh weh!«, dachte ich, »Wie soll das funktionieren?« Es kam 1:1 genauso, wie es mir Gina angekündigt hatte. Selbst der Name des Tieres war der gleiche.

Nun, im 47. Lebensjahr angekommen, beginne ich meine persönliche Aufgabe anzugehen: Neben meiner Arbeit, die ich liebe, auch zu leben und mich selbst genauso wichtig zu nehmen wie jeden anderen. Kaum zu glauben, dass ich hierfür 46 Jahre gebraucht habe, um das zu tun, was ich mir persönlich vorgenommen habe, oder besser gesagt: meine Seele!

Frühe Kindheit

Meine Eltern waren noch sehr jung, als ich in ihr Leben trat, und man kann nicht behaupten, dass ich eine unbeschwerte Kindheit hatte. Meine Mutter war Alkoholikerin, eine sogenannte Quartalstrinkerin, die sich seit ihrem vierzehnten Lebensjahr immer wieder aus dem realen Leben in den Alkohol flüchtete. Häufig saß meine Oma stundenlang am Fenster, um auf ihren Mann, ihre Tochter und ihren Sohn zu warten. Mein Halbonkel war der Grund dafür, dass meine Mutter alkoholabhängig wurde. Jahre des Missbrauchs durch ihn und seine Freunde hatten sie beinahe zerstört; ein normales Leben war nicht mehr möglich.

Angefangen hatte der Missbrauch bereits mit elf Jahren, als ein ›Freund‹ der Familie sie erstmals vergewaltigte. Ich weiß noch, dass ich mir Kinderbilder meiner Mutter ansah, speziell ihr Konfirmationsfoto, und dabei dachte: »Wie traurig sie doch ausschaut!«

Mein Opa, ein warmherziger, kluger und sensibler Mann, entdeckte meine Oma beim Spaziergang, als sie damit beschäftigt war, den Garten umzugraben und alle anderen im Haus feierten. »Schön blöd sind Sie!«, sprach er meine Oma an. »Da drinnen wird gefeiert, und Sie sind mit Umgraben beschäftigt!« Er brachte damit zum Ausdruck, was allen Angehörigen der weiblichen Ahnenreihe meiner Großmutter zu eigen war, und das galt auch für mich: Arbeit bekam im Leben absolute Priorität.

Als ich dreizehn Jahre alt war, sprach meine Mutter erstmalig über ihre traurige Vergangenheit. Anlass war ein Übergriff auf mich selbst, den ich glücklicherweise verhindern konnte. Ein Polizist hatte sich, während ich schlief, an mich herangemacht. Eine Freundin der Familie, die aufgrund eines stationären Aufenthalts meiner Mutter im Krankenhaus auf meine jüngere Schwester und mich aufpasste, brachte ihn mit ins Haus. Als ich spürte, dass mich etwas am Körper berührte und ich deshalb aus dem Schlaf gerissen wurde, um sogleich in ein fremdes Gesicht zu blicken, schrie ich im Schock nach Leibeskräften aus und schlug den Mann damit in die Flucht.

Meine Mutter spürte im Krankenhaus, dass etwas vorgefallen sein musste, und nachdem ich widerwillig aussprach, was geschehen war, packte sie kurzerhand ihre Sachen und eilte vorzeitig nach Hause. Dort angekommen, erzählte sie mir ihre deprimierende Geschichte, die mich erschütterte und mir die Tränen in die Augen trieb.

Nach einer langen Pause, in der ich ihr voller Mitgefühl den Arm streichelte, fragte ich sie: »Warum hast du Oma nichts davon gesagt?«

»Oh, das habe ich versucht. Aber sie hat mir nicht geglaubt, und bevor ich zu Ende reden konnte, hat sie mich als Spinnerin abgetan. Kurz darauf schickte sie mich zu Verwandten an die Ostsee. ›Zwangsausweisung‹! Ich habe nie wieder versucht, mit ihr darüber zu reden.«

Meine Oma und meine Mutter hatten deshalb ihr Leben lang ein schwieriges Verhältnis.

Ich denke, dass ich in meiner medialen Tätigkeit deshalb auch immer wieder vielen Frauen begegne, die das gleiche Schicksal wie meine Mutter teilen, weil ich durch diese Erfahrungen sensitive Antennen für das Erkennen von Missbrauch und Alkoholismus entwickelt habe. Und natürlich, weil ich am eigenen Leib erlebt habe, was dies für den Betreffenden selbst sowie für seine Angehörigen bedeutet.

Mein Vater hatte eine gleichermaßen schwierige Kindheit. Bereits als Baby wurde er zur Adoption freigegeben. Er kam in eine Pflegefamilie, die bereits drei Kinder aufgenommen hatte. Seinen Pflegeeltern ging es vor allem um das Geld, welches sie für die Aufnahme und Betreuung der Kinder erhielten. Es gab für alle vier Kinder weder Liebe oder Zärtlichkeit, noch Mitgefühl oder Verständnis.

Mit diesen Kindheitserfahrungen lernten sich meine Eltern kennen und beschlossen, gemeinsam alles besser zu machen. Sie mieteten ein Haus in Calw, wünschten sich eine große Familie und wollten ihre eigenen Kinder mit Liebe großziehen. Zwei Menschen, denen die Flügel gestutzt worden waren und die versuchten, gemeinsam wieder ganz zu werden und fliegen zu lernen. Weder Vater noch Mutter schafften es, sich von ihrer Vergangenheit zu lösen, und Alkoholkonsum spielte bei beiden eine große Rolle. Trotzdem waren sie bemüht, eine normale Familie zu sein und uns Liebe zu schenken.

Meine eigenen Kindheitserinnerungen sind spärlich, sie liegen im undurchsichtigen Nebel der Vergangenheit. Das Wenige, das ich in mir bewusst gespeichert habe, waren Umstände und Situationen, die später beim Erkennen und Verstehen meines Wesens eine maßgebliche Rolle spielten. Ich weiß zum

Beispiel noch sehr genau, wie ich mit zwei Jahren das Gitter des Kinderbetts meiner Schwester, die als Neugeborene friedlich in ihrem Bettchen schlummerte, festhielt. »Endlich bist du da!«, dachte ich, und betrachtete sie mit Entzücken. Stundenlang hätte ich sie so anschauen können. Lange, bevor sie in dieses Leben geboren wurde, freute ich mich schon über ihre Ankunft. Maya sagte ihr einmal, sie habe eine engelsgleiche Seele. Das muss ich bereits als Kind gespürt haben. Irgendwie wusste ich, dass jetzt mehr Licht gekommen war und somit auch für mich Unterstützung. Obwohl so viele Geschehnisse ausgeblendet sind, gibt es doch diese schöne Erinnerung an die Ankunft meiner Schwester – ein Stern in dunkler Nacht!

Eigentlich hätte ich auf sie eifersüchtig sein müssen, war sie doch das bevorzugte Kind meiner Mutter. Ich selbst fühlte mich als Kind an der Seite meiner Mutter unsicher, ja sogar ängstlich. Der Grund hierfür sollte sich später, als ich bereits in die spirituelle Welt eingetaucht war, zeigen.

Wir lebten in einer winzigen Wohnung in einer einfachen Gegend. Graue, eintönige Gebäude reihten sich aneinander, es gab einen steinigen Innenhof und kaum Grün. Der Kindergarten war nur einen Sprung entfernt, die Schule ebenso. Als Kind empfand ich die Dimensionen natürlich anders. In der Küche stand eine winzige Sitzbadewanne aus Zink, was ich damals schon als ulkig empfand, und meine Schwester und ich teilten uns ein Zimmer. Die Wohnung selbst war gruselig, überall gab es Geister von Verstorbenen, und niemals wollte oder konnte ich ohne Licht einschlafen. Hier begann mein Sehen und Hören.

Jahre später, als ich bereits erwachsen war, erzählte mir mein Vater, dass ich mit zwei oder drei Jahren meine Eltern warnte, sich nicht ins Wohnzimmer zu begeben. »Ihr könnt da nicht rein! Seht ihr nicht, dass schon alles voll ist? Viel zu viele Leute!« Ich sprach schon sehr früh, noch bevor ich gehen lernte. Natürlich glaubten mir meine Eltern nicht. Sie dachten, das Kind hätte einfach eine rege Phantasie.

Ich fürchtete mich sehr in dieser Wohnung, und für meine Schwester und mich gab es nur einen sicheren Ort zwischen diesen Wänden, nämlich außerhalb davon! Wir richteten uns den Balkon her, mit Tüchern als Himmelsdecken, und bauten somit unseren sicheren ›Bunker‹ als Schutz vor den Geistern. Oft hörte ich in der Nacht klar ›die andere Seite‹, die immer wieder, wenn der Abend den Tag ablöste, meinen Namen rief, und jedes Mal erschrak ich aufs Neue bis ins Mark. Ich wusste innerlich, dass dies nicht die Stimmen des Lichts waren, die mich bedrängten und auch in meinen Träumen verfolgten.

Mit fünf Jahren wachte ich eines Tages, im Bett zwischen meinen Eltern liegend, auf. Ich wurde von einem fremden Wesen, das vor mir am Fußende des Bettes stand, geweckt. Der Mann, mit einem dunklen Umhang und einem merkwürdigen altmodischen, schwarzen Hut bekleidet, hielt seinen Blick durchdringend auf mich gerichtet. Ich erschrak zu Tode!

In meiner Panik war mein nächster Gedanke, meine Eltern zu wecken, doch gleichzeitig wusste ich, dass sie den Mann nicht sehen würden. Also zog ich die Bettdecke zum Schutz über mein Gesicht in der Hoffnung, er würde sich von alleine in Luft auflösen. Sehr langsam zog ich die Decke wieder herunter, gerade so weit, dass meine Augen frei lagen und ich erspähen konnte, ob der Mann noch da war.

Unglücklicherweise hatte er sich nicht in Luft aufgelöst. Da stand er immer noch, die dunklen Augen auf mich gerichtet. Er versuchte, mir etwas mitzuteilen, doch meine Angst war übergroß, und so nahm ich die Decke wieder zu Hilfe. Decke hoch, Decke runter … irgendwann muss ich vor Erschöpfung eingeschlafen sein. Erst heute, vierzig Jahre später, habe ich die Antwort darauf erhalten, wer dieser Mann war und dass ich mich vor ihm zumindest nicht hätte fürchten müssen.

Meine Kindheit erlebte ich als eine dunkle Zeit. Selbst der tägliche Aufenthalt im Ganztageskindergarten lässt keine schönen Erinnerungen aufkommen, im Gegenteil: Ich hasste es, dorthin zu müssen.

Eines Tages spielten wir im Hof des Kindergartens Cowboy und Indianer. Als Kind liebte ich Indianerfilme, und wenn mein Vater ankündigte: »Heute Abend gibt es im Fernsehen einen Cowboyfilm!«, war meine erste Frage: »Ist er auch mit Indianern?« Ohne sie interessierte mich der Film nämlich nicht im Geringsten. Wir spielten also Cowboy und Indianer.

Im Innenhof des Kindergartens gab es eine große Buche, sie muss schon viele Jahre alt gewesen sein. Natürlich war ich der Indianer! Eine Gruppe Kinder fing mich ein und fesselte mich an den Baum. Am Anfang war es ein Spiel, doch bald wurde bitterer Ernst daraus. Als Kind hat man nicht das Zeitgefühl wie ein Erwachsener, aber ich schätze, dass ich mindestens eine Stunde lang am Buchenstamm gefesselt war und schließlich in Panik ausbrach. Ich schrie und schrie, aber keiner kam, um mich zu erlösen.

Einige Leben zurück: Gefesselt an einen Pfahl auf einem Hügel schaue ich hinunter auf ein Dorf. Mit Tränen in den Augen erblicke ich ein grauenvolles Bild: Die Bewohner des indianischen Dorfes, das ich sehe, werden von weißen Männern regelrecht massakriert. Keiner kommt mit dem Leben davon. Mein Geist befindet sich unter hilflosen, schreienden Menschen.

Einige davon sind mir auch aus diesem Leben bekannt. Ich schaue nach rechts … ein junger Mann ist parallel zu mir an einen weiteren Pfahl gebunden. In tiefer Trauer um diesen

Mann, der, wie mir mein inneres Wissen mitteilt, meine zweite Hälfte ist, sehe ich, wie ihm die Kehle durchgeschnitten wird. Danach bin ich an der Reihe. Ich sehe, wie mein Körper, in dessen Bauch ich ein Kind trage, aufgeschlitzt wird.

»Ich bin schuld an diesem Massaker!« Während dieses Gedankens fühle ich unendliche Traurigkeit über den Verlust und all das Leid und den Schmerz, den diese Menschen durchlebt haben.

Später erfuhr ich die Hintergründe zu meinen inneren Bildern und das erneute Miterleben: Meine Dualseele und ich hatten die Obhut über dieses indianische Volk. Die Weißen verlangten von uns, ihnen zu sagen, wo wir unser Gold versteckt hielten. Für uns war klar: Wenn wir es ihnen sagen, werden sie es sich nehmen und uns töten. Doch die andere Option brachte das gleiche Ergebnis.

Dieses Ereignis und die wiederkehrende Erinnerung daran, als Fünfjährige an einen Baum gefesselt gewesen zu sein, wurden in der nachfolgenden Zeit ein Nährboden für mein daraus resultierendes Denken und Fühlen. Das verbleibende Gefühl von Schuld spielte eine maßgebliche Rolle in meinem weiteren Leben. Meine damalige Inkarnation wirkte immer noch bis in diese Existenz, und so nahm ich ein großes Gefühl von Verantwortung, Angst, etwas Falsches zu tun, und das Gefühl von Hilflosigkeit mit in dieses Leben hinein. All das legte sich wie ein Schatten auf meine Seele und erwirkte die Begrenzungen, die ich später nur mühevoll durch Vergebung auflösen konnte.

Erst wenn der Mensch in der Lage ist, nicht nur anderen, sondern sich selbst zu vergeben, werden die Schatten von unserer Seele genommen, wie Maya es gerne ausdrückte. »Weißt du, eigentlich bin ich eine Fensterputzerin!« Ich höre ihr helles Lachen noch heute in meinem Ohr nachklingen. »Jaja, nichts anderes ... eine Fensterputzerin! Ich bin mit Putzen be- schäftigt. Ich putze die Flecken, die auf den Seelen liegen weg, so dass das Licht durchbrechen kann!«

Funktioniert das bei jedem Menschen? Für diejenigen, die auf Seelenebene ihre Einwilligung geben, ja! Das bedeutet, dass ein Mensch auf innerer Ebene bereit sein muss für Vergebung. Dafür haben wir unseren freien Willen von Gott bekommen, um entscheiden zu können.

Wir können uns stets für die Liebe oder das Leid entscheiden; wir können wählen, ob wir am Elend festhalten wollen, oder unser Herz in Hingabe öffnen für den Frieden, der im richtigen Augenblick der Bereitschaft Heilung schenkt. Es ist keine Frage und liegt auf der Hand, was Gottes Hoffnung und Wunsch für uns bedeutet: Er liebt uns alle so sehr, dass er uns in Freude sehen möchte, und deshalb ist es so wichtig, dass wir auflösen, was wir an ›Unverdautem‹ aus vergangenen Zeiten mitgebracht haben.

Mein damaliges Indianer-Leben ist ein gutes Beispiel dafür, wie diese alten Schuldgefühle sogar für eine krankhafte Mani- festation im Körper sorgen können.

Gottes liebende Licht

Als ich 25 Jahre alt war, nahm sich meine Mutter das Leben. Nach vielen Versuchen hatte sie es nun geschafft und ihr Ziel erreicht. Ich fühlte mich schuldig, nicht für sie da gewesen zu sein. Mein ganzes Leben lang fühlte ich mich für meine Mutter verantwortlich, und erst mit neunzehn Jahren hatte ich beschlossen, dass auch ich mein eigenes Leben haben müsste. Da ich praktisch der einzige Mensch war, der Kontakt mit ihr pflegte, verurteilte ich mich nach ihrem Tod selbst: »Du warst die Einzige, die noch für sie hätte da sein können, und du hast versagt!«

Diese Zeit, die Trauer und das Schuldgefühl, aber auch das viele Arbeiten, um über die Runden zu kommen, trugen dazu bei, dass ich schwer erkrankte. Ein halbes Jahr nach dem Freitod meiner Mutter durchzog ein heftiger Schmerz meinen Körper, so als würde jemand mit einem glühenden Messer meinen Unterleib malträtieren.

Ich suchte unterschiedliche Ärzte auf, aber keiner konnte etwas finden. So lebte ich mehrere Monate mit immer wiederkehrenden, heftigen Schmerzattacken, die letztlich zu einer Notoperation führten. An jenem Tag wusste ich allerdings intuitiv, dass ich meine Tasche fürs Krankenhaus richten müsste. Und als ich dann bei einem Freund zusammenbrach, stellte sich mein Pragmatismus als hilfreich heraus, hatte ich doch einige Vorbereitungen bereits getroffen. Nur sehr knapp war ich mit dem Leben davongekommen, denn wie sich herausstellte, hatte ich eine schwere Bauchfellentzündung, die sich vom Blinddarm bis zum Herzen erstreckte.

Im Krankenhaus hatte ich viel Zeit, über mein Leben nachzudenken. Ich wusste, ich hatte zu viel gearbeitet und der Trauer über den Verlust meiner Mutter keinen Raum gegeben. Jetzt hatte ich Muße, mir auszumalen, was ich alles in meinem Leben verändern wollte, sobald ich entlassen würde.

Doch daraus wurde nichts. Ich bekam noch im Krankenhaus zwei neue Erkrankungen. Nun war ich der Verzweiflung nah, hatte ich doch bereits so viel erkannt! Ich hatte verstanden, was ich falsch lebte und mir ganz fest vorgenommen, mein Leben zu ändern, und jetzt das! Warum musste ich so bestraft werden?

Während ich ganz in meinem Selbstmitleid und meiner Verzweiflung aufging, erteilte mir eine Freundin den Rat, ein Medium zu kontaktieren. Wir telefonierten miteinander.

»Du hast einen Freund, der nicht passt.« So auf die Art sprach die freundliche, aber bestimmt klingende Stimme zu mir. »Absorbiere diesen Mann, so als würde sein Spiegelbild verschwinden.« Tatsächlich wurde mir klar, dass wir nicht zueinander passten.

Ich war mit einem Mann verlobt gewesen, hatte die Verlobung aber bereits gelöst, als ich meinen einstigen Jugendfreund zufällig wiedertraf, und besaß keinen Glauben mehr an die Liebe. Ich dachte mir, die Liebe könne sich auch entwickeln und vielleicht sei dies der Weg, ihr zu begegnen. Auf diese Art hatte ich wenigstens die Sicherheit, einen treuen und liebevollen Menschen an meiner Seite zu haben. Und so ließ ich mich – entgegen meinem guten Vorsatz, niemals etwas mit einem guten Freund anzufangen – auf eine Beziehung ein. Ich war desillusioniert und enttäuscht von den Männern und tat zum ersten Mal etwas in meinem Leben, das ich bereute. Kein Wunder, dass das Medium das gespürt hatte.

Und so tat ich wie geheißen. Sie führte mich in einen meditativen Zustand. »Atme! Stell dir vor, wie eine grüne, heilsame Decke um dich gespannt wird …« Ich bedankte mich bei der fremden Dame, die mir so selbstlos ihre Hilfe angeboten hatte, und führte die Meditation, die sie mir gab, fort.

So einfach? Einfach atmen? Na, ich hatte nichts zu verlieren. Und so atmete ich, ein und aus … ein und aus. Es war merkwürdig, denn alles geschah in der Natürlichkeit und Einfachheit des Moments. Ich wurde immer leichter, und mein Bewusstsein weit und offen. Mein Geist dehnte sich aus, bis ich eins war mit und in meinem Atem. Im Einklang mit meinem Atem fühlte ich mich wie in einem grenzenlosen Raum.

Und dort, in dieser Grenzenlosigkeit, erfuhr ich GOTT. Ich fühlte IHN – in mir und außerhalb von mir. Meinen Körper spürte ich nicht mehr. Stattdessen war ich grenzenloser Geist. Mein Atem zog mich nach innen. Eine große Freude kam in mir auf, ich verspürte Leichtigkeit und tief in mir brannte das Wissen aus Gott, unserem Schöpfer: »Nichts kann dir geschehen. Du liegst in meiner Hand. Alles ist gut, wie es ist!« Ein tiefer, niemals zuvor erlebter Friede kehrte in mein Wesen ein. Gott war das intelligente, liebende Licht, das mich umgab und in mir strahlte!

Dies war der Beginn meiner bewussten spirituellen Reise. Am nächsten Tag hatte ich weitere Untersuchungen. Erstaunt stellten die Ärzte fest: Beide Krankheiten waren verschwunden – von einem auf den nächsten Tag. Ich war geheilt. »So ist das also mit Wundern?«, dachte ich und fühlte mich unendlich erleichtert und dankbar. Bald durfte ich das Krankenhaus verlassen.

Damit ich mein Versprechen mir selbst gegenüber auch halten würde, brach ich mir kurz darauf beim Überqueren der Straße den Knöchel an.

So musste ich mehr ruhen als ich es mir zugestanden hätte, und nutzte die Zeit, um nachzuholen, was ich für mich selbst versäumt hatte: Ich löste meine Beziehung, gab mir Zeit, um die Trauer über den Verlust meiner Mutter zu verarbeiten, und suchte sogar einen Psychologen auf, den ich dann allerdings während der zweiten Sitzung ›therapierte‹. Somit beendete ich diese letzte Maßnahme. Aber mir wurde bescheinigt, normal zu sein, und das beruhigte mich sehr. Ich hatte es sozusagen schwarz auf weiß!

Einige Monate nach meiner Erkrankung bekam ich ein Jobangebot für ein Jahr in den Vereinigten Staaten. Vor meiner

Abreise hatte ich einen Traum: Ein Bote überbringt mir manns-
hohe rote Rosen. Sie sind umwerfend. Daran ein Briefchen, in
englischer Sprache an mich adressiert. Ich wachte lächelnd aus
dem Traum auf, wissend, dass eine wunderbare Zeit für mich
anbrechen würde.

Und so kam es. Ich verliebte mich in den Mann, der mir im
Traum gezeigt worden war. Bereits zu Beginn unserer Beziehung fühlte ich eine tiefe Verbundenheit, die nicht rational zu
erklären war.

»Willst du mich heiraten, Andrea?«, fragte mich mein Partner nach nur einigen Monaten. Geschockt von der Frage, denn
ich stand einer Ehe immer misstrauisch gegenüber, antwortete
ich mit einem einfachen: »Ja!«

Die Einwilligung, die auf natürliche Art und Weise und ohne
Überlegung aus mir herauskam, verwunderte mich selbst. Die
Fernbeziehung, die wir führten, als ich wieder nach Deutschland
zurückkehrte, endete in einer bitteren Enttäuschung: Mein
Freund erklärte mir nach fast fünf Jahren Beziehung nüchtern
und schriftlich, dass er eine andere Frau heiraten würde.

Wieder verlassen

Wenige Tage nach diesem Ereignis fand ein Seminar des Heilers
Armin Mattich in Speyer statt, zu dem ich mich bereits viele
Monate im Voraus angemeldet hatte. Den blauen, sehr schlicht
und einfach gehaltenen Flyer hierzu hatte ich auf einer Messe
entdeckt. Mein Gefühl sagte mir, fast einem Auftrag gleich, dass
ich genau dorthin müsste. Nun stand ich da, abserviert von

meinem Freund und durcheinander im Kopf. Ich fragte mich, warum mir das wieder passierte: Ein Mann, der mich angeblich liebte, wollte plötzlich eine andere heiraten.

Mit achtzehn Jahren war mir dies bereits schon einmal widerfahren, als ich mich in einen Italiener verliebte. Auch er wurde mir im Traum angekündigt. Wir schmiedeten Pläne, gemeinsam in Sizilien zu leben. Während des Militärdienstes, zu dem er, wie er es mir erklärte, berufen worden war, verlobte er sich mit einer Sizilianerin. Das Szenario wiederholte sich offenbar in mehreren unterschiedlichen Konstellationen meines Lebens. Ich verstand nicht, wie es zusammenging, dass mich ein Mann angeblich liebte, aber es gleichzeitig nicht fertig brachte, zu mir zu stehen.

Warum das so war, klärte sich zwei Jahre später während einer Sitzung durch Maya auf: »Ach, Kind, wir hatten eine wunderbare gemeinsame Zeit im Kloster ...« Maya sprach aus der Zeit von Teresa von Avila[1]. Sie hatte schon früher erwähnt, dass ich mit einigen Frauen, die Maya auch bekannt waren, bei Teresa im Kloster gewesen war. Ich konnte mir das gut vorstellen, da ich mit Anfang zwanzig ein Déjà-vu erlebte, das aufgrund von Shirley MacLaines Buch über den Jakobsweg die Erinnerung aus meiner Seele aufsteigen ließ. Damals war ich den Tränen nahe, denn all die Orte und auch Shirleys Beschreibungen vom inneren Pfad schienen mir nur allzu vertraut.

»Du bist jung in das Kloster eingetreten«, fuhr Maya fort. »Aber du warst einem Mann versprochen, einem Geschäfts-

---

[1] Teresa von Ávila; * 28.03.1515 in Ávila, Kastilien, Spanien; † 4.10.1582 in Alba de Tormes, bei Salamanca, war Karmelitin sowie Mystikerin. In der katholischen Kirche wird sie als Heilige und Kirchenlehrerin verehrt.

mann, der dich zur Frau nehmen wollte. Dennoch wolltest du unbedingt ins Kloster, und so hast du mit ihm eine Vereinbarung getroffen. Du sagtest: ›Ich bleibe fünf Jahre. Nach dieser Zeit werde ich dich heiraten.‹« Maya fuhr lachend fort: »Du bist geblieben bis zu deinem Lebensende! Naja, wir hatten viel Spaß in diesem Kloster ...«

Nun wurde mir einiges klar. Zu Maya gewandt fragte ich: »Das ist der Partner gewesen, der eine andere heiratete, nicht wahr?«

»Ja, Kind. Er konnte dir das nicht verzeihen. Fünf Jahre hat er darauf gewartet, dass du dein Versprechen einlöst und aus dem Kloster austrittst, um seine Frau zu werden. Naja, du hast dir dein Leben einfach anders vorgestellt!«

Nun spürte ich, warum diese merkwürdige Beziehung sein musste und warum ich damals ohne Nachzudenken sofort in eine Heirat eingewilligt hatte. Ich wollte mein Karma ausgleichen. Für ihn war es ein Test, ob ich dieses Mal mein Versprechen halten würde, und das spürte meine Seele. »Er wollte es mir heimzahlen!«, brach es aus mir heraus.

Maya nickte.

Da wurde mir sehr deutlich, dass ich die Zeit ›fristen‹ musste, die er damals erfolglos auf mich wartete. Fast fünf Jahre! So erkannte ich früh die Lektionen von Karma und Ausgleich im Leben.

Ein neuer Weg

Nun stand ich also wieder an einem Wendepunkt meines Lebens. Trotz aller negativen Erfahrungen freute ich mich auf eine neue Zeit, die zweifelsohne mit diesem Seminar beginnen sollte.

Das Seminar hieß: ›Geistiges Heilen und Medialität‹ und beinhaltete auch das Aura-Sehen. Das wollte ich unbedingt lernen. Ich dachte, so könnte ich meinen Klienten, die seinerzeit aus Kunden, Familienmitgliedern oder Freunden bestand, noch besser helfen. Ich hatte neben meiner Arbeit im Außendienst begonnen, Hände aufzulegen und mit Freude entdeckt, dass meine Heilfähigkeiten bei meinen ›auserwählten‹ Klienten meist sehr rasch zum gewünschten Erfolg führten. Dennoch fühlte und wusste ich, dass ich an einem Punkt angelangt war, an dem ich alleine nicht weiterkam. So bat ich Gott darum, mir einen spirituellen Lehrer auf meinen Pfad zu senden. Nur wenige Tage später erhielt ich die Antwort auf mein Gebet.

Die Veranstaltung fand in einem Tanzlokal namens ›Stargate‹ statt, zu dem ich mich mit einer Freundin und ihrer Mutter einfand. Die Teilnehmer waren in einem Stuhlkreis zugegen. Armin Mattich, der Seminarleiter, stand in der Mitte.

»Er hat etwas Melancholisches«, dachte ich, als ich ihn betrachtete, »und schöne, aber traurige Augen, wie ein verletztes Rehkitz!« Armin sprach die einleitenden Worte, und ehrlich gesagt, verstand ich nur Bahnhof. Das änderte sich auch das ganze Seminar über nicht, aber fleißig schrieb ich alle Namen bedeutsamer Menschen auf, über die Armin sprach. Auch sämtliche Buchempfehlungen.

Ich war fasziniert von dieser neuen Welt, in die ich gerade eingetaucht war. Als wir während einer nächsten Pause an einem

Stehtisch zusammenstanden, sprach mich Armin an. In vorwurfsvollem Ton fragte er mich: »Wo bist du die ganze Zeit geblieben?«

Ich konnte es nicht fassen und drehte mich zu meinen beiden Frauen um, wobei ich mir selbst den Vogel zeigte und mit einem Kopfnicken in Armins Richtung deutete. Vielleicht ist dieser Mann doch nicht ganz normal?

Doch erinnerte ich mich auch daran, wie ich wochenlang versucht hatte, Herrn Mattich ans Telefon zu bekommen, um mich für das hiesige Seminar anzumelden, und wie meine Finger den unscheinbaren blauen Flyer zwischen einem Sammelsurium erworbener Flyer herausgefischt hatten. Als endlich, nach zahllosen Versuchen, jemand ans Telefon ging, war ich überrascht, dass es seine Tochter war, die meinen Anruf entgegennahm, und ich war enttäuscht, dass es eine Tochter und sicher eine Familie dazu gab. Warum nur hatte ich solche Gedanken und Gefühle? Keine Ahnung!

Das Seminar war mehr als faszinierend. Menschen gerieten in Trance und eine Teilnehmerin erlebte offenbar eine göttliche Verzückung. Sie zappelte eine halbe Stunde auf ihren Zehenspitzen mit weit zum Himmel emporgestreckten Armen.

»Das ist eine unmöglich einzunehmende Haltung!«, dachte ich bei mir. »Kein Mensch kann das in normalem Zustand!« Ich schaute sie an, und während ich sie betrachtete, wurde ich in einen warmen Sog aus Dankbarkeit, Freude und himmlischer Leichtigkeit gezogen. »Wie wunderbar, dass es so etwas gibt!« Ich war begeistert und tief berührt. Und so fuhr ich beglückt und dankbar mit meinen Freundinnen nach Hause.

Zu Hause angekommen, war ich voller Tatendrang und überlegte, was ich nun anfangen sollte. Mein Körper bebte vor Kraft – ein Gefühl, das ich so noch nie erlebt hatte. Doch nach

Menschen und Party war mir nicht, und so beschloss ich, früh zu Bett zu gehen und den Tag Revue passieren zu lassen.

Als ich so dalag, spürte ich, wie mein Körper plötzlich innerlich sehr schnell zu vibrieren begann. »Wow! Was ist das denn?«, dachte ich bei mir. Es war ein großartiges Gefühl und an Schlafen nicht zu denken. Also beschloss ich, aufzustehen und die Wohnung zu putzen. Irgendwie musste ich meine Energie loswerden. Es war wohl gegen Mitternacht, als ich endlich glücklich einschlief. In der Nacht wurde ich von einem wunderbaren Aprikosenblütenduft geweckt. Ich spürte die Anwesenheit einer sehr lichtvollen Seele und einen Hauch von Heiligkeit, bevor ich wieder selig einschlief. Die geistige Welt hatte zart und sanft ihre Fühler nach mir ausgestreckt, auch wenn ich noch keine Ahnung hatte, was es für mich bedeuten sollte.

Am nächsten Abend ging ich früh zu Bett. Mitten in der Nacht wurde ich aus einer Tiefschlafphase abrupt durch meinen Arm geweckt, der ganz von allein senkrecht in die Luft geschnellt war. Ich schaute auf die Uhr. Es war Punkt zwei Uhr. Das Ganze wiederholte sich noch zwei Mal. Jedes Mal riss mich mein Arm nach oben, stets zur vollen Stunde.

Jetzt wurde mir das nun doch unheimlich, und so verbrachte ich den Morgen damit, darüber nachzudenken, ob ich Armin Mattich anrufen sollte. Ich war ängstlich und wusste nicht, was da mit mir passierte. Schließlich überwog meine Neugierde, ich fasste mir ein Herz und rief ihn an. Eine warme Stimme begrüßte mich herzlich. Ich war erleichtert und erzählte ihm, was mir die Nächte zuvor passiert war. »Gratuliere!«, sagte Armin schlicht. Das genügte, um mir die Angst zu nehmen. Offenbar war mir etwas Wunderbares widerfahren.

Ostern stand vor der Tür, und ich dachte: »Mal wieder ein Ostern, an dem du alleine bist!« Selbstmitleid kam in mir auf.

Dennoch spürte, ja ›wusste‹ ich, dass mich am Abend jemand anrufen würde.

»Ja, ja …«, schalt ich mich selbst, »wer sollte das schon sein?« Es fiel mir niemand ein, der an Ostern so alleine hätte sein können wie ich. Es wurde Abend, und als gegen 19:00 Uhr immer noch niemand angerufen hatte, ignorierte ich mein Gefühl und beschloss: »Okay, Andrea … so ist es nun mal …, aber du kannst es dir trotzdem mit dir selbst schön machen. Ich nehme jetzt ein heißes Bad und lege mich mit einem Buch ins Bett. Auch schön!«

Heute begegnest du
deinem Schicksal

Als ich aus der Badewanne stieg und in den Spiegel schaute, hörte ich plötzlich eine Stimme in meinem Kopf: »Du begegnest heute deinem Schicksal!« Es war das erste Mal seit Kindheitstagen, dass ich wieder ›hörte‹.

Was? Meinem Schicksal?! Was sollte das bedeuteten? Ich hörte die Stimme klar und deutlich, keine Einbildung. Aber wer bitte soll das sein?

Etwa eine halbe Stunde später klingelte das Telefon. Armin rief an: »Andrea, hast du Lust, einen Kaffee mit mir trinken zu gehen?« Na klar hatte ich das. Aber dann kam ich ins Grübeln, und die Stimme kam mir in den Sinn. ›Heute wirst du deinem Schicksal begegnen!‹ Das wird doch sicher nicht Armin sein?

Doch an diesem Abend wurde das Band unserer vielen gemeinsam gelebten Leben neu verwoben. Während sich unsere

Beziehung sanft und liebevoll entwickelte, was auch bedeutete, dass wir uns gegenseitig die Wunden der Vergangenheit leckten, keimte neue Hoffnung in uns auf. Das Schicksal hatte uns übel mitgespielt, auch Armin war wie ich verlassen worden. Der Halt, den wir uns gegenseitig gaben, war Balsam für unsere Herzen und unsere Seele.

In der Anfangszeit sprach Armin oft von Maya, seiner Freundin in Holland und einer, wie er sich ausdrückte, ›großen Seele‹. Maya war Medium und Armin Jahre zuvor in Basel, wo sie in den 80-iger Jahren als eine der Hauptreferentinnen der Basler PSI-Tage[2] auftrat, begegnet. Seine Erzählungen von der ersten Begegnung mit Maya und wenn er auch sonst von ihr mit warmer Stimme sprach, beeindruckten mich. Seine Augen wurden dabei so warm wie die Mittagssonne, und sein Gesicht nahm den Ausdruck eines Kindes an. Man spürte, wie sehr er sie liebte. Gleichzeitig fühlte ich die Achtung, die Armin vor Maya hatte, und weil er so zärtlich und liebevoll von ihr sprach, hatte ich sie ebenso in mein Herz geschlossen.

Etwa sechs Monate, nachdem Armin und ich uns kennengelernt hatten, sollte ich Maya nun endlich persönlich begegnen. Wir hatten bereits mehrfach vorher miteinander wie gute Freunde telefoniert. Das war merkwürdig, aber gleichzeitig ein Zeichen dafür, wie verbunden doch unsere Seelen über Tausende von Jahren waren. Ich fühlte sie nicht als Fremde, sondern als Freundin, und ihre warme, herzliche Stimme gab mir schon damals das Gefühl von tiefer Vertrautheit. Ich betete für Maya, wenn es ihr nicht gut ging, und es erschien mir als die natürlichste Sache der Welt.

---

[2] Traditionsreicher Publikumskongress von 1983-2006 für PSI, Esoterik und weitere Grenzgebiete der Wissenschaft.

Meine Suche findet ein Ende

Nun waren wir also nach Holland eingeladen, und ich freute mich wie ein Kind auf das Treffen. Es sollte ein kleines Seminar mit fünf oder sechs Personen werden. Ein befreundetes Pärchen wollte uns begleiten. Vierzehn Tage vor unserem Termin war ich bereits die Fröhlichkeit in Person. Ich spürte, dass diese Reise etwas sehr Besonderes war und zählte bereits die Tage und Stunden.

Als wir mit ein paar anderen Leuten vor Mayas Tür standen, klopfte mein Herz laut in meiner Brust. Mayas Mann öffnete die Tür mit einem freundlichen Hallo. Er war groß und schlank und sah aus wie ein typischer Holländer. Hinter ihm, viel kleiner und deshalb erst nicht zu sehen, stand Maya, jauchzend wie ein Kind, mit hochgeworfenen Armen. Voller Freude rief sie in ihrer glockenhellen Stimme: »Hallo! Wie schön, dass ihr da seid!«

Maya strahlte über das ganze Gesicht, den liebevollen Blick aus ihren lichtvollen, himmelblauen Augen auf mich gerichtet: »Und du musst Andrea sein!« Mit offener Herzlichkeit umarmte sie mich wie eine Mutter ihr Kind nach langer Trennungsphase. »Oh Kind, ich bin froh, dass du da bist!« Maya hatte mich nie zuvor gesehen, wusste aber sofort, dass ich Andrea war.

Während die kleine, zarte Person mich umfasste, spürte ich aus der Tiefe meines Herzens und aus meiner Seele: »Jetzt bin ich zu Hause angekommen!« Ich wusste einfach, ich brauche nichts und niemanden mehr zu suchen. Ich hatte gefunden, wonach ich mein Leben lang gesucht hatte. Ich fand es in dieser kleinen, zierlichen Frau, die die Siebzig bereits überschritten hatte. Ihr Licht hatte mich einfach durchdrungen. Gottes Liebe und Schönheit offenbarten sich in ihrem Wesen. Einer Sonne gleich, fiel ihr Licht auf alles und jeden, der in ihrer Umgebung weilte.

Es waren wunderbare Tage, die wir miteinander verbrachten. Wir meditierten gemeinsam, Maya sprach über die inneren Welten, und jeder von uns erhielt jeweils eine Engelbotschaft und eine Sitzung. Ich war glücklich … hatte großen Respekt und dennoch ein tiefes, vertrautes Gefühl zu Maya. Sehr deutlich spürte ich: Diese Frau hat wahrhaft Verbindung zu Gott und Christus. Eine Gottesfrau, die in ihrem einfachen Sein alle Menschen spüren lässt, wie nah uns Gott ist und wie sehr er jeden Einzelnen von uns liebt.

Maya lebte mit ihrem Mann einfach und bescheiden, mit einem kleinen, an der Küche angrenzenden Garten. Eines Abends, nachdem Maya vom ›Wissen‹ gesprochen hatte, stellten unsere Freunde ihr im heimeligen Garten eine Frage: »Maya, dürfen wir dich um ›das Wissen‹ bitten?« Auch wenn Maya in unserer Gruppe die Geschichte erzählt hatte, wie sie nach ihrer Scheidung zu Prem Rawat (Maharaji)[3] gekommen war, um ›knowledge‹ von ihm zu erfragen, hatte ich dennoch nicht wirklich eine Ahnung, was es damit auf sich hatte. Eine Öffnung vom Herzen zur Seele, ja, aber ich konnte mir dennoch nicht vorstellen, was es letztlich bedeutete.

Als die beiden die Frage stellten, begann mein Herz wie wild zu pochen, und ein Orkan in mir zu toben. Ich spürte regelrecht, wie er kam, um sich mehr und mehr aufzubauen. »Sie fragen es einfach so …«, und fast verzweifelt: »Ich brauche es doch auch!«

---

[3]Prem Rawat ist ein in den USA lebender spiritueller Lehrer, der seit Jahrzehnten die Welt bereist und Menschen inspiriert, Frieden im Inneren zu finden.

Es ist doch merkwürdig zu wissen, dass man ›etwas‹ braucht und nicht einmal weiß, was es ist. Dennoch traute ich mich nicht, Maya ebenfalls danach zu fragen. Es erschien mir vermessen, und vermutlich fühlte ich mich auch nicht würdig, ›ES‹, was auch immer es war, zu empfangen. Ich fühlte mich wie eine Verdurstende, die verzweifelt ein Glas Wasser ersehnt und Angst hat, dass es ihr versagt wird.

Der innere Kampf dauerte ca. zehn Minuten, dann brach es aus mir heraus. Schüchtern und leise fragte ich: »Maya, meinst du, ich könnte es auch bekommen?« Jetzt war es raus!

Maya schaute mich mit ihren himmelblauen, durchdringenden Augen an und sagte mit Freude: »Kind, wie schön, dass du auch danach fragst! Du bekommst ›das Wissen‹ sogar noch früher! Ich bin froh, dass du gefragt hast!«

Ich bin sicher, dass sie meine Gedanken gelesen und meinen inneren Kampf mit verfolgt hatte. Wir vereinbarten einen Termin in den kommenden Monaten.

Später sprachen wir über die Tragödie vom 11. September. Maya sagte plötzlich: »Ihr seid dabei gewesen!« Erstaunte Blicke. »Ja, … eure Seelen sind ausgetreten, um diesen armen Seelen zu helfen. Wisst ihr, einige aus der Gruppe, die das Flugzeug besteigen sollten, hatten eine innere Ahnung davon, was passieren würde. Zwei oder drei waren das. Sie wollten ihren Flug stornieren. Ihre Geistführer haben mit ihnen gesprochen und sie überredet, doch einzusteigen, damit sie ihr Seelenziel erreichen konnten.

Wisst ihr, es ist nicht zu erahnen, welche Freude eine Seele empfindet, wenn sie ihr Ziel erreicht hat. Viele, die in das Unglück involviert waren, konnten ihr Karma ausgleichen, wieder gutmachen durch die Art und Weise, wie sie starben.«

Das war einfach unglaublich zu hören! Dann, an mich gerichtet: »Ja, du warst auch dabei!«, und mit Tränen in den Augen: »Deine Seele ist auch ausgetreten und war im Tower. Da waren zwei Frauen im Fahrstuhl eingeschlossen. Sie waren eigentlich total verfeindet, Kolleginnen, die sich über Jahre hinweg gegenseitig gehasst hatten. Und nun waren sie zusammen in Todesangst in diesem Fahrstuhl gefangen. Du warst bei ihnen, sie haben dich wie einen Engel wahrgenommen und mit deiner Hilfe konnten sie sich gegenseitig vergeben, bevor sie gemeinsam starben.«

Ich war fassungslos, doch plötzlich wusste ich, warum ich diesen eigenartigen Traum hatte, bevor Armin und ich damals in den Nachrichten von dem Attentat hörten. Ich träumte von einem hohen großen Gebäude mit vielen Büros. Viele der Räume waren wie leergefegt. Danach wachte ich verwundert und wie erschlagen auf. Nun machte mein Traum Sinn.

Als Armin und ich dann die Nachrichten hörten, waren wir schockiert, wie der Rest der Welt, und verfolgten die Übertragungen im Fernsehen. Wir konnten nicht fassen, was geschehen war. Dazwischen rief uns Maya an: »Lasst uns gemeinsam beten!«, und so verbrachten wir die Zeit damit, dies zu tun.

Damals war ich erstaunt zu hören, dass Seelen so etwas wählen. Maya sagte zu unserem Trost: »Keine Sorge! Diejenigen, die aus den oberen Stockwerken gesprungen sind, sind schon im Fallen auf die andere Seite gekommen. Sie haben keine Schmerzen gehabt.«

Als sie das Bild wiedergab von den Seelen im Jenseits und wie sie sich freuten, es geschafft zu haben, waren ihre Augen voller Tränen. Auch meine Augen blieben nicht trocken, und große Dankbarkeit darüber, dass selbst solch eine Tragödie etwas Gutes zurücklässt, erfüllte mein Herz. Es war die erste Geschichte über die innere Ebene, die ich von Maya hörte – zu einem Ereignis, das der ganzen Welt den Atem verschlagen hat.

Im Laufe der Zeit wurde ich durch Mayas inneres Erleben eine Art Mitbetrachterin vieler solcher Weltgeschehen, Naturkatastrophen, Kriege im Außen und im Inneren. Maya ›sah‹ und erlebte oft in ihrem eigenen Körper, wenn etwas mit der Erde los war, und so verstand ich mit der Zeit durch ihr Sehen und Wirken mehr und mehr die Zusammenhänge und karmischen Begebenheiten, und erlebte auch einige Wunder.

Vom Zeitpunkt unserer ersten Begegnung an entwickelte sich eine tiefe Freundschaft zwischen uns. Sehr schnell wurde sie zum wichtigsten Menschen in meinem Leben, und ich empfand sie als Schwester, Freundin, Mutter und Führerin meiner Seele.

Wenn Maya ›das Wissen‹ gab, war ›Ananda‹ – was übersetzt ›der Glückselige‹ bedeutet und dessen Seele wir als Christus kennen – in ihrem Körper. Als ich selbst dieses Geschenk erhielt, geschah es in einer Gruppe von etwa zwölf Menschen. Ich kam als drittletzte an die Reihe, aber bereits mit dem ersten Menschen, der es erhielt, war die Heiligkeit in Maya und im Raum bereits so spürbar, dass mir von Anfang bis Ende heiß die Tränen liefen. Als sie zu mir kam, beugte sie sich über mich und flüsterte mir (das war nun die Seele von Christus) etwas ins Ohr. Vor meinem inneren Auge entfachte sich ein strahlendes Licht, das wie ein Stern zu leuchten begann.

»Ja, ja ...«, sagte Maya sodann mit einem wissenden Blick auf mich gerichtet: »die Augen sind wahrhaftig Sterne.« Offenbar hatte sie mitgeschaut, und ich musste lächeln.

Durch die Vermittlung, die Maya später treffender als ›die innere Heimkehr‹ bezeichnete, wurde mein Glaube an Gott zu einer Erfahrung und dem daraus resultierenden Wissen, dass ER in jedem Menschen lebt. Mit der Öffnung und Verbindung von

Herz und Seele erfuhr ich eine tiefe innere Einheit, die nun, ihrer Gottesnatur gleich und entsprechend, nach Entfaltung strebte. Ich fühlte eine große innere Dankbarkeit aufgrund der Tatsache, dass ich zu Maya geführt wurde und sie mir durch ihre Verbundenheit mit Christus dieses Geschenk, das mein ganzes Leben veränderte, gemacht hatte.

Die Vermittlung oder auch die ›Nähe zu Gott‹ zu schenken, war eine von Mayas Hauptaufgaben als Seele in dieser Welt. Ihr einfaches und demütiges Sein und ihre Liebe, die wie Christus keinen Unterschied zwischen Menschen macht, ließen erkennen, welches Licht sie war, und gleich einer Sonne erhellte sie ihre Umgebung. Tief in mir erkannte ich, dass es einen Ort in mir gab, der unberührt und jenseits aller Spiele und Umstände dieser Welt voller Frieden und Liebe war und den ich nun jederzeit aufsuchen konnte.

Zwei Monate nach Empfang ›des Wissens‹ spürte ich plötzlich, wie sich mein Atem in der täglichen Meditation verselbständigte. Während ich gänzlich in ihm versunken war, fühlte ich, wie mein Herz das Atmen übernahm. Im ersten Augenblick war ich schockiert und wusste nicht, was gerade passierte. Musste ich nun sterben? Es war nicht mehr nötig, ein- oder auszuatmen. Es passierte einfach über mein Herz. Ich wurde geatmet. Nach einigen Minuten, in denen ich fasziniert das ›Geatmet-werden‹ spürte und bewusst verfolgte, übernahmen wieder meine Lungen die Funktion des Atmens. Das tiefe Gefühl von innerer Freude und Dankbarkeit blieb. Ich dachte: »Ja, im Grunde müssen wir nicht einmal das tun. Selbst dafür sorgt Gott.«

In den nächsten Jahren erhielt ich viele Sitzungen von Maya, die mir Klarheit über mein Leben, über meine Beziehungen und

Probleme brachten. Tief sitzende Schuldgefühle wurden durch ihre mediale Arbeit, ihr Licht und ihre Verbundenheit zu Christus gelöst.

Heilung durch Vergebung

Die heilsamste Sitzung, die mir Maya je gab, ereignete sich im Dezember 2002. Hier klärte sich mein Schuldgefühl in Bezug auf meine Mutter. Dieses Gespräch wurde zur Initialzündung meines heutigen Wirkens.

»Gib mir etwas, was du oft trägst. Du weißt, ich habe das gern!«, begann Maya mit ihrem holländischen Akzent. »Mal sehen, was meine ersten Gefühle sind ... Merkwürdig, bei all den Tausenden von Menschen gleicht sich nie einer dem anderen. Du sagtest, dass dich in letzter Zeit oft deine Kindheit beschäftigt. Was aus deiner Vergangenheit spielt bei dir noch eine große Rolle?«

Ich überlegte kurz: »Gefühle der Unterdrückung, denke ich.«

»Von deinem Vater oder deiner Mutter?«

»Von meiner Mutter«, antwortete ich und erinnerte mich gleichzeitig daran, wie dominant meine Mutter zu Lebzeiten gewesen war.

Maya folgte ihrem inneren Faden: »Ja, du hast dich eigentlich nie gegen deine Mutter gewehrt. Sobald du es versucht hattest, gab es Streit. Sie war dominant, und sie war so sehr davon überzeugt, dass sie das Beste für dich tut, dass sie dir keine Chance gab, selbst nachzudenken. Sie hat eigentlich den Raum um dich herum, deinen Seelenraum, eingeengt. Das kleine Bisschen, was du hattest, hast du wie einen Schutzmantel fest um dich herum gehalten. Und selbst da hindurch kam sie noch! Deine Mutter ist kein schlechter Mensch, sie hat sicher ihre Qualitäten, aber für dich als Kind … ja, das spielt noch eine große Rolle. Deine Mutter lebt nicht mehr, oder?«

»Nein. Sie hat sich das Leben genommen.«

»Und darum hat sie sich so an dich geklammert?«

Ich stimmte zu: »Ja, ich denke schon.«

»Deswegen hat sie wohl auch deinen Raum genommen, denn sie selbst hatte fast kein Licht mehr. Wie alt warst du damals?«

»Fünfundzwanzig.«

Maya fuhr fort: »Da wohntest du nicht mehr zu Hause. Siehst du, du hast sie immer beschützt! Du hattest doch eine erwachsene Seele in einem Kinderkörper. Hast du Angst vor deiner Mutter gehabt?« Fragend schaute sie mich an.

Ich erinnerte mich daran, dass ich mich tatsächlich bereits als Kind vor meiner Mutter ängstigte und bejahte die Frage.

Maya: »Hat dein Vater nie eingegriffen? Hat sie dich bestraft mit Sachen wie ›du musst in deinem Zimmer bleiben‹, oder so etwas Ähnliches?«

Ich schüttelte den Kopf. »Nein, nicht so sehr auf diese Art und Weise, anders …«

»Was hat sich bei dir so sehr verankert, dass du mit Erschauern an deine Mutter denkst?«

Ich brauchte eine Weile, um darüber Klarheit zu erlangen. »Die Herrschsucht, die sie gehabt hat, denke ich.«

»Weißt du, die Seele deiner Mutter versucht, sich dir zu nähern. Aber sie wartet schüchtern, bis du dein Einverständnis gegeben hast. Es ist deine Entscheidung, ob du es ihr gestatten willst oder nicht. Möchtest du mit ihr reden?« Das war keine Frage für mich, natürlich wollte ich.

Maya fuhr fort: »Sie hat Tabletten genommen, nicht wahr?«
Maya hatte bereits den Kontakt zu meiner Mutter Hanne hergestellt und sprach: »Sie sagt, dass sie hoffte, mit diesem
Selbstmord, der viel Mut erforderte, vielleicht etwas Schuld dir
gegenüber auflösen zu können. Außerdem empfand sie das
Leben unerträglich. Sie fand nie Ruhe. Und das wiederum hängt
mit einem früheren Leben in einem Kloster zusammen. Willst
du, dass ich dir beschreibe, was ich sehe?«

Natürlich wollte ich Klarheit.

»Mit fünfzehn Jahren wurdest du vergewaltigt, bist schwan-
ger geworden und wolltest das Kind nicht. Du wusstest nicht,
was du tun sollst, und hast es keinem Menschen erzählt. Das war
im Süden von Italien. Jemand in deiner Umgebung sah dich,
inzwischen mit einem dicken Bauch, und sagte: ›Du kannst
keine Abtreibung machen, das würde Gott nicht gestatten. Gib
das Kind in ein Kloster, denn dort wird es gut versorgt und kann
Gott kennenlernen.‹

Dieses Kind war deine jetzige Mutter. Und der Mann, den du
damals geheiratet hast, hat dich auch nur aus Mitgefühl geheiratet. Denn eigentlich wolltest du nicht mehr leben. Du
hattest zu viele Schuldgefühle. Merkwürdigerweise war dies der
Vater des jungen Mannes, der dir das angetan hatte. Später hast
du das Kind gesucht, aber es war nicht mehr da. Es wurde von
Kloster zu Kloster weitergereicht. Und keiner kannte den
Namen.

Die Seele deiner Mutter konnte dir nicht vergeben, und erst
nachdem sie gestorben ist, erkannte sie, dass du erst ein Kind
von fünfzehn Jahren und missbraucht worden warst.«

Erklärend fügte Maya hinzu: »Offensichtlich hat deine
Mutter dieses Klosterleben gewählt, weil sie in einem anderen
Leben als Mann die katholische Kirche bekämpft hat. Unfrei-

willig in ein Kloster zu kommen, war für sie somit eine Möglichkeit, Buße zu tun. Es hat ihr allerdings nicht so gut getan, und sie konnte es nicht wirklich tief bereuen. Das ist es, was sie jetzt im Jenseits offensichtlich lernen kann: dass es auch gute Katholiken gibt!

Im Moment beschäftigt sie sich mit Seelen, die sehr katholisch waren und gerade im Jenseits angekommen sind. Sie sucht nach einem Priester und versucht, etwas herauszufinden. Voller Freude geht sie da hin, um sich über Vergebung und die katholische Kirche auszutauschen. Puh, sie kann reden wie verrückt!«

Ich musste herzlich lachen.

»Jetzt weißt du, dass sie das Leben bei dir ausgewählt hat; dass du deshalb das Kind bekommen musstest und sie deswegen ins Kloster gegeben hast, um ihr zu helfen, ihr eigenes Karma auszugleichen. Du brauchst nicht mehr dieses Schuldgefühl zu haben. Jetzt lebst du in Freiheit, Kind, die Schatten deiner Vergangenheit sind nicht mehr da, weil du dir selbst endlich verziehen hast. Deine Mutter bittet dich um Vergebung ... und das, was du bist, deine Seele, dreht sich zu ihr um und bittet sie ebenfalls um Vergebung. ›Von Herzen!‹, antwortet deine Mutter, und sie lässt dich wissen, dass sie jetzt froh ist, dass sie weitergehen kann und frei ist.« Maya war in Tränen: »Danke, Gott!«

Der Nebel lichtete sich. Plötzlich verstand ich all die Zusammenhänge um meine Geburt, das Verhältnis zu meiner Mutter, ihre fühlbare Wut mir gegenüber, meine Furcht vor ihr in den ersten Jahren meines Lebens; mein Denken schon von Kindesbeinen an, dass ich sie beschützen müsse. Mein Leben lang fühlte ich mich für meine Mutter verantwortlich.

Erst viel später, als meine Mutter bereits verstorben war, erzählte mir meine Tante die Geschichte von meinen ersten Jahren: »Hanne wollte dich nicht behalten und zur Adoption freigeben. Man hatte bereits eine wohlhabende Familie für dich gefunden. Die Eheleute mochten dich sehr und wollten dich adoptieren, weil sie selbst keine Kinder bekommen konnten. Da warst du ein paar Monate alt.« Ich erinnerte mich damals sofort an ein Foto, das mich als Kleinkind lachend und auf wackligen Beinen stehend zwischen einem ebenfalls glücklich lachenden Paar mittleren Alters zeigte. Das waren meine angedachten Pflegeeltern.

Meine Tante fuhr fort: »Als du ein Jahr alt warst, begegnete Hanne Klaus, deinem künftigen Stiefvater. Als Klaus erfuhr, dass sie dich weggeben wollte, sagte er: »Auf gar keinen Fall. Das Kind bleibt bei uns!« Mein Vater, der selbst adoptiert worden war und eine traurige, unliebsame Kindheit bei einer Pflegefamilie verbracht hatte, setzte seinen Willen durch. Beide heirateten und bekamen dann meine Schwester. Mir wurde klar, weshalb ich mich bereits als Kleinkind nie sonderlich wohl an der Seite meiner Mutter fühlte. Ich fühlte mich nicht angenommen, und einige Situationen kamen mir in den Sinn, in denen sie – nicht nur mir gegenüber – meist in betrunkenem Zustand Gewaltausbrüche an den Tag gelegt hatte.

Maya fuhr mit der Sitzung fort: »Dein Vater, lebt er noch?«

Ich antwortete, noch verdauend, was ich soeben erfahren hatte: »Ich habe zwei. Einen Stiefvater und einen leiblichen Vater, und beide leben noch.«

Maya darauf: »Deinen leiblichen Vater, wie lange hast du ihn gehabt?«

»Ihn habe ich erst vor ein paar Jahren kennengelernt, denn ich wurde als ›Zufallstreffer‹ gezeugt, und danach ist er verschwunden. Meine Mutter hat später meinen Stiefvater geheiratet, da war ich ungefähr ein Jahr alt. Sie wollte mich eigentlich zur Adoption freigeben.«

»Ach was! Fast der gleiche Ablauf wie in dem früheren Leben! Somit hast du deinen leiblichen Vater eigentlich gar nicht wirklich gekannt. Was hast du für ein Gefühl zu deinem leiblichen Vater?«

Wahrheitsgemäß antwortete ich meiner Freundin: »Kein sehr gutes. Ich bin emotional nicht so sehr mit ihm verbunden.«

»Und wie ist dein Verhältnis zu deinem Stiefvater?«

»Meine Eltern trennten sich, und er ist dann weggezogen. Ich habe als Kind immer wieder versucht, die Verbindung mit ihm aufzunehmen, aber er hat dies verweigert. Später sagte er zu mir, dass er sich schämte, mit uns Kontakt zu halten, weil er uns ja schließlich nichts hätte bieten können.«

Maya wirkte betroffen: »Abgewiesen zu werden von Mutter und Vater ... von beiden Seiten! Dann muss ich sagen, dass du das wunderbar geschafft hast, so eine Gleichgewichtsfrau zu werden!« Maya brach ab, ging nach innen und bekam plötzlich ihren ›weiten, fernen Blick‹, den ich bereits gut kannte. Weiter an mich gerichtet: »Willst du wissen, was ich sehe?«

»Ja!«

»Ich sehe ein Leben von dir in Frankreich. Du lebst in einem Schloss und bist eine schöne junge Frau, die alle Männer um den Finger wickeln kann. Die zwei – dein Stiefvater und dein leiblicher Vater in diesem Leben – wollten dich sehr gerne heiraten. Und einer der beiden war offensichtlich für deine Eltern keine so gute Partie, er war zu arm.

Du hast Ja gesagt, Nein gesagt, Ja gesagt, Nein gesagt. Er hat dich wirklich geliebt. Und am Schluss hast du gesagt, es geht nicht. Er versuchte dich zu vergessen und nannte dich eine verwöhnte Puppe. Dies tat dir sehr leid, denn dir war nicht bewusst, wie viel Power du hattest und wie du dadurch Menschen auch Schmerzen zufügen konntest.

Das war deine erste Lektion, dass große Schönheit, viel Geld und Adel Menschen nicht unbedingt gehaltvoll machen. Und deinen zweiten Vater, deinen Stiefvater, hast du dann geheiratet. Deine Eltern wollten so gerne, dass du diesen Mann heiratest, denn dadurch konnten sich eure Familien miteinander verbinden. Dieses Leben fand etwa zwischen dem 17ten und 18ten Jahrhundert statt. Er war ziemlich tyrannisch. Sein Wille war Gesetz, und nach zwei Jahren hast du ihn verlassen. Er wurde im Anschluss aus dem Dorf, in dem er das Sagen hatte, hinausgeworfen, weil die Leute erfahren hatten, dass er dich schlecht behandelt hat. Er flüchtete auf eine Insel, wo er sich fast mit jeder jungen Frau einließ. Als er sich jedoch der Tochter des Häuptlings näherte, wurde er von eben diesem erschossen.«

Das amüsierte mich, denn auch in diesem Leben war mein Vater ein Schwerenöter, und meine Mutter hatte schwer darunter zu leiden, dass er nicht treu sein konnte. Nun verstand ich auch die bittere Rivalität zwischen meinem Stiefvater und meinem leiblichen Vater.

Alles bekam nun einen Sinn. Ich wurde zurückgeführt zu einem Moment, den ich mit meinem Stiefvater gehabt hatte. Wir saßen damals an einem warmen Sommertag draußen im Garten. Plötzlich entdeckte ich Wut in den Augen meines Papas. Ja doch, er blickte mich für wenige Sekunden fast hasserfüllt an, und ich weiß noch, wie erschrocken ich darüber gewesen war. Jetzt verstand ich diesen Moment. Seine Seele erinnerte sich wohl an die Zeit zurück, als ich ihn verlassen hatte. Es muss eine große Schmach gewesen sein, galt er doch als der Dorfpatron!

Ich erinnerte mich zudem daran, wie mir mein leiblicher Vater Briefe geschrieben hatte, und nachdem ich sie gelesen hatte, dachte ich oft kopfschüttelnd: »Wie komisch er schreibt, fast so, als wäre ich seine Auserkorene und nicht seine Tochter!«

Wie Schuppen fiel es mir von den Augen, alles fügte sich zusammen.

Mayas Sitzung für mich heilte meine offenen Wunden. Ich fühlte buchstäblich, wie die alten Schuldgefühle, auch meiner Mutter gegenüber, von meinen Schultern abfielen, so als wären zehn Kilo Ballast von ihnen genommen worden. Ich fühlte mich befreit. Meine Mutter aus dem Jenseits und ich hatten uns gegenseitig vergeben, und das Resultat war spürbarer Frieden in mir. Auch meinem Vater konnte ich vergeben. Und so bat ich auch ihn innerlich um Vergebung.

Unser nächstes Treffen zeigte eine deutliche Veränderung, und das, was uns als Menschen verband, nämlich die Liebe, konnte wieder frei fließen.

Tief in meinem Inneren fühlte ich, was Mayas Seele zu tun vermochte. Welche transformierende Wirkung und Heilung eine solche Sitzung auf einen Menschen haben kann. Mayas Seele zeigte den Seelen, die ›wissen‹ wollten, das Leben auf, das Missverständnisse, Unfrieden und Schmerzen verursacht hatte. Im Spiegel ihres Lichtes war es den betreffenden Seelen möglich, sich gegenseitig zu vergeben. Der daraus resultierende Frieden kam einer wohltuenden inneren Ruhe gleich. Maya verstand es, die Umstände, welche die Liebe in einem Menschen reduzierten, hinfortzuwehen, als wären sie nicht mehr als eine staubige Wolke, die das Herz verdunkelte. War die Wolke fort, brach das Licht automatisch wieder durch.

Noch hatte ich keine Ahnung, dass diese Sitzung die Initialzündung für meine mediale Tätigkeit werden sollte. Es hatte dank Mayas Hilfe ein innerer Durchbruch stattgefunden, und das eigene Erleben brachte mich zu der Erkenntnis, dass es doch viel mehr Menschen geben müsste, die aufgrund ihrer Fähigkeit, mit dem Jenseits zu kommunizieren, anderen Heilung schenken konnten.

Ich denke, es war auch Mayas Wunsch, dass ich zu diesen Menschen zählen sollte, denn von diesem Zeitpunkt an ›sah‹ ich plötzlich wieder Verstorbene. Es passierte einfach. Ich sah sie zwar nicht mit den Augen, wie ich sie als Kind auf eher materielle Weise wahrgenommen hatte, aber auf subtilere Art in der Aura der Menschen.

Das geschah am Anfang tatsächlich zu Heilzwecken, wenn mich Seelen aus dem Jenseits darum baten, für sie bei ihren Angehörigen um Vergebung zu bitten. Dann sah ich beispielsweise während einer Heilsession den verstorbenen Vater einer Teilnehmerin hinter ihr stehen, der sagte: »Sie hat ihr Magengeschwür wegen mir. Willst du sie bitte in meinem Namen um Vergebung fragen?«

So begannen meine Kontakte mit Aufträgen aus den anderen Welten, die ich wiederum meist während der Heilarbeit erhielt. Eine Pforte schien geöffnet, und wann immer es notwendig wurde, spazierten die Seelen einfach hindurch.

KAPITEL 1

Das Jenseits

Nachdem das Tor zum Jenseits durch Mayas Hilfe wieder geöffnet war, stellte ich überwiegend Kontakte zu Verstorbenen her, um den Trauernden mit Hilfe der entsprechenden Durchsagen Trost zu spenden; um sie wissen zu lassen, dass es ihren Lieben auf der anderen Seite gut ging, was meistens der Fall war; und um den Angehörigen Frieden zu schenken. Unzählige Male hörte ich von einem Verstorbenen: »Bitte sage ihr oder ihm, es tut mir leid, dass ich nie gesagt habe, wie sehr ich sie oder ihn liebe. Willst du das bitte für mich tun?«

Es ist unglaublich, dass man diesen Satz so oft zu hören bekommt. So stellen diese Verbindungen auch immer die Möglichkeit dar, von der einen oder anderen Seite um Vergebung zu bitten, was oft ein wichtiger Aspekt dieser Gespräche darstellt – ob nun ein Mensch auf dieser Ebene zurückbleibt oder auf die andere Seite hinübergegangen ist. Schuldgefühle können von beiden Seiten kommen, und so gibt es meist große Erleichterungen seitens der Seelen im Diesseits oder der Seelen im Jenseits. Manchmal kommt es während Lebzeiten nicht dazu, dass sich Menschen aussprechen oder etwas Wichtiges ausdrücken können. Das ist dann ihre Gelegenheit, Frieden zu schließen.

Mir kommt eine Witwe, die mich um einen Jenseitskontakt mit ihrem verstorbenen Mann bat, wieder in den Sinn. Ich begleitete sie in mein Sitzungszimmer. Als ich zum CD-Player ging, um eine schöne, ruhige Einstimmungsmusik abzuspielen, hörte ich bereits die Stimme ihres verstorbenen Mannes: »Sage ihr, dass sie endlich kein Schuldgefühl mehr haben soll!«

Obwohl ich noch nicht wirklich eingestimmt war, übermittelte ich der Frau diese Durchsage. Sie fing augenblicklich an zu weinen. »Genau deshalb bin ich zu dir gekommen! Ich habe furchtbare Schuldgefühle in mir, weil ich meinen Mann mit einem anderen betrogen habe, bevor er gestorben ist.«

»Er weiß davon, Herzchen«, sagte ich zu ihr, »und er versteht dich vollkommen. Er hat es dir nicht übel genommen. Er sagt, er war nicht immer der einfachste Mensch, und auch seine Art hätte dich in die Arme eines anderen getrieben. Er möchte, dass du dir endlich selbst vergibst. Er hat es schon lange getan.«

Ich durfte sehen, wie sich die Schatten auf der Seele der jungen Witwe verflüchtigten und die Sonne wieder hindurchbrach. Beim Abschied wirkte sie erleichtert.

Angst und Schuldgefühle versperren den Weg zur wahren Freiheit, doch den geliebten Seelen auf der anderen Seite ist es meist ein Bedürfnis, dass wir frei und glücklich leben. Sie tun ihr Möglichstes, um ihren Hinterbliebenen das Gefühl der Schuld zu nehmen.

Schuldgefühle haben viele unterschiedliche Ursachen. Oft kommt es vor, dass in Menschen ein Schuldgefühl sitzt, weil sie nicht zum Todeszeitpunkt anwesend waren, um den Heimkehrenden die Hand zu halten, aber sehr oft bekam ich von den Verstorbenen zu hören: »Sage ihr oder ihm, ich wollte nicht, dass sie oder er dabei ist. Sie hätten es als viel schlimmer empfunden als ich selbst. Mein Übergang war leicht, auch wenn es nicht so ausgesehen hat.«

Häufig kam es vor, dass die Angehörigen mehrere Tage am Bett ihres Mannes, Vaters oder ihrer Mutter verbrachten, um im Sterbeaugenblick für sie da zu sein, und just in dem Moment, als sie für kurze Zeit das Zimmer verließen, wählte die Seele des Heimkehrenden diesen für sie perfekten Moment.

Angst vor Verstorbenen?

Manche Menschen fürchten sich vor Verstorbenen. Das kommt meiner Meinung nach daher, weil sich die Gesellschaft nicht mit dem Thema Sterben beschäftigt, was ja schließlich unser aller Schicksal ist. Und dennoch ist es so, dass wir uns stets im gegenwärtigen Sein zwischen Leben und Sterben befinden.

Wie viele Atemzüge, die gleichzeitig Sterben und Neugeburt darstellen, liegen eigentlich zwischen dem Zeitpunkt, wenn wir in diesen Körper eintreten, und dem Moment, wenn wir ihn wieder verlassen? Jeder getane Atemzug erinnert uns an unsere Vergänglichkeit, und zugleich bietet uns jeder neue Atemzug ungeahnte Möglichkeiten. Eine Neugeburt sozusagen im Sekundentakt. Wie nehmen wir dieses Leben an? Bewusst, oder unbewusst?

Meine Erfahrung lehrt mich, dass Menschen, die niemals bewusst atmen, zu Geiseln ihrer Ängste werden. Im Gegenzug erkenne ich, dass Menschen, die sich ihres Atems bewusst sind, meist auch mehr Vertrauen in Gott haben. Ist unser Atem nicht das Wort, das in der Bibel beschrieben wird und das ER in uns hineingelegt hat? Lebendig im Atem zu sein heißt, seine Liebe und Allmacht zu fühlen, den Klang Gottes als eine wunderschöne Melodie in sich selbst zu erfahren.

Menschen jedoch, die ihre Sinnhaftigkeit in der Materie suchen, beschäftigen sich meist nicht mit der körperlichen Vergänglichkeit. Sie verdrängen die Gedanken und finden nicht die Tore zur Freiheit, weil sie sich mit Macht, Besitz und reiner Körperlichkeit identifizieren. In einer äußeren, materiellen Welt errichten sie Mauern der Undurchdringlichkeit gleich einem Gefängnis, mit dem traurigen Ergebnis, dass sie ihr Herz auch nicht mehr erreichen.

Gäbe es nicht die Sorge um die Zukunft und unser unbewusstes, begrenztes Sein, dann gäbe es auch weniger Angst auf diesem Planeten. Menschen könnten vertrauensvoller im Jetzt leben. Indem wir beginnen, bewusst zu leben, alles und jeden loszulassen, wie wir es auch mit dem Atem tun, lernen wir, den Tod als etwas Natürliches zu betrachten und können ihn bereits im Leben überwinden. Wir öffnen uns dadurch gleich einer Blume, die beginnt, den Duft der Allgegenwart zu verströmen.

Es kommt auch vor, dass Menschen mit Verstorbenen nichts zu tun haben wollen – und eben nur aus dem Grund – weil sie bereits tot sind! Dann stelle ich gerne die Frage: »Wie wäre es für dich, wenn dein Leben morgen beendet wäre? Stell dir einmal vor, dass du morgen aus dem Leben gerissen wirst: Wäre es dir dann nicht ein Herzenswunsch, Kontakt mit deinen Lieben aufzunehmen, um ihnen zu sagen, dass es dir gut geht, oder würdest du sie nicht gerne noch bestimmte Dinge wissen lassen, für die es keine Zeit oder Gelegenheit mehr gab? Und wenn ›Ja‹ die Antwort auf die Frage ist, müssten sich deine Hinterbliebenen dann vor dir fürchten?«

Das kuriert die meisten von dem Gedanken, es sei etwas Unheilvolles, ›tot‹ zu sein. Es gibt keinen Tod, nur das Hinübergleiten in eine andere Welt, die sich nur einen liebevollen Gedanken entfernt von uns befindet. Werden Menschen, nur weil sie ihr irdisches Kleid abstreifen, zu beängstigenden Wesen? Sicher nicht, aber weil wir uns nicht mit dem Tod beschäftigen, bleibt das Unbekannte das Beängstigende.

Wie Forscher herausgefunden haben, fürchten sich Menschen am meisten vor dem, was sie nicht kennen. Zum Glück gibt es immer mehr Menschen, die sich um Aufklärung bemühen. Allein die Ausbildungen zum Sterbebegleiter haben in den letzten Jahren deutlich zugenommen, wodurch eine bessere Auseinandersetzung mit dem Thema Leben und Sterben einhergeht. Auch das steigende Interesse für Jenseitskontakte oder mediale Ausbildungen zeigt, dass sich Menschen bereits zu Lebzeiten um das Ergründen von Sinn und Sinnhaftigkeit des Lebens bemühen. Das ist eine schöne Entwicklung, denn alles, was wir in unserem Leben erfahren, dient uns auch auf der anderen Seite.

Eine Zeitlang half ich ehrenamtlich einer Freundin, die ein Kinderhospiz errichtet hatte, das mittlerweile eine ambulante und stationäre Einrichtung geworden ist, mit Öffentlichkeitsarbeit und der Organisation von Benefizveranstaltungen. Während dieser Zeit war ich unglaublich beeindruckt davon, wie leicht es die betroffenen Kinder mit dem Sterben nahmen. Sie sorgten sich nicht um sich selbst und hatten meist keine Angst vor dem Hinübertreten. Ihre Sorge war allein darauf begründet, dass ihre Eltern nicht mit ihrem Heimgang zurechtkommen könnten.

»Du musst sterben, um zu leben!« Wie wahr doch dieser Satz ist, denn Sterben bedeutet, alles loszulassen: Zorn, Hass, Bitterkeit, Ablehnung, Bedauern, Ängste, Materie, usw. Wenn dann die Dankbarkeit für das Leben wächst, für jeden einzelnen Atemzug, kannst du schon im Leben sagen: »Ich bin bereits ›gestorben‹, ich fürchte den Tod nicht mehr!«

Im Laufe der Zeit entwickelten sich mein inneres Gespür und das Sehen immer mehr, doch ich war zufrieden damit, Heilung mit Hilfe der geistigen Welt an andere zu schenken und mehr im Hintergrund zu wirken, als dass ich eine öffentliche Plattform gesucht hätte. Das sollte sich ändern, denn während der Seminare und Heilsessions, bei denen ich mitarbeitete, bekam ich deutlich mehr Anweisungen aus den Höheren Ebenen, Menschen auf die eine oder andere Art zu helfen.

So begann ich zusätzlich zu hören, manchmal Sätze wie: »Hilf ihr! Sie hat ihre ganze Familie verloren!«, oder »Hilf ihr … sie hat Schuldgefühle, weil …« Wenn ich den Mut und das Vertrauen aufbrachte, mit den entsprechenden Personen zu arbeiten, bekam ich stets das, was ich brauchte, um ihnen Trost und ihren inneren Frieden zu geben.

Das Sehen und Hören war ein langjähriger Prozess, der mich allmählich auf meine Arbeit als Medium vorbereiten sollte. Sehr oft kämpfte ich mit mir, ob ich das Gehörte weitergeben sollte oder lieber nicht. Ich war mir stets der großen Verantwortung bewusst. Auch hatte ich großen Respekt davor und war unsicher, ob ich richtig und gut gehört hatte.

Zum Glück hatten meine Freunde aus der geistigen Welt stets Geduld mit mir. Wenn ich zum Beispiel nicht sicher war, etwas richtig gehört zu haben, oder ich wollte aus Unsicherheit nicht tun, was mir im Inneren für andere aufgetragen wurde, gab es ein Hämmern in meinem Kopf … immer und immer wieder hörte ich das Gleiche, bis ich es selbst leid war und das Risiko einging, lächerlich gemacht zu werden oder auf Unverständnis zu treffen. Das ist jedoch nie passiert. Im Nachhinein war ich stets froh, denn das Gesagte bewirkte meist einen sofortigen Wandel bei den betreffenden Personen.

Meine erste Sitzung

Ich erinnere mich gut an meine erste Klientin. Ich lernte Katja auf einer Messe kennen. Sie wurde mir als Chefeinkäuferin einer unserer größten Kunden vorgestellt. Ich erfuhr ihre Leidensgeschichte während der gemeinsamen Pausen. Bereits im Vorfeld hatte ich eine große Traurigkeit in ihr verspürt. Katja erzählte mir, dass ihre Mutter vor einem Jahr gestorben sei. Der Umstand ihres Todes war mir sehr zu Herzen gegangen, und ich empfand die Geschichte von Mutter und Tochter als besonders tragisch.

Katjas Vater, ein Geschäftsmann durch und durch mit eigenem Unternehmen, hatte sich schon immer einen Sohn gewünscht. Stattdessen bekam er die einzige Tochter, Katja, die sich stets anstrengen musste, den Erwartungen ihres Vaters zu entsprechen.

Katja hatte ihren ersten Freund, alles schien normal. Bis zu dem Tag, als sie feststellte, dass sie sich mehr zu Frauen hingezogen fühlte. Als ihr Vater das entdeckte, warf er sie kurzerhand aus dem Haus. Katja zog daraufhin fünfhundert Kilometer entfernt in die Großstadt und fing dort ein neues Studium an. Zu ihrem Vater hatte sie keinen Kontakt mehr.

Ihre Mutter war in einem Zwiespalt. Sie liebte ihre Tochter, hielt sich aber aus Angst an ihren Mann und brach ebenfalls die Verbindung ab.

Einige Jahre vergingen. Katja lernte Susanne kennen. Sie verliebten sich ineinander. Eines Tages erhielt Katja überraschend einen Anruf von ihrer Mutter, die sie beide nach Spanien auf ihre Finca einlud. Ich kann mir gut vorstellen, wie es Katja damals ergangen sein muss, nach all den Jahren. Sie war glücklich ... endlich schien alles gut zu werden!

Die Mutter vermisste ihre Tochter sehr, und in Spanien sprachen sie sich aus. Sie verlebten einige schöne Tage miteinander, bis zu der Stunde, in der Katjas Mutter plötzlich und ohne Vorwarnung einen Herzinfarkt erlitt. Susanne als Kinderkrankenschwester erkannte die Situation sofort und eilte Katjas Mutter zu Hilfe. Doch es gab keine Rettung mehr, sie verstarb in Susannes Armen. Die beiden Freundinnen kümmerten sich trotz ihres Schocks um die Überführung, und für Katja brach eine Welt zusammen.

Als ich Katja kennenlernte, lag das Geschehen ein Jahr zurück, und es war, als hätte sie selbst ihre Lebensfreude verloren. Eine Wolke der Depression schien über ihrem Kopf zu hängen. Sie tat mir unendlich leid. Wenn ich sie ansah, stach mein Herz, und ich wünschte mir, jemand könnte ihr helfen. Im Kopf ging ich alle Therapiemaßnahmen und Therapeuten durch, die ich kannte. Ich sah und sprach Katja noch einige Male über den Kontakt unserer beiden Firmen, und jedes Mal dachte ich über die traurige Geschichte nach und kam immer wieder zu dem Schluss: »Jemand muss ihr helfen!«

Eines Tages rief mich Katja privat an und sagte direkt: »Ich hätte gerne eine Sitzung bei dir, Andrea!«

»Wie bitte?« Sie wiederholte ihr Anliegen, und ich antwortete ihr: »Ich gebe keine Sitzungen. Aber ich kenne jemanden, dem ich sehr vertraue und der dir sicher weiterhelfen kann.«

Sie ließ nicht locker: »Ich möchte aber bei dir eine Sitzung haben!«

Weil Katja stur blieb und ich nicht mehr wusste, was ich noch an Gegenargumenten auffahren sollte und sie sich partout nicht abwimmeln ließ, vereinbarten wir einen Termin.

»Oh Himmel, was tue ich da?!« Ich war wütend auf mich und darauf, dass ich eingewilligt hatte, denn wie in Gottes Namen sollte ich ihr eine Sitzung geben, wo ich noch nicht einmal eine Ahnung hatte, wie eine solche vonstattenging?

Je näher der Termin rückte, desto nervöser wurde ich. »Worauf habe ich mich da nur eingelassen? Warum hat sie mich so bedrängt, dass ich letztendlich nicht anders konnte als Ja zu sagen?« Es kam der Tag … mir war ganz mulmig zumute, und je näher die Stunde vorrückte, desto aufgedrehter wurde ich. Ich versuchte mich zu beruhigen, indem ich mir sagte: »Es ist nicht deine Schuld, ich habe ihr gesagt, dass ich das nicht kann und wenn sie jetzt 500 km fährt, ist das ihre Verantwortung, jawohl!« Insgeheim wünschte ich mir sogar, dass etwas dazwischenkäme. Doch pünktlich zur vereinbarten Zeit stand Katja fröhlich vor meiner Tür.

Wir plauderten ein wenig, bis ich beschloss, anzufangen … wie auch immer das aussehen sollte. Ich begann: »Nun, ich habe dir gesagt, dass ich das noch nie gemacht habe, und ich kann für nichts garantieren. Ich werde versuchen, mit deiner Mutter in Verbindung zu treten, aber ob es funktioniert, kann ich nicht versprechen.«

»Mach nur!«, erwiderte sie mit einem entwaffnenden Lächeln.

Von der Sitzung weiß ich nur noch wenig. Es ist mir in Erinnerung geblieben, dass ich die Präsenz ihrer Mutter stark gespürt habe und diese auch eine Leidenschaft fürs Malen hatte. Sie zeigte mir diverse Bilder. Mehr weiß ich nicht mehr. Als ich fertig war, schaute mich Katja groß an. »Weißt du, was du die ganze Zeit gemacht hast?«

»Nee!«

»Du hast mit deinem kleinen Finger ständig auf die Tischplatte geklopft! Du musst wissen, dass meiner Mama die Hälfte des kleinen Fingers fehlte und sie die Angewohnheit hatte, so wie du es eben getan hast, mit diesem verkürzten kleinen Finger immer auf die Tischplatte zu klopfen.«

Katja wusste durch das Erlebte und Gesagte, dass ihre Mutter mit ihr Kontakt aufgenommen hatte, und war erleichtert. Sie hatte Abschied nehmen können. Von diesem Zeitpunkt an wurde sie wieder ein lebensbejahender Mensch, der nicht mehr an der Vergangenheit hing und versuchte, das Beste aus dem Leben zu machen und positiv nach vorne zu schauen. Mit ihrem Vater konnte sie sich aussöhnen. Sie arbeitet jetzt sogar in seiner Firma, so wie er es sich immer gewünscht hatte. Katja kann zwar ihren Vater nicht ändern, aber sie hat gelernt, mit ihm umzugehen und ihm zu verzeihen.

Im Laufe der Zeit gab ich weitere Sitzungen für Susanne und Katja. Für Susanne war der Schock, Katjas Mutter in ihren Armen sterben zu sehen, groß und eine Rückerinnerung an das, was sie in einigen Vorleben an Verlusten bereits erfahren hatte.

Meist ist es so, dass wir die Schmerzen, die wir erlebt und noch nicht verdaut haben, durch ähnliche Situationen wiedererleben. Gefühle wie Trauer oder Angst vor Verlust halten uns davon ab, frei zu leben.

Menschen versuchen dann, an allem und jedem festzuhalten und Kontrolle über alles zu bewahren, obgleich genau das Gegenteil hilfreich für sie wäre. Oft gehen sie über die eigenen Grenzen, um für die Menschen in ihrer Umgebung da zu sein und alles für sie zu tun. Dabei verlieren sie sich selbst aus den Augen.

Durchlebt der Mensch jedoch die Situation, in der die Seele den größten Schock davongetragen hat, noch einmal, ist er in der Lage, loszulassen. Das ist die erste Voraussetzung für eine positive Veränderung.

Zugleich ist mit der Klarheit über bestimmte Negativ-Gefühle die Basis der eigenen Wahrnehmung geschaffen worden. Gefühle dieser Art mögen wieder auftreten, aber nun kann bewusst gesagt werden: Das brauche ich nicht mehr, es ist nur eine Erinnerung an das, was ich bereits erlebt habe, und gehört zur Vergangenheit. Ich entscheide mich jetzt und hier für die Freude – das Gegenteil von Trauer –, und übe mich im Vertrauen.

Für Katja war es ebenso wichtig, die Gefühle von Ablehnung, die ihr überwiegend in der Haltung ihres Vaters gespiegelt wurden, bei sich in Selbstannahme und Akzeptanz zu wandeln.

Hilf ihr!

Eine Geschichte zum Thema Trauer und Verlust kommt ebenfalls aus meinen Anfängen des inneren Hörens und Sehens.

Marianne, eine ca. fünfzigjährige Dame, war während eines Seminars meine Partnerin für eine Vergebungsübung. Wir hielten uns an den Händen und sollten erspüren, wer sich von der anderen Seite zeigen würde.

Plötzlich hörte ich eine Stimme: »Hilf ihr! Sie hat ihre ganze Familie verloren!« Augenblicklich sah ich einen Mann vor mir und wusste, dass er Selbstmord begangen hatte. Er musste Mariannes Ehemann gewesen sein. Ich sah ein Auto und roch etwas Seltsames. Diese Eindrücke gab ich an Marianne weiter.

Ohne Emotion erwiderte sie: »Ja, das ist mein Mann, er hat sich mit dem Abgasschlauch im Auto umgebracht.«

»Wie schrecklich«, dachte ich und war über den nichtssagenden Ausdruck auf Mariannes Gesicht erstaunt. Es war klar, dass Marianne der Bitte ihres Mannes, ihm zu vergeben, nicht nachkommen würde. Marianne erschien mir als eine äußerst ernsthafte Persönlichkeit ohne Lebensfreude. Sie lächelte fast nie und hatte ängstliche Augen.

Im Laufe des Vormittages hörte ich immer wieder: »Hilf ihr!« Ich sprach mit Armin darüber und erzählte ihm, dass ich ständig das Gleiche für Marianne zu hören bekäme, aber keine Ahnung hätte, wie ich ihr helfen könne, und ob ich es überhaupt sollte. »Auf jeden Fall solltest du darauf hören!«, bestärkte mich Armin. »Geh doch mit ihr ins Nebenzimmer.«

Ich nahm Marianne beiseite und fragte sie, ob sie gerne mit mir arbeiten möchte. Sie bejahte, und wir gingen ins Nebenzimmer. Ursprünglich war mir im Sinn, dass sicher ihr verstorbener Mann den weiteren Kontakt zu Marianne suchen würde, denn Vergebung hatte definitiv nicht stattgefunden. Ich stimmte mich mit einem Gebet ein und erwartete den Mann im Auto.

Zu meinem Erstaunen aber zeigte sich eine junge Frau. Ich war irritiert. »Ich verstehe das nicht. Eigentlich habe ich deinen verstorbenen Mann erwartet, aber jetzt sehe ich eine junge Frau. Sie ist Anfang zwanzig, hat blaue Augen, ist blond, schlank und sehr hübsch.« Ich beschrieb Marianne weiter das Aussehen dieser jungen Frau, und sie brach augenblicklich in Tränen aus.

»Das ist meine Schwester!«, rief sie aus. Zu ihr hatte Marianne, wie sie mir erklärte, ein sehr inniges Verhältnis. Ihre Schwester hatte dreißig Jahre zuvor ebenfalls Selbstmord verübt. Das Verhältnis zum verstorbenen Mann war kein gutes gewesen, aber ihre Schwester hatte sie sehr geliebt und war über ihren Tod nie hinweggekommen.

Beide hatten schlimme Erlebnisse in ihrer Kindheit, sie wurden als Kinder und Jugendliche vom eigenen Vater missbraucht. Über die Jahre hinweg hielten sie aneinander fest und klammerten sich an die gegenseitige Liebe. Dass ihre Schwester sie zurückließ, indem sie sich selbst aus dem Leben schlich, konnte Marianne ihr nicht verzeihen. Sie fühlte sich im Stich gelassen. Der Freitod ihrer Schwester war der Auslöser schwerer Depressionen, die sie seit mehr als dreißig Jahren alltäglich begleiteten.

Die Schwester bat um Vergebung dafür, dass sie Marianne zurückgelassen hatte, und erzählte ihr, was der Auslöser für ihren Selbstmord gewesen sei: Sie war mit ihrer Kraft am Ende und hatte keinen Lebenswillen mehr. Sie sprach von Mariannes Leben, und was sie sich für ihre Schwester wünschen würde. Fast flehentlich nahm sie ihre geliebte Schwester ins Gebet und rang ihr das Versprechen ab: »Bitte, sag endlich Ja zu deinem Leben!«

Ich war berührt. Nach dem Kontakt mit ihrer Schwester schien Marianne wie ausgewechselt. Es war, als würde die Last der letzten dreißig Jahre von ihren Schultern genommen, und ihr Gesichtsausdruck wurde weich und sanft. Die Tränen hatten ihr Gesicht gewaschen, die Augen wirkten klar und viel heller als zuvor. Das Licht kam wieder durch.

Mariannes Trauer und auch ihre Wut über den Verlust ihrer Schwester, aber auch das Leid, das sie durch ihren Vater erfahren hatte, führten in ihrem eigenen Leben zu großer Angst vor Verletzung und Schmerz durch andere Menschen. Das war der Grund, warum sie sich in ihr eigenes Leben zurückzog, geradezu ›verschanzte‹ und keine Nähe zuließ.

Das Gefühl der Einsamkeit schloss jedoch auch die Pforten für ihre Umwelt. Die Unsicherheit, die entstand, als Marianne ›allein‹ und ohne ihre Schwester im Leben zurechtkommen musste, führte gleichermaßen zu einer Angst vor Veränderung und ließ Marianne über Jahre hinweg ›erstarren‹.

Ein Jahr später sah ich Marianne wieder und fühlte Dankbarkeit in mir aufsteigen. Wieder einmal hatte der Kontakt zum Jenseits ein Leben zum Positiven verändert. Ich erkannte Marianne kaum wieder. Es hatte offensichtlich eine Wandlung in ihr und mit ihr stattgefunden, von ihrer Kleidung angefangen über ein strahlendes Gesicht bis hin zur Erscheinung und Ausstrahlung einer ausgeglichenen, lebensbejahenden Frau. Sie sah um Jahre jünger aus.

Marianne erzählte mir, was sie seit der Sitzung mit ihrer Schwester alles verändert hatte. Endlich fand sie den Elan, ihre deprimierende Wohnsituation zu verbessern und wieder am Leben teilzunehmen. Sie ging nach außen, besuchte Kurse, die sie immer schon hatte gerne machen wollen. Es war für mich eine große Freude, sie so zu sehen. Bei einem meiner nächsten Kurse machte sie einen wunderbaren Jenseits-Kontakt für eine junge Frau, die das gleiche Martyrium erlebt hatte wie sie selbst. Wieder ein Jahr später erlebte ich ihre Medialität als ausgesprochen einfühlsam und hilfreich für trauernde Menschen oder jene, die nicht vergeben konnten.

Hat ein Mensch negative Emotionen wie Trauer, Wut, Schmerz, etc. überwunden und losgelassen, ist er meist in der Lage, anderen durch das Erlebte weiterzuhelfen. Es wird geteilt, was im positiven Sinne gewandelt wurde.

Du hast dich genug im Loslassen geübt

Das Loslassen einer geliebten Person, ob durch Trennung einer Partnerschaft oder durch den Tod, ist immer auch Gelegenheit für die zurückbleibende Person, sich in Hingabe zu üben, wie sich in der folgenden, berührenden und erkenntnisreichen Geschichte zeigt.

Die Gruppe der Anwesenden meines Botschaftsabends war bunt gemischt. Ich fühlte ein Unbehagen, weil mir so viele Gefühle gleichzeitig entgegenschwappten: Trauer, Angst, Neugierde, Anspannung ... es war von allem etwas dabei.

Ich atmete tief durch. Eine Frau saß, mit vor dem Körper verschränkten Armen, in der Mitte der zweiten Reihe in meinem Blickfeld. »Geh zu ihr!«, hörte ich meinen Engel sagen. »Na toll, vielen Dank!«, dachte ich, denn ich war gerade in Begriff, einfach über sie hinwegzusehen, um mich von ihrer ablehnenden Haltung nicht irritieren zu lassen. Ich war ganz und gar nicht erfreut, das zu hören, aber folgsam tat ich, worum ich gebeten wurde.

»Darf ich bitte mit dir arbeiten?«, fragte ich die Frau höflich. Erschrocken und verängstigt antwortete sie kurz angebunden: »Ja!«

»Ich erkenne ein Kind bei dir, ein Mädchen. Hast du je eine Tochter verloren?«

»Nein!«, war die knappe Antwort.

Ich fuhr fort: »Ein Herr zeigt sich ebenso an deiner Seite, in meinem Gefühl dein Vater. Er spricht französisch und sagt, es tut ihm leid, dass er nicht für dich da sein konnte und dieses nun vom Jenseits aus gerne nachholen möchte. Kannst du vielleicht damit etwas anfangen?«

Kopfschütteln ... »Meinen leiblichen Vater habe ich nie kennengelernt, und mit dem Rest kann ich auch nichts anfangen.«

Ich wurde unruhig. »Jetzt zeigen sich zwei Jungs an deiner Seite ... sie waren beide beeinträchtigt«, gab ich meine Empfindungen über die beiden verstorbenen Kinder an die Frau weiter. »Sie brauchten viel Pflege und Zuwendung. Jemand hängt an einem Schlauch ...«

Plötzlich brach die Frau in Tränen aus. »Das sind meine beiden Söhne. Sie waren beide gehandikapt und sind bereits gestorben«, erwiderte die Dame.

»Das tut mir sehr leid! Warte, dein Engel zeigt sich hinter dir. Er sagt, dass du sehr tapfer warst und deine Aufgabe, die du dir für dieses Leben vorgenommen hattest, bereits erfüllt hast. Du hast dich mehr als genug in Hingabe geübt. Etwas, das du in früheren Leben nicht erreichen konntest und weshalb deine Seele auf diese Erde gekommen ist. Du bist jetzt frei!«

Der Schutzengel ließ mich in meinen Gedanken wissen, dass sein Schützling in vielen Leben zuvor stets die Kontrolle über alles und jeden haben wollte. Sie hatte also selbst den Verlust von drei Kindern und das Aufwachsen ohne leiblichen Vater gewählt, um sich im Loslassen zu üben. Die Dame war offensichtlich sehr berührt von der Aussage des Engels, dass sie ihr Lebensziel – Hingabe und schließlich Vertrauen – bereits erreicht hätte. Sie sah mich mit großen, tränenerfüllten Augen an. »Danke!«, sagte sie schlicht.

In der Pause danach kam sie auf mich zu und reichte mir die Hand. »Danke. Vielen Dank!«, sagte sie nochmals. »Ich verabschiede mich jetzt. Das war alles zu viel für mich, und ich muss das jetzt erst verarbeiten. Damit hätte ich nie gerechnet.« Die Frau zog von dannen.

Einige Monate später war ich wieder für einen Botschaftsabend im gleichen Ort geladen. Als ich mich noch im Eingang aufhielt, kam eine gutaussehende, sehr gepflegte Frau auf mich zu. »Kennst du mich noch?«, fragte sie und gab mir die Hand.

Ich kramte in meinem Kopf nach einem Hinweis, wo ich der Dame in der Vergangenheit bereits begegnet war. Nichts als Leere.

»Nein, tut mir leid. Da musst du mir auf die Sprünge helfen.«

»Ich bin die mit dem französischen Vater und den verstorbenen Kindern … kannst du dich jetzt erinnern?«

Ich war baff, denn ich hatte die Frau nicht wiedererkannt. Sie sah mindestens zehn Jahre jünger aus. Ihr Gesicht war weich geworden, sie wirkte kraft- und freudvoll.

»Ach Gott, ja … natürlich erinnere ich mich jetzt an dich. Du siehst völlig verändert aus! Toll schaust du aus!«

»Weißt du, Andrea, du hattest mit allem recht, und es tut mir leid.«

»Was meinst du?«

»Du hattest an dem Abend zunächst von einem Mädchen gesprochen … das war meine verstorbene Tochter, ich hatte sie als Baby verloren. Ich weiß nicht, warum mir das an dem Abend nicht in den Sinn kam. Dann sprachst du von meinem Vater, den ich nie kennengelernt hatte. Ich habe inzwischen recherchiert. In der Gegend, in der wir damals wohnten und in der ich aufgewachsen bin, gab es nach dem Krieg einige stationierte Franzosen. Ich bin mir mittlerweile sicher, dass du recht hattest und mein Vater Franzose war. Meine Mutter hat nie über ihn gesprochen.«

»Na, dann bin ich froh, dass sich so einiges im Nachhinein für dich geklärt hat«, sagte ich erfreut.

»Ja, hat es, und ich fühle mich wirklich erleichtert, wie neugeboren. Ich danke dir.«

»Tja …«, dachte ich, »Engel machen jung und schön!« Die alte Last war mit der Verkündung des Engels: ›Du hast es geschafft‹, abgefallen. Die Frau wusste, dass sie all die Begebenheiten und Verluste selbst gewählt hatte, um ihrer Seele durch das Loslassen und die Hingabe, in der sie sich zeit ihres Lebens geübt hatte, Freiheit zu schenken. Sie sah ihr Dasein nicht mehr als Strafe oder Bestrafung Gottes an, sondern freute sich, ihr Ziel erreicht zu haben.

Eine Zeit später besuchte sie ein gemeinsames Seminar von Volker und mir. Ich war sehr erstaunt darüber, wie medial sie geworden war. Sie selbst konnte es kaum fassen, was sie alles punktgenau wahrnehmen konnte.

Wenn die alten Schatten gelöst werden, kommt unsere wahre Natur hervor, zu der die Medialität ebenso gehört wie auch die Eigenschaften Heilkraft, Schöpferkraft und Freude.

Einen geliebten Menschen loszulassen, ist keine leichte Aufgabe, sie ist eine der schwierigsten Herausforderungen des Lebens. Wir lernen früh und von Kindheitsbeinen an, alles selbst in die Hand zu nehmen, und üben somit nicht die Hingabe, die in den Worten: »Dein Wille geschehe«, liegt. Schlussendlich ist das ganze Leben eine Vorbereitung auf das Loslassen. Spätestens bei unserem letzten Atemzug bleibt uns nichts anderes übrig.

Doch wer sich bereits im Leben darauf vorbereitet, indem er alles und jeden als Leihgabe betrachtet, wird es am Ende leichter haben, sich wieder auf Gottes Hand einzulassen und zwischenzeitlich Vertrauen in das Leben aufzubauen. Das Loslassen schult die Hingabe, und die Hingabe ist die Grundbedingung für Vertrauen.

Vertrauen in die eigene Person, Vertrauen in das Leben und Vertrauen auf Gott sind wichtige Eigenschaften, um ein angstfreies Dasein in Freude, Leichtigkeit und Dankbarkeit zu leben. Zu lieben heißt schließlich auch, loslassen zu können!

Der Zuhälter aus
dem Jenseits

Melissa war eine hübsche natürliche Frau, die offen und sympathisch wirkte. Ihre Aura zeigte viel Rosa und Violett, was gleichbedeutend ist mit Sanftmut, Mitgefühl, Liebe und Medialität. Die Aura-Farben der jungen Frau bestätigten meinen ersten Eindruck von ihr.

Als ich in Verbindung mit der geistigen Welt trat, zeigte sich mir sofort ein Mann mittleren Alters. Er trug eine schwarze Lederjacke und wirkte wie ein Rocker. Er nannte mir seinen Namen und schien nur auf den Moment gewartet zu haben, um mit Melissa Kontakt aufnehmen zu können.

»Ich bin Paolo. Bitte sag ihr, dass mir alles sehr leid tut!«

»Kennst du diesen Mann?«, fragte ich Melissa und nannte ihr den Namen des Mannes, der offensichtlich Kontakt zu ihr suchte.

»Oh ja … und ob ich ihn kenne! Er ist der Grund, warum ich in jungen Jahren auf die schiefe Bahn geraten bin. Ich war sechzehn Jahre alt, als ich mich in ihn verliebte. Er war einige Jahre älter, und ich fühlte mich geschmeichelt, dass er Interesse an mir zeigte. Ich war sehr verliebt, und als er mich eines Tages nach Spanien in den Urlaub mitnahm, war ich überglücklich. Es wurde mein schlimmster Albtraum. Kaum dort angekommen, schickte er mich auf den nächsten Straßenstrich. Ich weiß nicht warum, aber ich war wie in Trance. Das war der Beginn.«

»Es tut ihm schrecklich leid, was er dir angetan hat, sagt er. Aber er sagt auch, dass du das wunderbarste Mädchen der Welt seist. Du warst die Einzige, von der er so etwas wie Liebe gespürt hat, und dafür ist er sehr dankbar.«

»Ich habe ihm schon verziehen. Mein altes Leben ist lange vorbei«, antwortete Melissa.

Ich fragte Melissas Seele und ihren Engel, warum sie so ein Leben erdulden musste. Die Antwort war: »Sie hat es selbst so gewählt. Sie wollte in diesem Milieu ihr Licht strahlen lassen, der Liebe wegen.«

Melissas Seele wusste, dass sie dort viel Mitgefühl, Verständnis und auch Warmherzigkeit teilen konnte, und das tat sie auch. Sie hatte dafür gesorgt, dass Menschen, egal wie tief am Boden sie auch waren, doch noch etwas von Menschlichkeit bzw. Mitgefühl entgegengebracht wurde.

Ich war sehr beeindruckt, denn hier saß eine sehr mutige Seele, die dieses Leben auf sich genommen hatte, um anderen zu helfen.

Die Geschichte zeigt, dass es auch Seelen gibt, die sich freiwillig in ein schwieriges Milieu begeben, nur um dort dafür zu sorgen, dass menschliche Werte nicht gänzlich abhandenkommen. Melissa war für ihre Kolleginnen wie auch für ihren Zuhälter ein Engel auf Erden. Ihre Anstrengungen in diesem Leben zeigen auch: Urteile nicht zu schnell über andere. Du weißt nie, was dahintersteckt und wer wem eine Lektion in Sachen Liebe, Demut oder Mitgefühl erteilt.

Wie oft denken Menschen, wenn sie an einem Obdachlosen vorbeigehen: Versager! Oder beim Arbeitslosen: Der hat sich und sein Leben nicht im Griff und ruht sich auf Kosten unserer Gesellschaft aus! Aber wer weiß: Vielleicht ist es nur einer, der sich in einem Vorleben zu Tode geschuftet hat und in diesem Leben Hingabe und

Loslassen übt, oder einfach nur lernt, sich auszuruhen und sich vom Leben treiben zu lassen. Oder es ist ein Mensch wie Melissa, der für andere in dunkler Umgebung das Licht trägt!

Angelika und ein Tötungsdelikt

Eines Tages erreichte mich die E-Mail einer Dame, die mir zu verstehen gab, dass sie gerne eine mediale Einzelsitzung, einen Jenseitskontakt sowie eine Heilsitzung bei mir buchen wolle.

Zunächst dachte ich: »Das ist wohl eine von der Sorte Mensch, die Angst hat, etwas zu versäumen!« Ich schrieb ihr zurück mit dem Hinweis, dass drei Sitzungen hintereinander wohl etwas viel seien, und ich ihr raten würde, eine mediale Sitzung mit anschließender Heilsitzung in Anspruch zu nehmen. Sie erklärte sich einverstanden, und ich war neugierig auf die Frau, die so viel auf einmal wollte.

Als Angelika bei mir eintraf, musterte ich sie eindringlich. Sie ging ein wenig gebückt, die Schultern eingezogen, und wirkte auf mich wie ein Mensch, der vom Leben heruntergedrückt wurde. Ich fragte sie nach dem Grund ihres Besuches.

»Ich möchte gerne einen Jenseitskontakt!«

Mehr war aus ihr nicht herauszuholen. Ihr Gesicht ließ mich Zweifel erahnen, und ich gewann den Eindruck, einer ›Prüfung‹ zu unterliegen, nach dem Motto: Sie muss schon selbst herausfinden, was Sache ist.

»Wunderbare Voraussetzung«, dachte ich betroffen.

Der Anfang der Sitzung gestaltete sich dementsprechend schwierig, und ich wurde das Gefühl nicht los, dass Angelika nur darauf wartete, dass etwas nicht stimmte. Ein paarmal musste ich nachfragen, um sicherzugehen, dass ich die richtige Person an der Strippe hatte. Es war eine junge Frau. Ich fühlte, dass sie plötzlich verstorben war, und eine Art von Schock machte sich in mir breit.

»Ist sie bei einem Unfall gestorben? Ich habe das Gefühl, es kam unerwartet.«

»Nein, kein Unfall!«, war die knappe Antwort.

Ich bekam den Moment des Todes einfach nicht auf den Bildschirm.

Als ich nicht weiterkam, sagte Angelika: »Sie wurde umgebracht. Und zwar von meinem Sohn!«

»Oh, mein Gott!« Die Worte lösten sich wie alleine von meinen Lippen. Plötzlich brach es aus ihr heraus, und Angelika begann mit ihrer Geschichte:

»Mein Sohn und ich, wir haben ein sehr gutes Verhältnis. Die junge Frau, die er getötet hat, war die Liebe seines Lebens. Wir mochten uns sehr gerne. Für mich war Daniela wie eine Tochter und schließlich meine angehende Schwiegertochter.«

»Wieso hat er das getan, wenn sie sich so liebten?«, fragte ich Angelika.

Sie zuckte resigniert mit den Schultern.

»Es war eigentlich ein sehr schöner Tag. Mein Sohn Matthias und ich unternahmen gemeinsam einen Ausflug. Er wirkte gelöst, und wir alberten herum. An diesem Tag sollte Daniela nach einem zweiwöchigen Auslandsaufenthalt zurückkehren. Sie war bereits eingetroffen. Mein Sohn wohnte im angrenzenden Nachbarhaus.

Ich war gerade mit dem Mittagessen beschäftigt, als ich plötzlich gellende Schreie hörte. Erschrocken eilte ich in seine Wohnung. Meine Schwiegertochter in spe war auf dem Sofa in sich zusammengesunken. Überall war Blut. Und dann sah ich mein Kind. Auch er war blutüberströmt.« Angelika brach weinend ab.

»Oh, mein Gott!«, entfuhr es mir ein weiteres Mal. Nach einer kurzen Verschnaufpause sprach sie weiter: »Alles ist in die Brüche gegangen, und nichts ist mehr wie vorher. Das Haus wurde verkauft, und ich bin in eine neue Stadt gezogen. Jetzt habe ich Leukämie.«

Ich konnte es nicht fassen! Und plötzlich verstand ich, warum diese Frau in ihrer unermesslichen Not nach drei Sitzungen gefragt hatte. Tränen des Mitgefühls stiegen mir in die Augen, und ich versuchte, mich irgendwie wieder zu sammeln.

»Okay, wenn du es erlaubst, versuche ich noch einmal Kontakt zu deiner Schwiegertochter aufzubauen.« Angelika nickte mit gesenktem Kopf.

Dieses Mal funktionierte es ohne große Anstrengung. Wahrscheinlich war Angelikas Mauer, die sie unbeabsichtigt aufgebaut hatte, anfangs schwer zu durchbrechen gewesen. Nachdem sie sich geöffnet hatte, war mein Zugang zu dem verstorbenen Mädchen erheblich einfacher, und ich konnte sie leicht beschreiben.

Ein wunderbares, junges Mädchen, 18 bis 20 Jahre alt, mit Sinn für Kunst, Sprachen und Musik. Ich nahm sie als ätherisches Wesen wahr. Verträumt, sehr hübsch, das zarte Gesicht mit den großen blauen Augen von blondem Engelhaar gerahmt. Ich nahm die Beziehung von Matthias und Daniela als wunderschöne Romanze wahr, mehr noch … ich fühlte tiefe Liebe zwischen den beiden.

Daniela gab mir zu verstehen, dass sie glücklich war im Jenseits und die Tat ihres Freundes nicht verurteilte. Ich verstand das Ganze nicht und versuchte, mit Daniela den Tag zu rekonstruieren. In meinem Inneren hörte ich: »Er hat Tabletten genommen!« Zaghaft fragte ich Angelika, ob ihr Sohn vor der Tat irgendwelche Substanzen zu sich genommen hatte.

»Nein, nie!« Da war sie wieder, die knappe Antwort. Ich konnte mir darauf absolut keinen Reim machen, verstand ich es doch so klar und deutlich.

»Nun gut, lassen wir das. Daniela spricht von Schuldgefühlen deinerseits. Du sollst sie nicht haben! Und sie spricht von einer Brigitte. Wer ist Brigitte?«

»Das ist ihre Mutter! Wir beide haben seit dieser Tragödie regelmäßigen Kontakt.«

Daniela teilte mir ihre Gedanken mit: »Beide sind damit beschäftigt, die Frage von Schuld zu klären. Meine Mutter fühlt sich schuldig, weil sie denkt, sie hätte etwas spüren und mich vor dem, was passiert ist, bewahren müssen, und Angelika fühlt sich schuldig, weil sie glaubt, etwas in ihrer Erziehung falsch gemacht zu haben. Aber so ist es nicht: Wir alle haben diese Vereinbarung auf Seelenebene getroffen! Alle haben ihr Einverständnis gegeben, das auf sich zu nehmen, weil nur durch diesen schockierenden Umstand meines Übergangs auf die andere Seite die beiden in der Lage sind, Gehör zu finden und durch eigene Erfahrung hier in diesem Leben anderen zu helfen.«

»Wie meinst du das?«, fragte ich Daniela telepathisch.

Sie antwortete: »Beide haben sich auf Seelenebene vorgenommen, eine Art Verein zu gründen, der Menschen hilft, mit dem Thema Schuld umzugehen.«

Vor meinem inneren Auge sah ich Brigitte und Angelika gemeinsam in einem Gerichtssaal sitzen und einem Verfahren zuzuhören. Was sie sich anhörten, war ein ähnlicher Tatbestand. Eine Mutter, deren Kind umgebracht worden war, war gerade dabei, den Saal weinend zu verlassen. Angelika und Brigitte traten an die Frau heran und sprachen mit ihr. »Wir haben fast das Gleiche erlebt ... schau, wir gehen so und so damit um ...«

Ein weiteres Bild in meinem Inneren zeigte die beiden tapferen Frauen in einer Art öffentlichen Diskussion. Sie erklärten Menschen, wie sie mit allem fertig würden. Auf der einen Seite die Mutter des Täters, auf der anderen Seite die Mutter des Opfers. Beide waren nicht schuldig, und dennoch fühlten sie sich so.

Daniela bat mich, der Mutter ihres Freundes zu sagen, sie solle keine Schuldgefühle haben, denn auch sie hatte als ›Opfer‹ ihre Zustimmung bereits vor Eintritt in dieses Leben gegeben. Ich teilte es Angelika mit.

Sie erwiderte: »Seit Daniela tot ist, telefonieren Brigitte und ich regelmäßig einmal in der Woche miteinander, um uns über unsere Gefühle auszutauschen. Das, was du gerade mit dem Gerichtssaal beschreibst, haben wir kürzlich gemeinsam gemacht und erlebt. Wir hatten von einem ähnlichen Fall erfahren und sind zur Anhörung beim Gericht gewesen. Anschließend haben wir versucht, mit der trauernden Mutter zu sprechen.«

»Wow!« Ich war mehr als beeindruckt vom Mut aller Beteiligten. Es war eine wichtige Aufgabe, die ihnen viel abverlangte.

»Aber ich muss doch noch eine Frage stellen, Angelika. Ich meine, auf Seelenebene ist mir die ganze Geschichte klar geworden. Aber wie hat Matthias in seiner Persönlichkeit die Tat erklärt, wenn beide sich doch so sehr liebten?«

»Matthias war der Meinung, dass er und Daniela in dieser materiellen Welt nicht ihr Glück finden könnten und dieses nur auf einer anderen Ebene möglich sei. Er versuchte, nachdem er Daniela die schweren Verletzungen zugefügt hat, denen sie letztlich auch erlag, sich selbst zu töten. Das glückte ihm nicht.«

Ein Jahr später bat Matthias um eine Sitzung. Ich war mir nicht im Klaren, wie das funktionieren sollte, denn ich hätte ihn unter diesen Umständen natürlich im Gefängnis erwartet, obwohl mir mein Gefühl damals schon sagte, dass er dort eben nicht sei. Ich willigte ein. Trotzdem beschlichen mich nach meiner Zusage Zweifel. Was, wenn der junge Mann ein Psychopath war? Unberechenbar? Und ich hatte ihm eine Einzelsitzung zugesagt, allein in meiner Wohnung! Mir wurde flau im Magen, als ich mir vorstellte, was alles passieren könnte.

Matthias kam. Ein hochgewachsener, gutaussehender junger Mann mit einem sanften Lächeln. Ich versuchte, meine Nerven zu beruhigen und löste mich von allen Anspannungen, als ich die Sitzung begann. Nach einem tiefen Atemzug war Daniela schon da. Eine leichte, getragene und von Liebe durchdrungene Kraft umschloss mich wie eine zarte Wolke und hob mich an. Ich sah Daniela hinter Matthias schweben.

»Ein Engel!« Ich sprach mit mir selbst. »Wie wunderschön sie aussieht!« Plötzlich ... ich traute meinen Augen kaum, war sie in Matthias Körper geschlüpft. Das hatte ich noch nie gesehen. Wohl, dass Engel Menschen überstrahlen, aber nicht direkt in sie hineinschlüpfen! Trotzdem konnte ich sie auch klar und deutlich in meinem Inneren wahrnehmen.

Ohne Unterlass erzählte sie mir von den Dingen, mit denen sich Matthias beschäftigte. Sie zeigte mir die Bilder, die er gemalt hatte, die Musik, die er hörte, einfach alles. Sie erklärte, dass sie bei allem, was er tat, dabei war. So als gäbe es kein Diesseits und Jenseits oder eine Trennung. Die unsichtbare Linie, die beide Welten voneinander trennte, war aufgelöst. Sie ließ mich auch wissen, dass Matthias aufgrund der Geschehnisse einen sozialen Beruf ergreifen würde, um anderen Menschen ebenso wie seiner Mutter bei ihren schwierigen Lebensumständen und daraus resultierenden Problemen zu helfen.

Die Sitzung dauerte eine Stunde, und ich war mir bewusst, dass ich ohne Unterbrechung gesprochen hatte. Daniela hob mich sozusagen zu sich selbst hinauf und ermöglichte kristallklare Durchsagen, die aus einer tiefen spirituellen Ebene in unglaublicher Leichtigkeit über meine Worte zu Matthias getragen wurden. Daniela war durch ihren Übergang zu einem Engel geworden. Vielleicht war sie das auch schon vorher gewesen. Ich fühlte mich durch diese Sitzung begnadet, und selbst jetzt, da ich die Geschichte aufschreibe, bin ich voller Ehrfurcht. Es war, so kann ich im Nachhinein sagen, die allerschönste Sitzung in meinem Leben.

Als die Sitzung zu Ende war, musste ich Matthias noch zwei Dinge fragen, die mir selbst nicht klar waren.

Während der Sitzung mit seiner Mutter wurde erwähnt, dass Matthias an dem schicksalsträchtigen Tag Tabletten zu sich genommen hatte. Ich fragte ihn danach.

»Ja, ich hatte etwas eingenommen. Das ist auch der Grund, warum ich nicht ins Gefängnis gekommen bin. Ich wurde als unzurechnungsfähig eingestuft und lebe seit dieser Zeit in einem betreuten Wohnheim. Ich habe begonnen, mich für Soziale Arbeit zu interessieren und denke, dass ich das ausüben möchte.« Frage zwei war also auch geklärt.

Während der Sitzung wurde auch etwas aus einem gemeinsamen früheren Leben der beiden gezeigt. Ich sah Daniela in dieser Zeit als Patientin von Matthias in einer Psychiatrie. Matthias verliebte sich damals in seine Patientin. Sie schätzte seine Freundschaft, nahm sich jedoch trotz seiner Zuneigung das Leben. Es war für beide eine Gelegenheit, in diesem Leben wieder zusammenzufinden, und wenn auch nur für einen beschränkten Zeitrahmen, miteinander auf dieser Erde ein Paar zu sein.

Matthias wirkte auf mich während der gesamten Sitzung wie ein Mensch von einem anderen Stern. Zwischendurch fragte er mich, ob Daniela mit seiner neuen Freundin einverstanden wäre, und ich musste schmunzeln.

Die ganze Geschichte hat mich gelehrt, nicht zu urteilen. Dies soll nicht als Freibrief dafür gesehen werden, dass jeder Mensch einfach tun oder lassen kann, was er will. Jeder hat die Konsequenzen aus seinen Handlungen zu tragen, ob in diesem oder in einem nächsten Leben. Natürlich kann sich der Mensch jederzeit auch neues Karma aufladen.

Mir persönlich hat die Verwobenheit dieser Geschichte gezeigt, welche Umstände und Schicksale gewählt werden, um dem Ziel als Seele gerecht zu werden. Und von Herzen wünsche ich den beiden Müttern, dass sie es geschafft haben, die Frage von Schuld in eine Hingabe an Gott zu lösen – für sich und für andere Menschen!

Hörst du meine Musik?

Die junge Frau, die sich bei mir einfand, kam in Begleitung ihrer beiden Cousinen. Sie fragte nach einer Verbindung mit ihrer verstorbenen Mutter und weinte bereits, als sie ihren Wunsch äußerte.

»Dürfen meine Cousinen mitkommen?«, fragte sie mit Blick auf die beiden Mädels, die mich ebenfalls erwartungsvoll anschauten. Da ich nur mit einer Fragestellerin gerechnet hatte, fühlte ich in mich hinein. Ihr Wunsch wurde bejaht.

Die Mutter zeigte sich sofort und sprach zu jedem der drei anwesenden Mädchen. Sie war scheinbar vom Jenseits aus bestens unterrichtet, was die drei in ihrem Leben trieben. So sagte sie zu einer Cousine beispielsweise: »Das Kleid, das du letzte Woche für die Hochzeit gekauft hast, ist sehr hübsch. Es steht dir ausgezeichnet!« Und schmunzelnd fügte sie an: »Ich hab´s ja auch mit ausgesucht!« Die Frau war baff und gab mir zu verstehen, dass sie tatsächlich in der Woche zuvor ein neues Kleid für eine anstehende Hochzeit gekauft hätte. Als die Kritischste des Dreier-Gespanns war nun auch sie in Tränen.

Die andere Cousine bekam von der Verstorbenen noch Aufwind für ihre berufliche Zukunft, und alle waren bewegt von den jeweiligen persönlichen Botschaften. Zum Schluss sagte die Mutter zu ihrer Tochter: »Gefällt dir meine Musik?«

Als ich es weitergab, reagierte die Tochter mit einem großen Fragezeichen. Ich betrachtete die Umgebung der Mutter auf der anderen Seite.

»Deine Mama sitzt in einem Tonstudio und komponiert drüben Musik.« Ich reagierte ebenfalls erstaunt. So etwas hatte ich noch nie gesehen! »Ist das etwas, was sie gerne auch zu

Lebzeiten machte? Musik, meine ich?«

»Nein, das ist mir nicht bekannt«, erwiderte meine Klientin.

»Na, jedenfalls ... jetzt tut sie es! Und sie scheint sehr glücklich und stolz auf ihre neue kreative Tätigkeit zu sein.«

Das Mädchen blickte ungläubig drein.

»Warte! Deine Mutter sagt, dass sie dir die Musik übermittelt. Ja, sie sagt, du würdest sie bereits hören. Sie hat eine wunderschöne Melodie für dich komponiert.«

Jetzt wurden die Augen meiner Klientin groß: »Das gibt's doch nicht! Es ist wirklich so, dass ich neuerdings ständig Töne einer Melodie, die ich nicht kenne, in meinem Ohr habe.«

Wir mussten alle lachen. Dankbar und voller Freude darüber, dass ihre Mutter und Tante höchst lebendig war und sich auch an ihrem Leben beteiligte, verließen mich die drei Frauen.

Ab und an kam es vor, dass mir Verstorbene zeigten, womit sie im Jenseits beschäftigt waren oder in welcher Umgebung nun ihr neues Zuhause lag.

Als eine Frau aus dem Norden mich um die Verbindung zu ihrem verstorbenen Freund bat, zeigte dieser sich auf der anderen Seite liebevoll und fürsorglich mit Tieren beschäftigt. Ich übermittelte es der Frau, die mir daraufhin berührt erklärte, dass ihr Freund sich schon zu Lebzeiten mit Tierschutz beschäftigt und zeitweise in einem Tierheim gearbeitet hätte.

Auch meine verstorbene Freundin Tanja zeigte sich eines Tages in meiner täglichen Meditation. Sie saß da, glücklich an einen Baum gelehnt, umringt von einer Schar Kinder, die sie offensichtlich sehr liebten. Die Sonne schien, sie trug einen hübschen Sonnenhut und lachte. Tanja war zu Lebzeiten der Wunsch nach einem eigenen Kind versagt geblieben. Sie hätte gerne ein Kind gehabt, und mit einer weiteren gemeinsamen Freundin hatte sie sogar einmal eine mediale Übungsgruppe für

Kinder initiiert. Jetzt war sie mit den Kindern überglücklich und wirkte leicht wie eine Feder. Stolz stellte sie mir sogar einige der Kinder vor. Ich war sehr berührt und froh zu sehen, wie fantastisch es Tanja ging, die einen schweren und langen Krankheitsverlauf gehabt hatte. Ihre Aufgabe im Jenseits war es nun, Kinder bei ihrer Ankunft zu betreuen und ihnen eine gute ›Ersatzmutter‹ zu sein.

Alle unsere Wünsche, Talente und erworbenen Fähigkeiten nehmen wir mit auf die andere Seite; alles, was uns wichtig war und was wir gerne getan haben. Aber auch für das, was wir nicht getan haben, gibt es neue Möglichkeiten im Jenseits.

Dies betrifft auch alle unsere Gedanken und Gefühle, die guten, wie die nicht so guten, über uns selbst oder andere Menschen. Jeder negative Gedanke, den wir zum Beispiel über uns selbst oder andere gehabt haben und der entsprechende Auswirkungen auf ein Leben hatte, bedeutet die Notwendigkeit, dieses auf der anderen Seite aufzuarbeiten, was mit Hilfe unserer geistigen Führung geschieht. Das ist die Rückschau auf das vergangene Leben, die so oft in Filmen oder Büchern angedeutet wird.

Manche Menschen denken, dass Seelen, die auf die andere Seite gegangen sind, plötzlich alles wissen. Doch das ist nicht der Fall. Was wir in diesem Leben nicht erreicht haben, ist Arbeit für uns auf der anderen Seite. Wir setzen dort an, wo wir hier aufgehört haben!

Ich erinnere mich an einen sehr zähen Botschaftsabend, der mir diese Tatsache deutlich vor Augen führte. Alle Verstorbenen, die an diesem Abend durchkamen, hatten etwas gemeinsam, ob sie durch einen Unfall, eine Krankheit oder Suizid ums Leben gekommen waren: Sie alle hatten dieses Leben nicht gelebt. Zumindest nicht so, wie es hätte sein können und hätte sein sollen.

Der Abend glich einem Albtraum, denn ich nahm kaum Energie, Kraft oder Freude von den entsprechenden Seelen wahr. Wenn ich etwa einen von ihnen fragte: »Welchen Beruf hast du gehabt?«, wurde mir zwar ordentlich Auskunft gegeben, aber sonst kam nichts. Wenn ich weiter fragte: »Was hast du in deinem Leben noch gerne getan, wofür hast du Begeisterung gehabt?«, war die Antwort darauf meist bleierne Schwere und eiserne Stille. Ich zweifelte schon an meiner Fähigkeit zu hören, als ich im Nachhinein durch Gespräche mit den Hinterbliebenen begriff, dass der liebe Verstorbene tatsächlich kein Hobby gehabt oder keine Form von Freude, Begeisterung oder Liebe gelebt hatte. Damals fühlte ich mich unzulänglich, weil mich die Trägheit der Botschaften verunsicherte, doch im Grunde war die Botschaft an alle Teilnehmer des Abends einfach und für alle die gleiche: »Bitte, lebt euer Leben!«

Das Geschenk des Lebens, das uns Gott in die Hände gegeben hat, anzunehmen, bedeutet auch, so viel Liebe und Freude wie möglich zu leben. Keiner wird im Jenseits gefragt werden: »Was und wie viel hast du gearbeitet oder verdient?« Du wirst mit der Frage konfrontiert: »Wie viel Freude und Liebe hast du gelebt und geteilt?«

Wir werden niemals verurteilt, das tun wir selbst schon zur Genüge. Aber zu wissen, worum es im Leben geht, mag helfen, im Diesseits mit sich selbst und allen Menschen Frieden zu schließen und den Fokus auf das Wesentliche und Freudvolle im Leben zu legen.

Abschiednehmen
leichter gemacht

Zu wissen, dass eine geliebte Seele im Frieden mit diesem Leben die Heimkehr angetreten hat, hilft dem Sterbenden wie auch jedem Angehörigen. Als ich von meinem Vater Abschied nehmen musste, wurde ich nicht in eine dunkle Wolke der Trauer gezogen. Warum? Meine Schwester und ich fragten ihn einmal (weil es klar war, dass mein Vater kein Jahr mehr zu leben hatte), ob es noch irgendetwas gäbe, was er wissen müsste oder was für ihn unausgesprochen sei.

Seine Antwort war: »Nein, für mich ist alles klar. Ich habe jedem Menschen, der mir wichtig ist, gesagt, dass ich ihn liebe und wie dankbar ich bin, dass er oder sie in meinem Leben war. Vielleicht hätte ich das eine oder andere besser tun können, als ich es getan habe, aber im Großen und Ganzen bin ich zufrieden mit diesem Leben und habe es gerne gelebt.« Und mit einem Augenzwinkern fügte er an: »Und wenn noch etwas sein sollte, habe ich ja eine gute Telefonleitung!«

Als ich im ersten Moment nicht begriff, was er damit meinte, schubste mich meine Schwester von der Seite an und sagte: »Na, diiiich meint er!«

Meine Schwester und ich waren zutiefst erleichtert und konnten, als der Tod dann plötzlich kam, gut mit dem Abschiednehmen umgehen. Wir wussten, unser Vater war im Reinen – mit sich und allen Menschen, die ihn in seinem Leben begleitet hatten.

Ein Hilfsmittel für die Selbstabfrage, ob ein Mensch schon im Leben Klarheit gefunden, Frieden geschlossen, seine Wünsche erfüllt und Freude gelebt hat, stellen folgende Fragen dar:

1. *Was würdest du tun, wenn du wüsstest, morgen wäre dein Leben zu Ende?*
2. *Was käme dir in den Sinn, versäumt zu haben?*
3. *Welche Menschen würdest du gerne sehen wollen, bevor du Abschied von diesem irdischen Leben nimmst?*
4. *Was würdest du zu wichtigen Menschen in deinem Leben sagen wollen?*
5. *Was würdest du sofort aufhören zu tun?*

Die Fragen stammen zum Teil aus der Sterbehilfe und sind ein sehr guter Ansatz, um zu erkennen, welche Wünsche noch nicht im Leben umgesetzt worden sind, denn jeder Wunsch, der nicht erfüllt wurde, drängt nach Erfüllung, auch über dieses Leben hinaus. Es gibt keine Freiheit ohne die Erfüllung, denn sonst haften wir noch an Dingen, Personen, Vorhaben, Gedanken, etc.

Eines Tages, ich war gerade zu Volker zu Fuß über eine Brücke unterwegs, die Deutschland mit Österreich verbindet (welch ein

Zufall!) und nur einen winzigen Raum für Fußgänger lässt, raste ein Auto an mir vorüber. Nur um Haaresbreite hatte mich das Fahrzeug verfehlt, und ich dachte: »Puh, das war wirklich knapp! Ja, was wäre, wenn es jetzt passiert wäre?« Und unglaublich erleichtert über meinen nächsten Gedanken und das Gefühl, das sich in mir ausdehnte, wusste ich: Selbst jetzt, in diesem Moment, wäre es gut. Ich habe alles in meinem Leben gehabt. Das Wichtigste, die Liebe, habe ich in solch einem Reichtum erfahren, dass ich – wäre es so gewesen – in Frieden und Gelassenheit hätte gehen können. Dieses Gefühl, das uns ein unglaubliches Maß an Ruhe und Wärme schenkt, wünsche ich jedem Menschen, bevor er Abschied nimmt von dieser Welt. Was ich tun würde, wäre »Danke« sagen an die Menschen, die ich verlasse.

Spricht man mit älteren Menschen, bekommt man oft zu hören: »Ach, eigentlich und ursprünglich wäre ich gerne das oder das geworden.« Oder: »Ich wünschte, ich hätte mehr Mut gehabt.« Oder: »Ich konnte einfach nicht über meinen eigenen Schatten springen.« Das Gefühl, etwas versäumt zu haben, ist kein gutes! Schiebe nichts auf morgen, was du heute kannst besorgen! Kein Mensch weiß, wann die letzte Stunde gekommen ist. Lebe deine Träume und träume nicht dein Leben, denn ohne Umsetzung verblasst die Kraft des Herzens.

Wer hat dir als Persönlichkeit und Seele in diesem Leben geholfen, vorwärtszuschreiten, wer hat Liebe und Freude mit dir gelebt und geteilt – das Beste aus dir herausgeholt?

Wer war dir lieb und teuer, aber du hast es ihn/sie nicht wissen lassen? Erinnern wir uns an den ewigen Satz der lieben Verstorbenen: »Bitte sage ihr/ihm, wie sehr ich sie/ihn geliebt habe!« Würden Menschen es schon während ihres Lebens ausdrücken, bräuchte es kein Medium, um es zu übersetzen.

Menschen haben es so schwer mit der Kommunikation. Oft mutmaßen wir, ohne zu wissen, was ein anderer wirklich denkt. Wir spinnen den einen Gedanken zum nächsten ohne fruchtbares Ziel. Aber wir können nicht in den Kopf eines anderen hineinschauen und die Außenwelt auch nicht in den unseren hinein!

Was unklar ist, bedarf der Klärung. Der Schmerz bedarf der Heilung. Wenn wir beginnen, ohne Urteil zu sein und lernen, zu kommunizieren, was uns weh getan hat – ganz ohne Schuldzuweisung – und wie wir uns fühlen, reichen wir anderen eine Hand, die unsere Hand wärmen kann. Oh je, wie viele Beziehungsprobleme könnten schon zu Lebzeiten aufgelöst sein. Ein anderer Mensch kann nicht wissen, ob wir ihn lieben, wenn wir es ihm nicht sagen! Und sind wir in der Lage, zum Ausdruck zu bringen, dass uns etwas Leid tut?

Vielleicht käme es dir in den Sinn, jemanden um Verzeihung zu bitten, und du hast es aus Scham oder Stolz bislang nicht getan.

Was würdest du sofort aufhören zu tun? Wie viel Zeit verbringst du im Leben mit unnötigen Dingen? Um wie viel Lebensqualität bringst du dich durch unnötige Sorgen? Viele Menschen, die eine nahestehende Person verloren haben, hören auf, sich mit unwichtigen Dingen zu beschäftigen. Sie wissen um die Kostbarkeit des Augenblicks, und vieles beginnt sich für sie zu relativieren. Beispielsweise ärgern sie sich nicht mehr so sehr über Kleinigkeiten und legen ihr Hauptaugenmerk auf das Wesentliche und Schöne im Leben.

Was würden wir also noch tatsächlich tun, bevor der letzte Atemzug uns erreicht? Sind wir wirklich vorbereitet auf diesen einen Moment, der in der wahrhaften Hingabe die Möglichkeit schenkt, unser Sein vollständig zu transformieren, oder wechseln wir unbewusst nur in ein neues Kleid?

Haben wir Zeit unseres Lebens alle Vorbereitungen getroffen, um wie die Raupe ihr wahres Potential und ihre Bestimmung als Schmetterling zu leben und die Flügel im richtigen und wahren Augenblick zu öffnen?

Praktische Übung

Grundsätzlich ist es sinnvoll, in diesem Leben bereits für Klärung, Vergebung und Frieden zu sorgen. Wenn es jedoch nicht mehr möglich war, Abschied zu nehmen oder auszudrücken, was uns wichtig war, wenn wir voller Schuldgefühle einem lieben Verstorbenen gegenüber sind oder nicht wirklich zu beiderseitigem Frieden gefunden haben, kannst du nachfolgende Übung durchführen:

Einleitende Meditation:

Suche dir einen ruhigen Ort aus, an dem du ungestört sein kannst. Begib dich in eine Sitzposition, die deine Wirbelsäule aufrecht hält, die aber dennoch bequem für dich ist. Betrachte dich selbst wie einen Baum: Deine Füße sind fest mit Mutter Erde verbunden, sie sind wie die Wurzeln, deine Wirbelsäule gleicht dem Stamm, und dein Kopf ist wie die Krone des Baumes, zum Himmel geöffnet. Deine

Arme und Hände ruhen mit den Handflächen nach oben auf deinen Oberschenkeln.

Nimm ein paar tiefe Atemzüge. Spüre den Atem im Ein- und Ausatmen. Lasse zunächst alle Anspannungen, Sorgen, ... etc. im Ausatmen los. Alles, was dich belastet, lässt du davonziehen wie Wolken am Himmel. Fühle den Rhythmus deines Atems und die wohltuende Wärme, die sich dabei möglicherweise in dir einstellt. Siehe dein Herz wie eine lichtvolle goldene Sonne, die nach außen strahlt. Bitte Gott um Hilfe, Zustimmung und Schutz.

Kontakt zu einem lieben Verstorbenen:
Stell dir nun die gewünschte und geliebte Person vor, so als würde sie dir bequem gegenübersitzen, damit du sie auch gut sehen kannst. Wenn du in Liebe an die Person denkst, ist sie meist schon bei dir, weil das Gleiche meistens auch beim anderen passiert und es keine Distanz gibt. Liebe ist die Brücke zur anderen Seite!

Erinnere dich an so viele Einzelheiten wie möglich: Die Kleidung, die Haare, das vertraute Gesicht mit allen Details, die Augen, den Mund, der dir zulächelt ... Vielleicht riechst du ein bestimmtes, vertrautes Parfüm.

Wenn du all die Einzelheiten wahrnehmen kannst, lächele auch du der Person zu, mit all der Wärme, die du in dir trägst. Keine Traurigkeit, strahle nur Liebe aus und denke daran, wie glücklich der andere im Jenseits ist.

Praktische Übung

Wenn du Licht in dir fühlst, kannst du fragen. Wie geht es dir? Sprich innerlich mit der Person, erzähle ihm/ihr beispielsweise von deiner Trauer und wie es dir seit ihrem/seinem Heimgang ergangen ist. Sprich dir alles von der Seele, und wenn du ganz still bist in deinem Kopf, kannst du vielleicht telepathisch hören, was der andere dazu sagt. Du könntest im Anschluss auch fragen: Was hat uns auf Seelenebene zusammengeführt?

Vielleicht gab es von beiden Seiten etwas Besonderes zu lernen und aufzunehmen oder gutzumachen. Erkenne vor allem, was eure jeweilige Seele an Positivem für den anderen hinterlassen hat.

Ist das Gespräch zu Ende, verabschiede die Person mit deinem Dank. Beobachte, wie sie sich umdreht und geht.

KAPITEL 2

Das Wirken der Engel

Das nächste Kapitel möchte ich den Engeln widmen, diesen strahlenden und lichtvollen Boten Gottes, die in ihrer unendlichen und bedingungslosen Liebe zu uns so viel Gutes tun und helfen, das Licht in uns zu vergrößern.

Es ist nicht so, dass ich Engel bereits von Kindesbeinen an gesehen hätte. Vielmehr entfaltete sich das Sehen dieser wunderbaren Geschöpfe im Laufe meiner medialen Arbeit und meiner persönlichen Entwicklung.

Ich hatte bereits einige Jahre als Jenseitskontaktmedium Sitzungen und Seminare abgehalten, und auch die Gabe, frühere Leben zu sehen, um Blockaden zu lösen oder medial zu heilen, war bereits fest integriert, als ich zum ersten Mal die Engel in der Aura eines Menschen klar und deutlich wahrnahm. Damals war ich überrascht, doch alsbald zeigten sie sich so gut wie bei jeder Sitzung und wurden zum festen Bestandteil meiner medialen Arbeit. Ich bin fest davon überzeugt, dass es nötig war, meine Persönlichkeit im Laufe der Zeit mehr und mehr zu schleifen und mehr Geduld, Mitgefühl, Verständnis, Flexibilität und Toleranz aufzubauen, damit ich diese Ebene des Himmels sozusagen betreten durfte.

Auch wurde es notwendig – und das hat etwas mit der momentanen Zeitqualität zu tun –, die Verbindung zu den Engeln herzustellen, denn es wird immer wichtiger, dass Menschen nicht nur ›in ihrem Leben aufräumen‹, sprich Ängste wandeln und ablegen, sondern beginnen, ihre Lebensaufgabe zu erkennen und zu leben. Noch heute frage ich stets zuallererst die Engel, was für den jeweiligen Menschen, der Hilfe sucht, ansteht und was sich die entsprechende Seele zum Ziel gesetzt hat.

Die Fragen meiner Klienten/innen bewahre ich mir im Hinterkopf, doch unabhängig davon möchte ich zunächst verstehen lernen, was sich die betreffende Seele mit dieser Inkarnation vorgenommen hat.

Engel sind die direkten Mittler Gottes und tun in ihrer bedingungslosen Liebe zu uns nur seinen Willen, der natürlich abweichen kann vom Willen der Persönlichkeit eines Menschen. So ist es auch ein Ziel der Engel, dass wir unsere Persönlichkeit mehr zum Guten hin entwickeln, um unsere Seele – das Heiligtum in unserem Inneren – dadurch lichtvoller zu machen und es schätzen und lieben zu lernen. So lernen wir allmählich, unsere Persönlichkeit mehr den Bedürfnissen unserer Seele anzupassen und fallen weniger auf die Nase!

Wird ein Mensch durch die liebevolle Präsenz eines Engels in seiner Seele berührt, wie ich es oft erlebe, bedeutet dies unweigerlich eine tiefe spirituelle Erfahrung, die uns vor allem daran erinnert, wie sehr uns Gott liebt. Als Licht Gottes helfen uns die Engel, unseren eigenen Ursprung zu erkennen – die Quelle der Liebe, aus der wir alle geboren sind.

Ich bin diesen himmlischen und doch sehr realen Wesen von Herzen dankbar, dass sie mich führen und unterstützen, und ich von Engeln im Menschenkleid unterrichtet und geführt worden bin. Ohne ihre Hilfe wäre ich nie die, die ich jetzt bin, und deshalb empfinde ich ihre Präsenz nicht als Selbstverständlichkeit, sondern als Gnade Gottes. Manchmal wurde ich am frühen Morgen wach und hatte den Eindruck, tatsächlich in einem Klassenzimmer der Engel zu sitzen. Das Vergnügen, das ich beim Hinübergleiten vom Stadium des Traums zum Alltagsbewusstsein in meinem Herzen empfand, begleitete mich dann den ganzen Tag hindurch.

Jeder Mensch hat einen Schutzengel, der von Anbeginn seiner Geburt auf dieser Erde an seiner Seite weilt. Dieser Engel, der seinen Schützling selbst wählt, begleitet den Menschen bis zu seinem letzten Atemzug und darüber hinaus. Der Schutzengel stellt somit die tiefste und engste Verbindung zum Menschen dar. Während Freunde und Kollegen, Bekannte oder Lebenspartner kommen und gehen, weicht dieser treue himmlische Begleiter nie von unserer Seite. Ein Grund mehr, die Verbindung zum eigenen Schutzengel bewusst aufzunehmen und zu intensivieren.

Dieser lichtvolle Bote Gottes kennt alle deine Bedürfnisse, deine Zeiten der Trauer oder Einsamkeit und schenkt dir Liebe, Trost und Kraft, damit du in schwierigen Momenten deines Lebens weitergehen kannst. Aber er teilt auch deine Freude und vergrößert sie.

Gibt es Menschen, die mehr als einen Engel an ihrer Seite haben? Ja, die gibt es, und humorvoll pflege ich zu sagen: »Sie müssen nicht eingebildet sein, denn Sie haben sie auch nötig!« Wenn zwei oder drei Engel an der Seite eines Menschen stehen, hängt das meist eng mit den entsprechenden Seelenaufgaben und der Verantwortung eines Menschen zusammen.

Die Aufgaben der Engel sind mannigfaltig. Sie schenken nicht nur Schutz, Trost und Kraft, sondern unterstützen all unsere Vorhaben, wenn sie im Einklang mit unserer Seele stehen. Sie schenken Frieden und Hoffnung sowie Heilung, aber auch Orientierung, und weisen uns auf unsere Stärken, Talente und Fähigkeiten hin. Engel führen uns und schenken Bestätigung, wenn wir sie nötig haben, um unser Vertrauen aufzubauen. Aber sie schützen und warnen uns auch. Sie sind zugegen bei allen Menschen, die in Not sind, und dort, wo die Erde ihre besondere Unterstützung benötigt.

Eine ihrer Hauptaufgaben besteht insbesondere darin, die Seelenaufgaben zu unterstützen, um das Ziel, mit dem ein Mensch auf dieser wunderbaren Erde inkarniert ist, nicht aus den Augen zu verlieren. Überbringt ein Engel eine Botschaft, und der Mensch ist in der Lage, in diese Liebe einzutauchen, wird die Botschaft wie auch die Liebe der himmlischen Instanz meist sofort für den Betreffenden spürbar. Es sind dann nicht allein die Worte, die von Liebe getragen sind – die erhebende Kraft fließt in das Innere unseres Herzens, berührt es und strömt von innen nach außen. Die Seele erinnert sich an ihre eigene Herkunft und ist entzückt, die ihr innewohnende Liebe und Schönheit wieder zu entdecken.

Wie begegnen uns Engel?

Engel können auf unterschiedliche Art und Weise über unsere Hellsinne wahrgenommen werden: Hellfühlen, Hellwissen, Hellriechen, Hellhören oder Hellsehen.

Betrachte ich einen Engel in der Aura eines Menschen, erkenne ich die schemenhafte Silhouette und Differenzierungen in Farben und Formen, die bereits bestimmte Informationen für meine Klienten beinhalten. Diese Form des Sehens ist erlernbar.

Zeigt sich mir ein Engel einfach so, also nicht in Verbindung mit einem Klienten, dann erscheint er mir sehr lebendig in allen

Lichtschwingungen des Regenbogens. Wunderbare, schillernde Farben, die nicht vergleichbar sind mit den irdischen Farben, wie wir sie kennen.

Das Bild, das ich hier wiedergeben möchte, um annähernd meine Sichtweise der energetischen Form der Engel zu erklären, stammt aus meiner Zeit in Florida, wo ich während meines fast einjährigen Aufenthalts immer wieder zur Golfküste fuhr, um dort die Stille und Ruhe am späten Morgen zu genießen. Bis auf zwei, drei Rentner war ich meist mutterseelenallein am riesigen Strand.

Um diesen zu erreichen, musste ich eine der vielen Brücken überqueren, welche die Landzungen miteinander verbinden, und stets wurde ich aufs Neue überwältigt vom Anblick des Naturschauspiels über dem Meer, das sich zu meiner Linken und Rechten in die unergründliche Weite des Meeres erstreckte. Nirgendwo sonst auf der Welt habe ich schönere Lichtreflexionen der Sonne auf der Wasseroberfläche beobachten können. Die Sonnenglut warf ihr mächtiges Licht auf das blau-türkisfarbene Wasser, das mit Abertausenden tanzender, glitzernder Lichtfunken in allen Regenbogenfarben auf ihre goldene Strahlkraft reagierte. Anders kann ich es nicht beschreiben – und dennoch ist es nur ein schwacher Versuch, deutlich zu machen, wie sich Engel zeigen.

Ab und an werden Engel auch einfach durch Lichtfunken um einen Menschen oder an besonderen Orten sichtbar. In Tabgha, einer Ortschaft am Nordufer des Sees Genezareth in Galiläa im nördlichen Teil Israels, beobachtete ich eines Tages den freudvollen Tanz der Lichtfunken von Engeln.

Ich befand mich mit einer Gruppe von Freunden am Eingang zur Brotvermehrungskirche, als mein Blick zum Boden gelenkt wurde. Da strahlten sie, die Funken Gottes – höchst lebendig und entzückend anzuschauen. Freudig berührt fragte ich in meiner Begeisterung die Engel, ob sie es nicht erlauben würden, dass meine Freunde sie auch mit ihren physischen Augen sehen dürften. Ich fand es schade, sie als Einzige der Gruppe zu bewundern. Sie durften, und alle in der Gruppe bekamen die Lichter der Engel zu sehen und konnten sich an ihrem Anblick erfreuen.

Manchmal erblickte ich die Engel – insbesondere, wenn sie sich aufbauten – nicht nur in allen Regenbogenfarben, sondern auch in einer Art geometrischer Figuren, ähnlich der Tetraeder, die sich in immerwährender Bewegung aneinanderreihten. Meine Freundin Maya sah die Engel als lichtvolle Wellen.

Sind wir in der Lage, uns ganz auf das Kraftfeld der Engel einzuschwingen, erreicht ein Raum, in dem wir uns bewegen, eine andere Dimension. Die energetische Schwingungserhöhung durch die Engel taucht den Raum in einen lichtvollen weißen Nebel, so dass ich die Menschen im Raum meist nur noch schemenhaft erkennen kann.

Viele Menschen können die Engel nicht wirklich sehen, aber sie spüren die subtile Ausstrahlung der himmlischen Boten. Und was wäre allein das Sehen ohne das Fühlen der Liebe, die mit ihrer Anwesenheit einhergeht?

Erinnerungen aus der
Tiefe der Seele

Dass mit einer solchen Begegnung meist auch eine Neuorientierung unseres Lebens oder unserer Lebenseinstellung
einhergeht, ist eine wunderbare Erfahrung, die positive
Veränderung für das eigene Leben bringen kann, denn die
Berührung mit einem Engel trägt dazu bei, unseren Lebens-
aufgaben gerecht zu werden. Wir erinnern uns daran, was wir
uns als spirituelle Wesen vorgenommen haben. Wenn wir dann
nutzen, was uns deutlich gemacht wird, d. h. selbst aktiv werden,
wird unser Leben auf sehr schöne Art und Weise bereichert.

Viele Menschen haben vergessen, was ihre Wünsche und
Träume sind, oder sehen ihre Talente und Fähigkeiten nicht. Um
diese wieder in Erinnerung zu bringen, zeigen die Engel meist
auf einfache Art und Weise, was und wie eine bestimmte
Eigenschaft gelebt werden kann. Engel nutzen dann gegebenen-
falls die Qualität unseres inneren Sehens durch eine Symbolik,
indem sie beispielsweise ein Buch als Synonym dafür zeigen,
dass der Mensch sich vielleicht ein bestimmtes Wissen aneignen oder selbst etwas lehren könnte. Worum es wirklich geht,
wird dann durch ein Gefühl oder eine Gewissheit übermittelt.

Genauso gut können natürlich auch alle anderen Hellsinne
genutzt werden, um Antworten auf Fragen zu erhalten. Diese
Fingerzeige des Himmels sollen demjenigen behilflich sein, das
nun Anstehende zu erkennen und zu nutzen, um mehr Freude ins
Leben zu bringen und diese Freude mit anderen zu teilen.

Wir haben viele Leben gelebt, und Inkarnation um Inkarnation hat sich der Schatz unseres inneren Wissens vergrößert,
und auch die jeweils gelebten Gaben sind in unserem Seelen-

gedächtnis gespeichert. Hat uns etwas in früheren Leben besondere Freude bereitet oder haben wir ein Talent gefördert und
ausgebaut, wird es uns in diesem Dasein sehr leicht fallen, uns
auf kreative oder schöpferische Prozesse einzulassen. Manches
werden wir noch nicht einmal neu lernen müssen, weil wir es aus
der Erinnerung abrufen können.

Bei einigen Kindern ist diese Reminiszenz noch so stark und
präsent, dass wir sie als Wunderkinder oder als hochbegabt ein-
stufen. Doch die meisten Menschen haben den Schleier noch
nicht gelüftet, um auf das Schatzkästchen ihrer Seele zurück-
zugreifen. Ab und an frage ich die Teilnehmer während meiner
Vortragsabende: »Wer von euch weiß, was er im und vom Leben
will?« Und die erschreckend geringe Anzahl von Händen, die
nach oben wandern, bestätigt die Unklarheit über das eigene
Seelendasein und Sinn und Erfüllung des tiefsten Innersten.

Diese Sinnhaftigkeit geht einher mit den Seeleneigenschaften, die jede Seele auf ihrem Weg zurück zu Gott entwickeln
möchte. Es ist eine der wichtigsten Aufgaben der Engel, uns
daran zu erinnern, was wir uns als Seele für dieses Leben vorgenommen haben.

Die Seeleneigenschaften

Es gibt zwölf Seeleneigenschaften, die aus Gott kommen. Elf davon können vom Menschen hier auf Erden entfaltet bzw. zur Vollkommenheit entwickelt werden. Jede Seele hat sich die Entfaltung einer oder mehrerer Eigenschaften in ihrem menschlichen Dasein vorgenommen, was bedeutet, dass die Persönlichkeit des Menschen diese Errungenschaften an die Seele weitergibt. Die Seele wird dadurch strahlender.

Maya hat in ihrem Buch *Das letzte Siegel* umfangreich über diese wichtigen Eigenschaften geschrieben. Letztlich unterstützen uns unsere unsichtbaren Helfer, diese Eigenschaften zu entwickeln, damit wir im Einklang mit unserem Seelenvorhaben sind.

Bei der zwölften Eigenschaft handelt es sich um die Glückseligkeit, die nicht erworben werden kann, sondern von Ananda (dem Glückseligen/Christus) geschenkt wird. Hat ein Mensch also alle elf Eigenschaften genügend entwickelt, kann man vom Christus-Bewusstsein sprechen. Dieser Mensch steht vor der Tür, die Christus öffnet und ist sich Gott-bewusst[4]. In diesem Bewusstsein sind Gott, Seele und Herz EINS geworden, und der Mensch fühlt große Dankbarkeit.

Zu den Eigenschaften der Seele gehören die Attribute: Humor, Mitgefühl, Verantwortungsbewusstsein, Mut, Flexibilität, Vertrauen, Effizienz, Heilkraft, Schöpferkraft, Freundlichkeit und Freude.

---

[4] Zitat aus *Das letzte Siegel* von Maya Storms

Der Erwerb der einen oder anderen Seeleneigenschaft hat, indem wir sie bei anderen Menschen anwenden, ihren Sinn, aber auch im Üben und im Umgang mit uns selbst! Ein Mensch kann beispielsweise sehr verantwortungsbewusst mit anderen umgehen, aber mit sich selbst nicht gerade sorgsam agieren. Dann kann man sagen: Ja, Geduld, Liebe, Toleranz und Mitgefühl (nicht Mitleid!) dürfen noch wachsen für dich selbst.

Die eigenen Bedürfnisse genauso anzuerkennen wie die Bedürfnisse der anderen, gehört sicher dazu. Wir müssen uns nicht so sehr darum kümmern, wie wir etwas in unser Leben holen, um uns in diesen besonderen Qualitäten zu vervollkommnen. Dafür sorgt das Leben schon selbst, beispielsweise durch die Familie, Berufs- oder Partnerwahl.

Es mag sein, dass wir eine Familie wählen, die uns das Gefühl vermittelt, fremd und nicht angenommen zu sein. Oft geht es für den jeweiligen Menschen dann darum, zu lernen, sich selbst zu akzeptieren und zu lieben. Oder wir finden uns wieder in einer Arbeitssituation, die uns – weil sich der Umgang mit Menschen dort als schwierig gestaltet – dazu anhält, geduldig zu agieren oder flexibler zu werden.

Vielleicht wählt ein Mensch einen Beruf, der mit kranken oder schwachen Menschen zu tun hat, um als Seele Mitgefühl zu entwickeln. Es gibt zahlreiche Möglichkeiten im Spiel des Lebens, um uns selbst zum Positiven hin zu entwickeln.

Das Leben wird einfacher, wenn wir erkennen, dass es im Wesentlichen darum geht, durch das Üben im Denken, Fühlen und Handeln das eine oder andere besser zu integrieren. Wir sehen uns dann nicht mehr so schnell als Opfer der Umstände, sondern können schwierige Gegebenheiten, Beziehungen, gar Krankheiten oder was auch immer, als Chance sehen, um uns selbst einem Edelstein gleich zu schleifen und als Fazit mehr Licht auszustrahlen.

Mir hat es geholfen, diese Eigenschaften genauer anzusehen und im ehrlichen Umgang mit mir selbst festzustellen: Oh ja, von diesem oder jenem könnte ich noch eine ›Portion‹ mehr vertragen.

Für einige dieser Attribute gebe ich ein Beispiel, denn es sind die Eigenschaften, die unablässig immer wieder von den Engeln in Sitzungen für viele Menschen angesprochen wurden und werden.

Mut

»Mut tut gut!« Das ist der Slogan eines Vereins, über dessen Gründungsmotivation ich einmal im Fernsehen durch das Interview der Initiatorin selbst aufmerksam gemacht worden war. Ich war sehr fasziniert von der Geschichte der jungen Frau und ihrer Begründung, warum sie diesen Verein ins Leben gerufen hatte.

Die junge Frau, eine hübsche Stewardess, hatte einen Bruder. Dieser hielt sich eines Abends in einer Diskothek auf, nicht weit von meinem ehemaligen Heimatort. Dort beobachtete er ein paar junge Männer, die ein Pärchen belästigten. Schützend trat er vor das Pärchen und begann eine Diskussion. Als er später die Diskothek verließ, wurde er von eben diesen Männern auf brutalste Art und Weise zusammengeschlagen. Die Männer ließen ihn auf der Straße liegen, wo er von einem Taxi angefahren wurde und später im Krankenhaus verstarb.

Die Zivilcourage, die der junge Mann an den Tag gelegt hatte, als er das junge Paar, das er nicht einmal kannte, in Schutz nahm, veranlasste seine Schwester, mehr Menschen aufzufordern, ebenfalls mutig zu sein, um für eine gerechtere und empathischere Welt einzutreten. Der Tod ihres Bruders sollte nicht umsonst gewesen sein, und so gründete sie den Verein ›Mut tut gut‹.

Ich war von der warmherzigen Ausstrahlung der jungen Frau sehr beeindruckt und nahm später Kontakt mit ihr auf.

Das Wort Zivilcourage kennt heutzutage kaum mehr ein Kind oder Jugendlicher, und die meisten Erwachsenen wissen zwar, was es bedeutet, aber viele sind nicht in der Lage, diese Courage im Alltag zu zeigen. Sie schauen weg, wo sie etwas unternehmen sollten, und manchmal erfordert es Mut, seine Meinung kundzutun, auch wenn einhundert Menschen eine andere Meinung haben. Auf unsichtbarer Ebene haben alle Menschen ihre Schüler, und wenn es an dir ist, einmal auf den Tisch zu hauen, macht es vielleicht Tausenden von Seelen Mut, wenn sie sehen: »Ah, wenn sie/er das tut, kann ich das vielleicht auch?!«

Diese Eigenschaft ist überaus wichtig, denn für Neuerungen im Leben, andere Wege gehen, etc. braucht es zunächst einmal Mut. Aber auch Vertrauen und Hingabe. Erst wer sich traut, ins kalte Wasser zu springen, kann feststellen, dass es ihn nicht umbringt, sondern – im Gegenteil – die ihm innewohnende Kraft, die für die Umsetzung seiner Vorhaben wichtig ist, sich mobilisiert.

Vertrauen

Mir kommt die Geschichte eines Schiffsbrüchigen in den Sinn: Ein Mann ist in seinem Boot über dem offenen Meer unterwegs, als er ein Leck entdeckt. Schnell strömt das Wasser hinein, und er droht zu ertrinken. In seiner Verzweiflung ruft er Gott an: »Bitte, Gott, rette mich!« Und tatsächlich vernimmt er Gottes Stimme, die ihm versichert: Ich werde dich retten.

Plötzlich sieht der Schiffsbrüchige ein Schiff näherkommen, bis es etwa die Höhe seines eigenen Bootes erreicht. Der Mann lässt das Schiff vorbeiziehen und denkt: »Gott hat versprochen, ER kommt und hilft mir.«

Da schippert das zweite Schiff heran, und der Mann lässt es ebenso vorbeiziehen. Der Schiffsbrüchige ertrinkt und kommt im Himmel an. Beleidigt und vorwurfsvoll klagt er Gott an: »Warum hast du mich nicht gerettet?«

Da antwortet ihm Gott: »Hast du nicht die beiden Schiffe gesehen, die ich dir zu deiner Rettung geschickt habe?« Nur ein Ruf wäre nötig gewesen, aber da der Mann in seiner eigenen Vorstellung gefangen war, wie GOTT ihn retten würde, ertrank er.

Vertrauen aufzubauen und wirklich zu hundert Prozent zu haben, ist eine der schwierigsten Herausforderungen für uns Menschen, weil wir von Kindheitsbeinen an gelernt haben, dass man doch selbst die Kontrolle über alles haben muss. Wenn wir uns zum Beispiel eine neue Arbeitsstelle wünschen oder etwas anderes, bedeutet das, dass wir zunächst einmal selbst tätig werden müssen: Bewerbungen wird Gott für uns nicht schreiben.

Aber wenn wir unser Möglichstes für das Gelingen einer Sache beigesteuert haben und dann im tiefen Vertrauen, dass Gott das Bestmögliche und Sinnvollste für uns auf den Weg bringt, loslassen, haben wir Gleichmut in uns entwickelt. Wir wissen, dass wir nicht immer bekommen, was wir uns wünschen, aber dass selbst dies uns zum Vorteil gereicht. Das gibt große Gelassenheit und Vertrauen in Gott und das Leben.

Eine Rentnerin, die einmal eines meiner medialen Seminare besucht hatte, kommt mir wieder in den Sinn. Sie war Leiterin einer Klinik gewesen und gewohnt, ihren Verstand einzusetzen.

Während einer Übung, in der ein Kontakt zur geistigen Welt für den jeweiligen Partner hergestellt werden sollte, stieg sie plötzlich aus. Als ich es bemerkte und ihr zu Hilfe kam, sagte sie: »Ich kann das nicht.«

»Versuche es«, sagte ich »und habe Vertrauen.«

Ich kümmerte mich um andere Teilnehmer, und als mein Blick wieder auf die Dame fiel, staunte ich nicht schlecht. Sie war gerade dabei, einen wunderbaren Kontakt für ihre Partnerin herzustellen. Später fragte ich sie: »Wie hast du das plötzlich gemacht?«

Da antwortete sie lächelnd: »Ich habe mir einfach etwas aus meiner Erinnerung geholt. Mir ist meine Studienzeit wieder eingefallen und wie ich vor einer Prüfung furchtbare Angst hatte. Ich dachte, ich würde sie nie und nimmer schaffen. Na, und ich habe sie doch geschafft! Diese Erinnerung hat mir geholfen, es auch jetzt zu versuchen.«

Wir dürfen lernen, ein Stück mehr auf unsere Talente und Fähigkeiten zu vertrauen, aber auch auf Gottes Kraft in uns.

Freude

Gott ist die wahre Freude! Gott ist nicht das Leid. Allein dieses Wissen kann schon helfen, mit mehr Freude durchs Leben zu gehen. Wir haben dieses Leben geschenkt bekommen, um die Freude, die aus der Seele kommt, zu leben. Es geht nicht um das kurze Glück, wenn sich zum Beispiel ein materieller Wunsch erfüllt. Es ist die Erinnerung an das, was wir wirklich sind, und das Gefühl ›geliebt zu sein‹, das einhergeht mit einem wunderbaren Gefühl der Dankbarkeit.

Manche Menschen haben ein großes Pflichtbewusstsein, aber tun sie immer ihre Pflicht mit dem gleichen Maß an Liebe oder Freude? Und was ist schon Pflichterfüllung ohne Liebe?

Ich kannte einmal eine gelernte Opernsängerin, die gerne für uns auf einem Kongress singen wollte. Also sah ich mir ihre Auftritte im Internet an. Sie hatte eine sehr gute Stimme und war natürlich auch geschult, aber: Ich fühlte einfach keine Liebe oder Freude als Funken überspringen. Es war mir zu technisch, wenn auch exakt ausgeführt.

Eine Bekannte wiederum, die nie Gesangsunterricht gehabt hatte, aber mit sehr viel Freude und Begeisterung sang, konnte jeden in ihrer Umgebung in ihren Bann ziehen, und die Freude zog ebenso in die Herzen der Zuhörer.

Engel in
Menschengestalt

Im Laufe der Zeit wurde mir bewusst, dass uns Engel nicht nur über unsere Intuition, durch inspirative Gedanken oder durch das ›Überstrahlen‹ von Menschen und Tieren erreichen, sondern ebenso in einem menschlichen Körper ihren Platz einnehmen können – dass es also tatsächlich auch Engel in Menschengestalt gibt.

Meine erste Begegnung mit solch einem Engel in einem menschlichen Körper hatte ich vor mehr als fünfzehn Jahren. Sie wurde zum bedeutsamsten Ereignis meines Lebens und bescherte mir eine Kehrtwendung in meinem bisherigen Dasein.

Der Name des Engels war Maya Storms. Durch diesen Engel, gehüllt in ein irdisches Kleid, bin ich Gott ein Stück nähergekommen: Nach all der Zeit des Suchens habe ich mein wahres ›Zuhause‹ gefunden. Tief in mein Herz strömte durch ihre Hilfe das Wissen, dass das Wort Gottes im Atem erfahrbar ist.

Solche Menschenengel wie Maya haben es sich zur Aufgabe gemacht, Gottes Wort weiterzugeben, das Licht im Menschen zu vergrößern, ihre Liebesfähigkeit zu erweitern und damit unsere Erde ein wenig strahlender und lichtvoller zu machen.

Keine leichte Aufgabe, denn sie arbeiten auf Seelen- und Persönlichkeitsebene, und die Persönlichkeit geht manchmal andere Wege als das wahre Ich, die Seele.

Veränderung durch Berührung

Wie Engel uns begleiten und uns helfen, Seelengröße zu erreichen, zeigte sich mir oft im ganz alltäglichen Leben. Meist wurde meine Aufmerksamkeit auf einen bestimmten Umstand oder eine Person gelenkt, um durch meine Beobachtungsgabe das fürsorgliche und liebevolle Wirken der Engel zu sehen und mitzuerleben. So war es mir möglich, ihren Einfluss wahrzunehmen und zugleich das Resultat ihrer Lenkungen klar zu erkennen. Diese ›Lektionen‹ empfand ich stets als große Gnade, denn sie waren so eindrucksvoll, dass ich auch im Nachhinein nicht das geringste Detail vergaß.

Das Erleben zweier Dimensionen gleichzeitig blieb mir selbst Jahre später in genauer Reihenfolge und Ablauf der Geschehnisse bis ins Kleinste im Kopf verhaftet. So auch die folgende Geschichte, die sich vor vielen Jahren vor meinen Augen abspielte:

An einem Samstagmorgen, als ich selbst meinen Geschäften nachging, beobachtete ich im Supermarkt eine junge Mutter, die zusammen mit ihren zwei kleinen Kindern einkaufen war. Sie wirkte offensichtlich überfordert und gereizt. Es war traurig anzuschauen, wie sie ihre Kinder lauthals und permanent beschimpfte, obwohl es – zumindest für mich – keinen sichtbaren Anlass gab. Die beiden Geschwister, ein Junge und ein Mädchen im Alter zwischen etwa fünf und sieben Jahren, wirkten eingeschüchtert und verunsichert.

Obwohl sie nichts Störendes taten, ja nicht einmal einen Laut von sich gaben, prügelte die junge Mutter mit Worten auf die verschreckten Kinder ein. Sie taten mir unendlich leid, und ich beschloss, diese ›entsetzliche‹ Frau bei nächster Gelegenheit anzusprechen. Mein Gerechtigkeitssinn forderte seinen Tribut. Andererseits hielt mich meine vernünftige Seite davon ab, auf der Stelle zu handeln. Schließlich konnte ich ja nicht wissen, welchen Grund die junge Frau hatte, so zu reagieren. Also beschloss ich, meine Aufmerksamkeit meinen eigenen Einkäufen zu widmen.

Zwischen den jeweiligen Regalreihen erspähte ich ab und an die junge Familie. An der Kasse trafen wir wieder ›zufällig‹ aufeinander. Ich stand direkt hinter der Mutter mit ihren zwei Kindern. Vor ihr befand sich in der Schlange eine ebenfalls junge Mutter mit ihrem etwa 5-jährigen Sohn. Das Kind hatte offensichtlich das Down-Syndrom. Die nächsten Sekunden wurde ich in einer Art Zeitlupe Beobachter des Geschehens.

Der Junge streckte ›meiner‹ genervten Mutter unerwartet die kleine Hand entgegen und sagte laut und voller Freude: »Hallo!« Die Frau schien irritiert, gab dem Jungen jedoch ihre Hand und grüßte etwas verunsichert zurück. Binnen des Bruchteils einer Sekunde schienen Raum und Zeit aufgehoben, die Luft um uns knisterte, als wäre sie mit Elektrizität aufgeladen.

Mir stockte der Atem, und ich wurde, obgleich nur Beobachterin in dritter Reihe, in die Präsenz des Momentes – zeit- und raumlos – hineingezogen. Als der Junge die Hand der Mutter berührte, begann die Frau augenblicklich zu lächeln. Ihr Gesicht erhellte sich und bekam einen wunderschönen, glänzenden und strahlenden Ausdruck. Um sie herum spürte ich ein reines, liebendes, unglaublich schönes Licht.

Selbst die Erinnerung an diesen wahrhaft göttlichen Moment treibt mir noch heute die Tränen der Rührung in die Augen. Der Junge mit Down-Syndrom wurde gerade von einem Engel ›überstrahlt‹. Das Licht des Engels drang durch die Hand des Jungen und ging sozusagen mit der Berührung in die Mutter der beiden Kinder über.

Ich brauchte einige Atemzüge, um wieder in der ›Realität‹ anzukommen und meinen Alltagsgeschäften weiter nachgehen zu können.

Das Schicksal fügte es so, dass ich der jungen Frau am gleichen Tag noch in drei weiteren Geschäften erneut begegnen sollte. Das zweite Aufeinandertreffen erfolgte beim Bäcker. Die junge Mutter stand, dieses Mal ohne ihre Kinder, an der Theke an und kaufte ein Brot. Als sie das Wechselgeld in Empfang nahm, stellte sie fest, dass ihr die Bäckereifachangestellte zu wenig Geld zurückgab. Erschrocken über ihr eigenes Missgeschick entschuldigte sich die Verkäuferin augenblicklich. Mit entzückender Freundlichkeit, ohne den leisesten Anflug von Missmut, entgegnete meine scheinbar veränderte Mutter, dass dies ja wohl jedem passieren könne, und mit einem liebevollen Lächeln verließ sie den Laden.

Das dritte Mal begegneten wir uns in einem Geschäft in der Innenstadt, in dem ich Augenzeugin davon werden durfte, wie sie einem Mann, der beide Hände voll hatte, hilfsbereit die Tür aufhielt. An der Kasse einer Drogerie stand sie wieder vor mir! Mittlerweile wusste ich, dass dies alles kein Zufall mehr sein konnte und mir der Himmel wohl etwas zu sagen hatte.

In der Drogerie half die junge Frau mitfühlend einem Rollstuhlfahrer, seine Einkäufe im Korb zu verstauen. Auf mich wirkte die junge Mutter völlig verwandelt.

Was war passiert? Die Begegnung mit dem Jungen mit Down-Syndrom, der vom wunderbaren Licht des Engels überstrahlt wurde, brachte die junge Frau dazu, Dankbarkeit für ihre gesunden Kinder zu empfinden. Und aus Dankbarkeit strömten Liebe, Freundlichkeit, Geduld, Mitgefühl und Verantwortungsgefühl für andere.

In weniger als einer Minute half ein Engel durch sein Wirken in einem Kind, einem anderen Menschen, die wichtigen Seeleneigenschaften zu gebrauchen und dadurch selbst mehr Licht auszustrahlen.

Ich selbst empfand dieses Erlebnis als großes Geschenk, hatten die Engel mir doch begreiflich gemacht, wie ihr Wirken durch Menschen in unserer Umgebung auf dieser Erde tatsächlich vonstattengeht, und wie schnell ihr Licht für positive Veränderungen in unseren Einstellungen, unserem Gedankengut, in unserem Fühlen und Handeln zu sorgen vermag.

Eine engelsgleiche Seele
spendet Licht

Mein Mann arbeitete bereits seit etwa drei Monaten in Österreich in einem Wohnheim für Menschen mit besonderen Bedürfnissen, als ihm eine Gruppe von acht Männern mit sowohl körperlichen als auch geistigen Behinderungen zugewiesen wurde. Er tauschte seinen Job als Geologe, um so, wie er es ausdrückte, »etwas wirklich Vernünftiges und Sinnvolles« zu tun. Bereits in unserer Kennenlernphase äußerte er den Wunsch, mit solchen Menschen zu arbeiten, und die Kinder und ich konnten durch seine Tätigkeit dort viel lernen.

Ich bewunderte Volkers unglaubliche Geduld und Hingabe, die er den Heimbewohnern entgegenbrachte. Oft genug ging auf der Toilette etwas daneben, oder ein Bewohner weigerte sich, sein Gebiss einsetzen zu lassen. Ein Mitbewohner zum Beispiel steckte sich alles, was er in die Hände bekam, in Mund oder Nase. Manchmal auch in beides. Und man macht sich wirklich keine Vorstellungen davon, was in so kleine Öffnungen alles hineinpasst! Mir war es oft ein Rätsel, wie die Pfleger all das Zeug wieder herausbekamen.

Es ging aber auch lustig zu, und meist hingen die Kinder und ich an Volkers Lippen, wenn er von seiner Arbeit und seinen Schützlingen sprach. Ich wurde neugierig auf all die unterschiedlichen Persönlichkeiten, die sich ganz offensichtlich in Volkers Herz geschlichen hatten.

Eines Tages war es so weit. Endlich sollte ich einige Heimbewohner seiner Gruppe kennenlernen. Volker hatte einen Ausflug in ein herrlich gelegenen Gastgarten geplant und sich einen Bus geliehen. Ich war schon ganz aufgeregt und freute mich sehr. Vor allem war ich auf Jürgen gespannt. Volker liebte diesen älteren ›Gentleman‹ mit Down-Syndrom heiß und innig. Die schönsten Geschichten stammten von Jürgen, und irgendwie fühlte ich mich ihm schon nahe, noch bevor wir einander kennengelernt hatten.

Es war ein wunderbarer spätsommerlicher Tag. Die Sonne schenkte ihre letzten wärmenden Strahlen. Kaffee und Kuchen waren bereits aufgetischt, alles war liebevoll auf einer langen Tafel im Halbschatten eines Apfelbaumes angerichtet. Endlich fuhr der Bus vor. Es dauerte eine ganze Weile, bis Volker die drei Männer aus dem Bus befreit hatte. Da Volker nicht alle aus seiner Gruppe mitnehmen konnte, erhielt ich die Gelegenheit, zumindest Felix, Jürgen und KK kennen zu lernen.

Felix war der ›Künstler‹ der Gruppe. Er konnte nicht schreiben, was jedoch nichts zur Sache tat, denn er liebte es und tat es gerne und häufig. Er hatte eine wunderschöne Schrift. Nur, dass man die Wörter eben nicht als sinnvolle Wörter erkennen konnte. Wir versuchten es des Öfteren, doch es blieb ein ausweglose Unterfangen.

Felix hatte autistische Züge und war in der Lage, alle Heiligen dieser Welt mit ihren Lebens- und Leidensgeschichten wiederzugeben. Darin war er ein Phänomen, denn er hatte auch nicht lesen gelernt. Diese Heiligen waren seine Lieblings- und Hauptmotive bei der Malerei. Ab und an hatte ein Heiliger zwar sechs Finger statt fünf, aber man muss ja nicht so kleinlich sein. Seine Bilder besaßen einen sehr speziellen Ausdruck, und wir halten seine geschenkten Gemälde noch heute in Ehren.

Felix malte auch für Volkers Kinder und prägte sich deren Namen sofort ein, obwohl er ihnen nie persönlich begegnet war und sie nur aus Volkers Erzählungen kannte. Gelegentlich gab er Volker Ratschläge, was er wie tun sollte und dass dieses oder jenes beispielsweise jetzt wichtig für den einen oder anderen Sohn sei. Irgendwie wurden wir alle Teil seines Lebens und umgekehrt.

Manchmal sprach Felix auch über spirituelle Dinge und Zusammenhänge, die uns alle zum Staunen brachten. Eines Tages erzählte eine weitere Betreuerin der Gruppe, dass sie am Wochenende einen besonderen Platz entdeckt habe, einen Kraftplatz, den man auch als solchen erspüren könne, wie sie sich ausdrückte. Daraufhin fragte Felix: »Hm. Wenn du sagst, du hast die Kraft gespürt … wo hast du sie denn genau gefühlt? In deinem materiellen Körper[5], in deinem Emotionalkörper oder in deinem Ätherkörper?« Wir waren alle baff.

Felix begrüßte mich als Erster mit einem freudestrahlenden, aufgeweckten und neugierigen Blick. Er hatte schließlich über Volker auch schon einiges über mich gehört. Vor allem die Engel schienen ihn sehr zu interessieren. »Gehst du in die Kirche?«, fragte er mich unvermittelt, und ich erklärte ihm, dass ich bereits ausgetreten sei. Ich hoffte, dass er sich nicht aufregen würde, denn seine Stimmungen konnten schnell umschlagen, wie ich von Volker wusste. Er dachte jedoch nur lange nach und kam zu dem friedlichen Schluss, dass es doch besser wäre, wenn ich wenigstens ab und zu mit meiner Anwesenheit dort glänzen würde!

Alle waren begeistert von der Kaffeetafel, und Jürgen stieß ein begeistertes »OOUUHH!« aus. Nachdem sich die Herren

---

[5]Materieller Körper: unsere ›sichtbare Hülle‹ und der einzige Körper, der Raum und Zeit unterworfen ist. Emotionalkörper: über ihn bringen wir unsere Gefühle zum Ausdruck, Ätherkörper: ein genaues Doppel des physischen Körpers mit der Aufgabe, den Menschen mit Lebensenergie zu versorgen.

den Bauch mit Kuchen und Kaffee vollgeschlagen hatten (Jürgen aß drei Stück Kuchen und trank so an die fünf Tassen Kaffee), beschloss Volker, mit KK (das war sein Spitzname) und Felix eine Runde im Gastgarten zu drehen. KK stand die ganze Zeit wie ein Soldat unter einem Baum auf einer einzigen Stelle, wippte hin und her und gab mit einem Blick über den Zaun immer wieder ein lautes: »Ab durch die Mitte!« von sich. Seine Hand schwenkte dabei nach oben und unten, womit er das ›durch die Mitte‹ gestikulierend unterstrich. So ergab es sich, dass ich einige Zeit ungestört neben Jürgen verbrachte.

Er wirkte sichtlich zufrieden, nachdem er sich das letzte Stück Kuchen in den Mund gestopft hatte und mich mit einem langem und breiten »GUUUT!« anlächelte. Dann schloss er seine Augen, um ein Nickerchen zu machen. Ich beobachtete ihn eine Weile und konnte Volker gut verstehen. Jürgen war wirklich ein Goldstück! Stets hatte er ein Lächeln auf den Lippen, und sein liebenswertes Wesen und seine Fröhlichkeit wirkten ansteckend. Er gehörte der ersten und selteneren Generation älterer Menschen mit Down-Syndrom an – denn er hatte bereits die Sechzig erreicht.

Ich nutzte die Zeit, um etwas zu meditieren. »Vielleicht kann ich ja mit Jürgens Seele Verbindung aufnehmen?«, dachte ich bei mir. Der liebe Kerl hatte es mir echt angetan. Ich fragte innerlich um Einwilligung, die mir mit einem warmen Gefühl geschenkt wurde. Im darauffolgenden Moment fühlte ich mich plötzlich sehr groß und weit und so, als würde ich emporgetragen. Dieses Gefühl kannte ich nur zu gut. Es kam und kommt immer, wenn ich in Verbindung mit einem Engel bin. »Erhaben über alle Sorgen schweben«, hat Frithjof Schuon einmal geschrieben, und so fühlt man sich dann tatsächlich. Ich war verwundert und konnte es nicht fassen, dass ich es hier mit einer so großen, wundervollen und engelsgleichen Seele zu tun haben sollte. Heiße Tränen liefen mir über die Wangen, so rein und schön war diese Seele.

»Aber warum?«, fragte ich Jürgens Seele. »Wenn du ein Engel bist, warum hast du dir ausgerechnet diesen Körper ausgewählt? Einen, der ohne fremde Hilfe kaum zu gehen vermag? Auch ein sprachlicher Ausdruck bleibt dir versagt! Weshalb nur?«

Die Antwort kam in einfachen Worten, untermalt von einem Lächeln. »Weil ich dort, wo ich bin, Licht spenden kann!«

Das rührte mich zutiefst. »Ja, was sonst?!«, dachte ich und fühlte Dankbarkeit in mir aufsteigen. Ich war dankbar, dass ich das Privileg hatte, einige Zeit mit diesem engelsgleichen Wesen verbringen zu dürfen. Und ich war sehr beeindruckt, mit welcher Liebe, Hingabe und Einfachheit dieser Engel seine Aufgabe wahrnahm. Große Demut erfüllte sein Wesen und strömte auf mich über.

Als Jürgen wieder aufwachte, strahlte er mich mit seinen blauen Augen und einem wissenden Lächeln an. Es gibt auch ein Verstehen jenseits der Worte!

Während ich die Kraft dieses Engels spürte, wurde mir klar, welches persönliche Ziel ich mir als spirituelles Wesen für dieses Leben gesetzt hatte. Ganz tief aus meinem Inneren wurde das Wissen an die Oberfläche meiner Persönlichkeit getragen, und mit purer Klarheit und Einfachheit wusste ich, dass es Sinn und Ziel meines Lebens war, in Freude zu leben und diese zum Ausdruck zu bringen. So einfach!

Ich war mir bewusst, dass es Gottes Wunsch für mich war, in und mit Leichtigkeit mein Glück zu finden. Es ging nicht nur um das Lehren und all das, was ich bisher getan hatte, sondern um das Genießen im reinen Sein. Was hatte ich nicht schon alles geschenkt bekommen, und warum konnte ich das, was mir Gott geschenkt hatte, nicht auch für mich nutzen und in kindlicher Offenheit annehmen?

Es wurde eine Frage, die mich die nächsten Wochen und Monate und gar Jahre begleiten sollte. Und dennoch war es ein Beginn! Die fundamentale Erkenntnis beflügelte mein Wesen weit über diesen Tag hinaus, und die immer wieder neue Umsetzung der Botschaft brachte mehr Leichtigkeit und Freude in mein Leben. Auch heute noch übe ich mich darin. Es gibt Dinge, die hören einfach nie auf!

Befinden wir uns im Raum dieser himmlischen Boten, taucht die Klarheit, warum wir hier auf dieser Erde sind, meist von alleine an die Oberfläche unserer Persönlichkeit. Es ist fast so, als würde das Wasser unserer Seele in das Gefäß unserer jetzigen Persönlichkeit fließen, so dass wir jederzeit, wenn es uns dürstet, die reine und wahrheitsgetreue Essenz aus der Schale aufnehmen können.

Engel schenken Heilung

Es gibt wunderbare Seelen im Jenseits, die es sich zur Aufgabe gemacht haben, Menschen auf unsichtbarer Ebene beziehungsweise der Astralebene zu helfen. Dazu gehören jenseitige Ärzte, Heilkundige, Heiler, Medien und andere. Meist haben diese hoch entwickelten Seelen Leben auf dieser Erde gehabt und dort bereits ihre Fähigkeiten ausgebaut und verfeinert, wodurch sie beispielsweise in der Lage sind, mit Instrumenten auf Astral-

ebene zu operieren, unseren Ärzten und Chirurgen nicht un-
ähnlich.

Mehrmals habe ich solche astralen Operationen am eigenen
Leib erfahren dürfen. Es ist erstaunlich, wie wunderbar das
funktioniert. Selbst die Narkose, die durch die Nutzung des
Äthers eingeleitet wird, geschieht effizient im Bruchteil einer
Sekunde. Oft ist der Eingriff ohne Schmerzen, doch manchmal
gehören sie einfach dazu, aber nie sind sie so spürbar wie bei
einer › normalen ‹ Operation.

Einmal war ich nach einer solchen Behandlung so benebelt,
dass ich kurz darauf mit dem Kopf gegen einen Baum stieß. Ich
hatte ihn einfach nicht gesehen!

Ich bin ein Mensch, der überhaupt kein Blut oder Ähnliches
sehen kann, und war deshalb auch nie in der Lage, eine Dokumentation eines Geistheilers, der solche Operationen durch-
führt, ob mit Skalpell oder mit bloßen Händen, bis zum Ende
anzuschauen. Interessant ist jedoch, dass, wenn ich sozusagen
live bei diesen Heilungen dabei war, das Geschehen völlig natürlich auf mich wirkte und mir überhaupt nichts ausmachte.

Einmal steckte ein philippinischer Heiler, ohne mit der
Wimper zu zucken, plötzlich seinen Finger in den Hals eines
Freundes. Der Finger verschwand einfach durch die Haut im
Körper, und ich fand es völlig normal! In der Präsenz der
geistigen Helfer erfährt der Mensch eine wunderbare Schwingungserhöhung. Es scheint dann, als würde der Raum in Licht
gehüllt, und stets fühlte ich mich während dieser Eingriffe
erhoben und in eine andere, wunderbare Welt entführt.

Dass Engel auch Heilungen schenken, wurde mir erstmalig
Anfang 2000 bewusst, als wir zu einem Kongress geladen
waren. Wir lernten dort ein englisches Heiler-Ehepaar kennen,
das uns sehr sympathisch war, und freundeten uns mit den

beiden an. Der englische Heiler führte auf dem Kongress, wie fast alle geladenen Referenten, Heilsitzungen durch. Als ich Augenzeugin einer solchen Vorgehensweise wurde und beobachtete, wie der Heiler einem Menschen die Hand auflegte, konnte ich plötzlich mit meinen physischen Augen sehen, wie sich rechts von ihm, während er konzentriert mit seiner Klientin arbeitete, ein Engel aufbaute. Dies in Worte zu fassen ist schwer, weil es einfach so überirdisch und erstaunlich war.

Der Engel wurde wie in einem Nebel aus Licht sichtbar, er ›baute‹ sich aus – wie es mir schien – sehr vielen geometrischen Formen auf, ähnlich Tetraedern, die in ständiger Bewegung waren. Alle Farben des Regenbogens waren in ihm enthalten. Die Farben waren jedoch viel leuchtender als alles, was wir hier kennen. Ein flimmerndes, glänzendes Lichtermeer. Der Engel entwickelte sich aus Formen und Farben, um sich allmählich in die Höhe auszudehnen, bis er etwa zwei Meter groß neben unserem Heiler seine Gesamterscheinung zur Geltung brachte. Ich war damals entzückt davon, das sehen zu dürfen. Und die Heilsitzung erwies sich als sehr erfolgreich für die Klientin.

So wurde auch ich mehrmals in meinem Leben von Engeln geheilt, was mich mit dem Gefühl großer Dankbarkeit und Ehrfurcht vor diesen wunderbaren selbstlosen Wesen erfüllt.

Eine besondere Heilung
meines Körpers

Mehrmals, im Abstand von ein paar Tagen, hörte ich eine Stimme in mir: »Da sitzt etwas in deiner Brust, was dort nicht hingehört!« Anfangs ignorierte ich die Stimme, und erst, nachdem ich sie zum dritten Mal vernahm, folgte ich dem Impuls, meine Brust abzutasten. Mit Entsetzen stellte ich fest, dass es stimmte. Ich erspürte einen Knoten in der linken Brust und vereinbarte sofort einen Termin bei meinem Frauenarzt. Mit finsterer Miene verkündete der mir nach dem obligatorischen Ultraschall: »Wären Sie meine Tochter, würde ich sagen: Sofort ab ins Krankenhaus!« Der circa 1,5 cm große Knoten war nicht zu übersehen.

Schockiert machte ich mich auf den Heimweg, um sogleich Armin und Maya die schlechte Nachricht zu überbringen. Die beiden beteten an diesem Tag für mich, und ich selbst tat es auch. Maya versicherte mir: »Du wirst wieder gesund, hab keine Sorge. Alles wird gut!« Die Angst hatte mich jedoch fest im Griff und ließ mich innerlich erstarren.

In der gleichen Nacht wurde ich plötzlich wach und spürte, wie ich von jenseitigen Chirurgen operiert wurde. Dieser Eingriff war sehr schmerzhaft, und irgendwann schlief ich vor Erschöpfung ein. Es muss so gegen 3:00 Uhr in der Früh gewesen sein, als ich von einem lichtvollen Wesen geweckt wurde. Mein Blick wurde zur rechten Seite meines Bettes gelenkt, und dort saß, für mich verschwommen sichtbar, eine Nonne mit schwarzem Schleier. Durch das Tuch konnte ich ihr Gesicht nicht sehen. Telepathisch gab sie mir folgende Worte zu verstehen: »Sorge dich nicht, alles wird gut!« Sogleich wurde mein

Wesen in einen tiefen Frieden gehüllt. Mit den Worten ›Alles wird gut‹ versank ich wieder in einen komatösen Schlaf.

Am Morgen drangen die Erlebnisse der Nacht wieder in mein Bewusstsein, und ich erinnerte mich, dass ich einen Engel in Gestalt einer Nonne an meinem Bett sitzen gesehen hatte. Mit dem Krankenhaus war an diesem Tag bereits der Termin für die Mammografie vereinbart. War ich wirklich erstaunt, als die Aufnahmen dort keinen Knoten mehr zeigten? Gott erhört Gebete, wenn sie aus der Tiefe unserer Seele im Atem emporgetragen werden!

Dass sich der Engel in der wahrgenommen Gestalt gezeigt hatte, erklärte sich im Nachhinein: Diese Seele hatte viele Menschenleben als Nonne gehabt, in einigen davon hatten wir uns aus früherer Zeit gekannt. Dieser besondere ›Nonnen-Engel‹ war Maya in Gestalt einer ihrer früheren Inkarnationen. Kein Wunder also, dass ich von der gütigen Nonne die gleichen Worte wie von meiner ›menschlichen‹ Freundin Maya empfing.

Die Engel sind im Übrigen auch damit beschäftigt, unsere Körper im harmonischen Gleichgewicht zu halten. Das gilt für jeden Menschen! Das tun vor allem die Erzengel Michael, Gabriel, Raphael und Uriel.

Ich selbst lernte in diesen Tagen die Lektion: Nutze deinen Körper nicht aus, schenke ihm mehr Ruhe und Pausen. Die ständige Überschreitung der eigenen Grenzen durch zu viel Arbeit hatte das ›Ding‹ in meinem Körper hervorgebracht. Seither achte ich ein wenig mehr auf Abgrenzung, aber, ehrlich gesagt, ich übe immer noch kräftig!

Menschen helfen,
Toleranz zu entwickeln

Mir kam der Fall eines jungen Mannes in den Sinn, der mich um eine Sitzung bat. Sein Engel zeigte sich hinter Richard, so hieß der junge Mann, und sprach zu mir: »Er ist hier, um Menschen mit seiner ›Andersartigkeit‹ Toleranz und Respekt beizubringen.«

»Der Mann, der dich soeben gebracht hat, ist dein Partner, nicht wahr?«, begann ich.

»Ja«, sagte er.

»Ihr habt bereits in früheren Zeiten Leben miteinander geteilt, und er ist in dein Leben gekommen, als es für dich gerade nicht besonders rosig ausgeschaut hat, um nicht zu sagen, ziemlich düster.«

»Das stimmt«, gab Richard zurück.

»Du bist homosexuell, weil deine Seele gewählt hat, über diesen Umstand Menschen zu mehr Toleranz zu erziehen.«

Plötzlich zeigte sich eine weitere Person hinter dem jungen Mann. »Dein verstorbener Vater steht neben deinem Engel und sagt, es täte ihm sehr leid, dass er dich so behandelt hat, wie er es tat, und er dir gegenüber kein Verständnis aufbringen konnte. Aber er ist froh, dass du trotzdem deinen Weg gegangen bist. Er kann jetzt sehen, welches Licht du bist und dass du auch ein Segen für ihn warst. Er bittet dich, ihm zu verzeihen!«

Mein Besucher war erschüttert, seine Augen wurden feucht. Die Zeilen, die er mir am gleichen Tag zukommen ließ, berührten mich sehr, denn sie zeigten noch einmal, wie die Worte des Engels und die Botschaft seines verstorbenen Vaters etwas in ihm wandelten.

Liebe Andrea,

Danke für den Mut, den ich erhalten durfte, und danke auch für die Normalität, mit der Du Dinge angesprochen hast, die mich ausmachen. Die Begegnung hat mein Innerstes zutiefst angesprochen, und es hat mich berührt, sehr berührt.

Vor einem Jahr ging für mich eine ambulante, zweijährige Therapie zu Ende. In dieser Zeit konnte ich meinen Gefühlen nie so die Freiheit geben, dass sie sich nach außen gekehrt haben. Heute, nach nicht einmal zehn Minuten, kamen mir die ersten Tränen. Und darüber bin ich glücklich. Glücklich, den richtigen Weg gefunden zu haben. Den Weg, den du als so bunt beschrieben hast, auf diesen Weg freue ich mich. An einigen Wegkreuzungen werden wir uns sicherlich wiedersehen. Bestimmt!

Ganz, ganz liebe Grüße
Richard

Es war Richard vor Augen geführt worden, dass keineswegs etwas nicht mit ihm stimmte, sondern er als Seele bewusst die Entscheidung getroffen hatte, dieses Leben mit der gleichgeschlechtlichen Gesinnung zu leben, um auch andere Menschen zu mehr Toleranz zu bewegen. Er bekam Mut zugesprochen und wusste um seine wunderbare Begabung, mit Menschen umzugehen. Das gab ihm wieder Vertrauen in die eigene Person und somit auch Vertrauen in das Leben.

Mir wurde klar, dass Richards Vater so, wie viele Menschen auf seiner Lebensreise, mit ihrem Verhalten dazu beigetragen hatten, sein Selbstbewusstsein und seine

Selbstliebe zu schmälern. Es war jedoch auch deutlich, dass die Überwindung dieser Hindernisse von Nichtachtung und Nichtannahme durch andere nur Spiegelungen seiner eigenen Einstellung zu sich selbst waren. Diese hatte er schon aus Vorleben mitgebracht.

Sein Seelenziel war es, sich nicht mehr als weniger wertvoll als andere Menschen zu sehen. Richard wurde außerdem von seinem Engel ermutigt, seine Kreativität und Schöpferkraft zu leben, sein Herz mit anderen zu teilen und sich durch Empathie und Offenheit auch seinen Mitmenschen zu öffnen.

Tina und ihre Engel-Schwester

Ich lernte Tina 2014 kennen, als sie mich wegen ihres, wie sie es selbst nannte, ›inneren Schmerzes‹ aufsuchte. Sie war von Beruf Psychologin.

Als Tina mit ihrer Freundin die Tür hereinkam, fühlte ich sofort eine tiefere Verbindung mit ihr. Tina wirkte etwas ängstlich, aber im Kern war sie eine offene, warmherzige, fröhliche junge Frau. Sehr schnell wurde mir während der Sitzung gezeigt, dass sie während ihrer Kindheit Gewalt innerhalb der Familie erfahren hatte. Die Seele des betreffenden, bereits Verstorbenen zeigte sich und bat sie um Verzeihung.

Tina zeigte ein wunderschönes, rosa-violettfarbenes Aurafeld, das auf Warmherzigkeit, großes Mitgefühl und Liebe schließen ließ. Das Violett, das ihren Kopf- und Schulterbereich umgab, deutete auf eine starke Medialität hin. Und das war auch die erste Botschaft, die ihr Schutzengel gab: »Sag' ihr, dass sie mich bereits hört. Sie erhält längst schon Botschaften von uns für ihre Klienten.« Ich gab es weiter, Tina schaute mich mit großen Augen an und fing augenblicklich an zu weinen. Es war wie eine Offenbarung für sie.

Ich bat darum, sehen zu dürfen, warum sie unter diesen inneren Seelenschmerzen litt, und tauchte in das verantwortliche Leben ein. Der Engel sprach mit mir: »Ich bin ihre Schwester gewesen in diesem vergangenen Leben, das du siehst.« Es gibt Engel, die haben auch menschliche Leben geführt, und so war das offenbar in diesem Fall.

Ich sah, dass Tina in dieser Zeit von ihren leiblichen Eltern in ein Kinderheim abgegeben wurde, zusammen mit ihrer jüngeren Schwester. Dann sah ich den Heimleiter der Anstalt, und das folgende Szenario trieb mir die Tränen in die Augen: Tinas jüngere Schwester wurde brutal von ihm missbraucht. Tina selbst sah das Geschehen durch eine Glasscheibe ... und ich fühlte ihr furchtbares, sehr tiefes Schuldgefühl: Dass sie ihrer Schwester nicht helfen konnte und nicht wusste, was sie selbst hätte tun können. Obgleich älter, war sie ja selbst noch ein Kind. Der Engel betonte, dass Tina ihr sehr wohl geholfen hätte, wenn auch auf andere Art und Weise. Beide hingen sehr aneinander und liebten sich innig.

»Sag ihr, dass sie keinen Grund für Schuldgefühle zu haben braucht. Ich bin an ihrer Seite, um ihr bei ihrer zukünftigen Arbeit mit traumatisierten Kindern zu helfen. Das, was sie in diesem Leben erduldet hat, war keine Strafe oder Wiedergutmachung von Karma. Sie hat es auf sich genommen, weil sie sich schuldig fühlte, dass sie mir nicht helfen konnte, aber auch, um Seelen, die Ähnliches erlebt haben, beizustehen und auf der Ebene des Verstehens (weil man das gleiche Schicksal teilt) und Mitfühlens helfen zu können. Sie wird durch die Kinder auch die Eltern therapieren oder umgekehrt.«

Das Spannende an der Sitzung war, dass Tina und ich das Gleiche zu sehen bekamen. Natürlich sieht die Seele, die Hilfe sucht, auf unsichtbarer Ebene mit, um Altes loszulassen und vergeben zu können, aber dass dies auch bewusst in der Persönlichkeit passiert, war für mich eine neue und wundersame Erfahrung.

»Die Menschen werden zu dir geführt werden«, übermittelte ich Tina. »Es steht jetzt schon eine Mutter da …«. Etwa zwei Tage später erreichte mich Tinas E-Mail, in der sie mir mitteilte, dass sie von einer fremden Frau, der Mutter eines traumatisierten Kindes, einen Anruf erhalten habe mit der Bitte, ihrem Kind zu helfen.

Tina ist seit dieser Zeit zu mehreren Seminaren gekommen und wurde ein wunderbarer Mittler zwischen der himmlischen und irdischen Ebene.

Als sie eines Tages von unserer ersten Begegnung und Sitzung sprach, erinnerte ich mich an die wichtigsten Begebenheiten. Einiges war meinem Gedächtnis jedoch entschwunden; vielleicht weil ich vieles fast tranceähnlich sehr tief miterlebte.

»Ich weiß noch jede Einzelheit, Andrea. Wenn du magst, schreibe ich es für dich aus meiner Sicht auf.« Oh, ich war hocherfreut, und hier ist Tinas Geschichte:

Mein Weg zum Weg
Alles fing in einer sehr schwierigen Phase meines Lebens an. Ich hatte gerade einen stationären Aufenthalt hinter mir, um die schwierigen Erlebnisse aus meiner Kindheit aufzuarbeiten, und

arbeitete nun selbst wieder als Psychologin in der Klinik, als ich mein erstes Erlebnis während einer Einzelsitzung hatte. Da stand – plötzlich in Form einer Gestalt – das ›innere Kind‹ meiner Patientin vor mir und erzählte mir, was meiner Patientin in ihrer Kindheit alles passiert sei. Ich konnte dieses Kind hören und sehen, und bekam neben einem Riesenschreck auch eine gute Portion Angst, jetzt völlig durchzudrehen. Ich hatte solche Angst, psychotisch zu sein, dass ich zu meiner Kollegin ging, mit ihr alles besprach und sie bat, mit mir einen Test durchzuführen.

Als dieser negativ ausfiel, beruhigte ich mich etwas und ließ mir von der Patientin Kinderbilder zur Überprüfung meiner Erscheinung bringen. Ich fiel fast vom Stuhl, als ich in dem Fotoalbum ein Bild entdeckte, auf dem die Patientin genauso aussah wie in der Erscheinung. Sogar die Frisur und die Kleidung waren identisch. Von da an passierten solche Dinge immer häufiger, und keiner konnte mir sagen, was da wirklich mit mir los war.

Mit der Zeit gewöhnte ich mich zwar daran, auf die Stimme zu vertrauen, und bekam bei den Erscheinungen keine Angst mehr, aber mehr auch nicht. Es fiel mir auch schwer, mit anderen darüber zu sprechen, und mein Freundeskreis wusste so gut wie nicht Bescheid, was für mich sehr ungewöhnlich ist. Aber ich schämte mich einfach, von Stimmen und Visionen zu erzählen.

Dann begann meine Freundin so ›komische Seminare‹ zu besuchen, die ich als Therapeutin von der schulmedizinischen Seite total ablehnte. An meinem Geburtstag vor drei Jahren kam es dann zum Streit. Ich fuhr sie in völlig unangemessener Weise an, mit diesem ›Humbug‹ aufzuhören und was der ganze ›Quatsch‹ denn sollte? Daraufhin sprachen wir erst einmal mehrere Wochen nicht miteinander, und ich begann zu überlegen, warum ich eigentlich so aggressiv reagiert hatte. Nach ein paar Wochen war der Groschen gefallen. Sie erzählte von ›komischen‹ Ereignissen, mir passierten ›komische‹ Dinge, das alles machte mir Angst, und meine Wut hatte die Angst, die ich nicht wahrhaben wollte, überlagert, und so hatte ich meine Freundin angegriffen. Also rief ich sie an und entschuldigte mich erst einmal ausgiebig, da mein Verhalten mir sehr leid tat und ich sie auch nicht hatte verletzen wollen. Ich begann, ihr von meiner Situation zu erzählen. Sie verstand und verzieh.

Daraufhin sprachen wir nun ausführlicher über diese Seminare, und es fiel der Name: Andrea Dinkel, woraufhin ich sagte: »Da muss ich hin.« Gesagt, getan … Wir fuhren also sechseinhalb Stunden zu einer Frau, die ich noch nie vorher gesehen oder von der ich noch nie gehört hatte, hatten ein Hotelzimmer für zwei Tage gebucht, und ich – ich! – fand das alles nicht komisch, sondern es fühlte sich sogar richtig an.

Als wir am Tag des Termins an der Haustür klingelten, öffnete Andrea die Tür, sah mich an und meinte: »Wie schön, dass DU da bist!« Und ich hatte irgendwie das Gefühl, dass sie mir damit mehr sagen wollte als ›Herzlich Willkommen‹. Auch wiederholte sie diesen Satz während der Sitzung immer wieder und ich vernahm zwei Stimmen in mir. Die eine wurde nicht müde zu sagen: »Die hat sie doch nicht mehr alle, ich hab es ja jetzt verstanden!« Doch es gab auch die andere, die genau wusste, was gemeint war und sich unglaublich darüber freute, zu diesem besonderen Menschen geführt worden zu sein.

Nach kurzem Kennenlernen sagte mir Andrea, dass ich eine starke Verbindung zu meinem Schutzengel hätte, und ich begann vor Rührung heftig zu weinen und sollte die ganze Sitzung nicht mehr damit aufhören. Und obwohl das Wort Engel für mich ungewohnt und ganz schön uncool war, wusste ich tief in mir drin, dass sie die Wahrheit sprach und ich meinen Engel sehr, sehr liebe. Ohne ihn hätte ich die schwierige Zeit in meiner Kindheit und während meiner Traumatherapie nicht so unbeschadet überlebt.

Ich wollte von Andrea wissen, warum trotz all der Therapie mein ›Seelenschmerz‹ nicht kleiner würde, und sie erzählte mir, dass ich in einem vorherigen Leben in einem Kinderheim in Frankreich gewesen sei. Dort sei meine damalige Schwester an den Folgen von sexuellem Missbrauch durch den Heimleiter verstorben, und ich hätte mir die Schuld daran gegeben, da ich sie nicht hatte schützen können und er mich verschont habe. So fanden meine Missbrauchserlebnisse in diesem Leben im gleichen Alter statt, in dem sie meine damalige Schwester erlebt hatte, da ich glaubte, auf diese Weise meine Schuld tilgen zu können. Ich konnte meine Schwester neben mir spüren, konnte in den Schlafsaal des Kinderheimes blicken, und Andrea und ich begannen gemeinsam den Saal zu beschreiben, und siehe da, es war der gleiche.

Nun saß ich mit einer mir fremden Frau in einem Zimmer und beschrieb einen unsichtbaren Raum aus einem anderen Leben. »Geht es noch ein bisschen verrückter?«, fragte mein Ego. Aber was es auch sagte, das, was passierte, war nun einmal Realität, und ich sah, spürte und hörte die geistige Welt: Das konnte ich nun auf keinen Fall mehr wegdiskutieren. Ich entschuldigte mich bei meiner Schwester und fing zur Abwechslung mal wieder an zu weinen. Sie sagte, dass ich ihr zwar nicht gegen den Heimleiter hätte helfen können, aber sie nie im Stich gelassen hätte. Als ich das von ihr hörte, war dies eine ungeheuer große Erleichterung. Und weil ich dieses Schuldgefühl losgelassen hatte, durfte einige Zeit später auch der Seelenschmerz weniger werden.

Am Ende der Sitzung erhielt ich noch eine Engelbotschaft, von der ich heute kein Wort mehr weiß, aber das Gefühl von bedingungsloser Liebe meines Schutzengels für mich in diesem Moment ist geblieben, und es ist eine meiner wertvollsten Erinnerungen.

Mittlerweile sind zwei Jahre vergangen. Ich habe viele Seminare besucht und bin unendlich dankbar für diesen Wendepunkt auf meinem Weg. Ich könnte mir ein Leben ohne meine Engel und meine geistige Begleitung überhaupt nicht mehr vorstellen. Auch für meine Art zu therapieren erhalte ich jeden Tag aufs Neue Geschenke für meine Patienten, mit deren Hilfe sie so viel schneller die Illusion von Krankheit loslassen dürfen.

Auch ich selbst war sehr berührt, weil Tinas Geschichte zeigt, wie Gott seine Boten aussendet, um Menschen, die aus reinen Motiven, anderen Menschen helfen wollen, seine himmlische Unterstützung schenkt.

In Tinas Fall waren dies ihr Schutzengel und ein weiterer Engel, der auch einmal ein menschliches Dasein mit ihr geteilt hatte. Durch die eigenen Erfahrungen konnte dieses himmlische Wesen, das ihre Schwester im früheren Leben war, die beste Unterstützung bieten, und auch Tina, die ähnliche Erfahrungen in diesem Leben gemacht hatte, konnte aufgrund der schmerzhaften Erlebnisse sozusagen Hand in Hand mit der geistigen Ebene und den entsprechenden Hilfesuchenden zusammenarbeiten.

Auch wenn ein Mensch schwierige Lebensumstände gewählt hat, wird durch die Aufarbeitung dieser Emo-

tionen meist ein Erfahrungsschatz zu Tage gefördert, der mit anderen geteilt werden kann. Durch das eigene Erleben können aufgrund der erreichten Tiefe Verständnis und Mitgefühl entwickelt und auf der Ebene des Mitfühlens nachempfunden werden, was für den Klienten gleichermaßen spürbar wird. Das ist etwas anderes als ein Buch darüber zu lesen oder rein theoretisches Wissen aufzunehmen.

Spiele die Oboe

Es geschieht häufig, dass die Engel bereits zu Beginn einer Sitzung sogar noch vor dem angesprochenen Thema die Seelenaufgabe eines Menschen mitteilen oder auf Talente und Fähigkeiten aufmerksam machen.

Eines Tages kam eine etwa fünfzigjährige Ärztin zu mir. Wir waren uns nach zwanzig Jahren auf einem unserer Kongresse per ›Zufall‹ wiederbegegnet. Mit Anfang zwanzig hatte ich bei ihr während einer schwierigen Lebensphase mit Autogenem Training begonnen, und sie war eine hervorragende und einfühlsame Therapeutin.

Einige Zeit nach unserer Begegnung auf dem Event bat sie mich um eine Sitzung, weil sie nach Lösungen für ihren Sohn suchte. Er sollte bald mit dem Abitur fertig sein und wusste so gar nichts mit sich anzufangen. Sein Engel zeigte mir sofort eine Oboe, was ich merkwürdig fand. Ich erzählte das meiner Klientin und sagte, es wäre schön, wenn er dieses Instrument spielen würde, denn er war in einem seiner vergangenen Leben sehr erfolgreich damit gewesen und hatte die Erinnerung daran bewahrt.

Die sympathische Frau reagierte erstaunt: »Das ist wirklich komisch … wir haben ihn einige Instrumente lernen lassen, aber er hat uns tatsächlich gesagt, dass Oboe ihn am meisten interessiert.

Ich lächelte: »Ja, in ihm steckt immer noch der Musiker von damals!« Ich wusste, dass es ihn nicht viel Mühe kosten würde, Oboespielen zu erlernen.

Ich habe in meinem Leben Künstler immer bewundert, weil sie durch die Ausübung ihres Talents, ob Tanzen oder Malen oder was auch immer, ihre Seele in die Persönlichkeit tragen und damit nicht nur sich selbst, sondern auch anderen Menschen Inspiration und Freude schenken. Außerdem ist Kreativität gelebte Schöpferkraft und damit eine wichtige Eigenschaft, die bei der Ausübung solcher Fähigkeiten genutzt wird.

Ein musikalischer Schutzengel

Die ältere, irische Dame, die mir als Übungspartnerin zugewiesen war, machte einen ruhigen und etwas reservierten, aber dennoch sympathischen Eindruck. Wir waren angewiesen, die Verbindung zu der geistigen Führung und zum Schutzengel unseres Gegenübers aufzunehmen. Ich betete um Schutz und Führung und atmete tief. Sofort zeigte sich der Schutzengel meiner Übungspartnerin an ihrer linken Seite. Er erschien in einer zarten, sehr schönen rosa Tönung und vermittelte ein Gefühl von Liebe, Geborgenheit und Sanftmut. Wenn sich der Engel an der linken Seite meiner Klienten zeigt, weiß ich, dass dem Schützling etwas seitens der geistigen Welt geschenkt wird und dies meistens mit dem Erwerb einer oder mehrerer Eigenschaften als Zugewinn für die Seele zu tun hat. Hier ging es offensichtlich um die Selbstliebe. Zärtlich hüllte der Engel meine Übungspartnerin in ein sanftes und schützendes, liebevolles Licht, und ich ahnte, dass die Dame vor nicht allzu langer Zeit begonnen hatte, sich selbst ein wenig mehr schätzen zu lernen. Vielleicht ein halbes Jahr?

Das Kleid des Engels zeigte zu meinem Erstaunen Musiknoten von oben bis unten. Etwas musste mein Gegenüber mit Musik zu tun haben. »Sie spielt sicher ein Instrument«, sagte ich mehr zu mir selbst, und gleichzeitig kam die Gewissheit in mir auf, dass die Noten auf einen aktuellen Gegenstand im Leben der netten irischen Dame hinwiesen. Mein Blick schweifte ab zu ihrer geistigen Führung – einem Wesen, das aussah, als wäre es aus dem asiatischen Raum. Es wirkte sehr kraftvoll. Jedoch bekam ich keinen Hinweis darauf, welcher Art seine Unterstützung war. Oft hat ein asiatischer Geistführer oder eine Geistführerin aus diesem Bereich etwas mit fernöstlichen Traditionen zu tun, wie beispielsweise Akupunktur, Akupressur, Feng Shui oder Ähnliches. Doch ich spürte, dass seine Anwesenheit mit alldem nichts zu tun hatte.

Also fragte ich ihn direkt: »Was machst du denn an ihrer Seite?«

Er lächelte: »Ich fülle sie immer wieder auf.«

»Wie meinst du das?«

»Na, eben, dass ich sie immer wieder mit Kraft versorge. Sie verausgabt sich sehr oft und ist nachlässig im Umgang mit sich selbst. Ich habe also immer wieder damit zu tun, sie mit Energie aufzuladen. Wie beispielsweise letztes Jahr, als sie im Krankenhaus lag. Da war es nicht gut um sie bestellt, und man kann sagen, dass ihr Tank fast vollständig leer war. Du siehst, ich habe einiges zu tun!«

Ich lächelte und begann wiederzugeben, was mir gesagt wurde. Weiter fügte ich an: »Dein Engel zeigt mir deutlich, dass du insbesondere die letzten Monate damit begonnen hast, deine Selbstliebe ein wenig mehr zu leben. Dafür bekommst du bereits ein Schulterklopfen, denn du hast zumindest einen Anfang gemacht. Aber du übst dich noch darin. Du warst dein ganzes Leben für andere da und hast Verantwortung übernommen, dich dabei aber selbst aus den Augen verloren. Das ist dir bewusst geworden. Dein Geistführer meint, er hätte ganz schön damit zu tun, dich ständig wieder neu mit Kraft zu versorgen. Warst du im letzten Jahr im Krankenhaus?«

»Oh ja!«, erwiderte die Dame, »Ich hatte einen schweren Autounfall und musste für eine ganze Weile ins Krankenhaus. Dort hatte ich Zeit zum Nachdenken, und in dieser Zeit reifte mein Entschluss, etwas für mich zu tun und mein Leben zu ändern.«

»Oh, wie schön«, erwiderte ich …

»Du spielst ein Instrument, sagt dein Engel … er ist wahrhaft von Kopf bis Fuß auf Musik eingestellt und inspiriert dich dabei.«

Meine Klientin war offensichtlich erfreut, das zu hören und antwortete: »Fürwahr, ich habe vor einem halben Jahr mit dem Klavierspielen begonnen. Das wollte ich schon mein ganzes Leben lang, habe mir aber nie die Zeit dafür genommen. Alles andere, und vor allem jeder andere, schien wichtiger. Mein Unfall hat wirklich mein Leben verändert, und so gesehen bin ich froh darüber!«

Wie sehr doch alles passt! Ich freute mich mit meiner Klientin über die bewussten Veränderungen in ihrem Leben, und gleichzeitig zeigte mir ihre Geschichte, dass es nie zu spät ist, etwas Neues anzufangen. Auch nicht mit über 60!

Das Leben der irischen Dame war in ihrer Vergangenheit stets auf die Fürsorge und das Wohlergehen ihrer Lieben ausgerichtet. Dies jedoch in einem Maße, das sie vergessen ließ, sich auch um die eigene Person zu kümmern. Sie hatte ein hohes Verantwortungsbewusstsein, stellte aber jeden und alles vor ihre eigenen Bedürfnisse, die sie gar nicht mehr wahrgenommen hatte. Der Unfall zeigte ihr: Es ist genauso wichtig, sich um die eigenen Wünsche zu kümmern, denn nur so kann die Seeleneigenschaft ›Verantwortungsbewusstsein‹ vollständig integriert werden.

Hannas himmlische Hotline

Wie Engel uns helfen, unsere Bestimmung zu finden und uns ermutigen, mit ihnen Hand in Hand zu gehen, zeigt folgendes rührendes Erlebnis.

»Geh zu Hanna!«, hörte ich meinen Engel während meines Beitrags auf einem Event sagen, zu dem ich geladen war. Ich überblickte den Saal und entdeckte sie schnell im hinteren Teil des Publikums. Sobald ich sie gesichtet hatte, sah ich ein merkwürdiges Bild: Ein ziemlich großer Engel stand links von ihr und hielt einen … Telefonhörer?!, der mit einem kleinen Kinderengel zu Hannas Rechten über ein Kabel verbunden war. Hanna selbst schien eine Art Transmitter zwischen den beiden zu sein. Engel haben wirklich Sinn für Humor!

Es war ein eindrucksvolles Bild. »Was soll das bedeuten?«, fragte ich neugierig die Engel. Statt einer Antwort wurde meine Aufmerksamkeit zu einem kleinen Jungen gelenkt, der von der jenseitigen Ebene aus Kontakt mit mir aufnahm.

Er rief mir zu: »Wir brauchen Hannas Hilfe!«

Alsbald kam ein weiterer Junge hinzu, der vor nicht allzu langer Zeit die jenseitige Ebene betreten hatte, wie er mir zu verstehen gab.

»Ich habe hier zwei Jungs bei mir, die dir etwas mitteilen möchten, Hanna. Beide sind wohl an einer Krankheit gestorben, doch bei einem Jungen geschah es dennoch plötzlich oder, sagen wir, nicht zum erwarteten Zeitpunkt. Du hattest mit beiden Jungs über ihre Mütter zu tun, und dein Engel berichtet, dass du mit einer Mutter vor kurzem gesprochen hast.«

Hanna hatte in früherer Zeit einen Verein gegründet, der sich mit sterbenden Kindern und der Betreuung bzw. Begleitung der trauernden Eltern beschäftigte. Doch das lag ein paar Jahre zurück. Die Aufgaben in ihrer eigenen Familie und das Gefühl, dass ihre ganze Aufmerksamkeit dort gebraucht würde, führten zu der Entscheidung, dieses Amt niederzulegen.

»Meine Mama ist noch nicht über meinen Fortgang hinweg, und sie weigert sich innerlich, ein glückliches Leben ohne mich zu führen. Sie braucht dringend Hilfe, und Hanna kann das so gut!« Fast flehend flog die Stimme des kleinen Jungen in meinen Kopf.

»Wie heißt du?«, fragte ich den Jungen. Ich hörte einen kurzen Namen, der mit einem O endete. Ich übermittelte es Hanna. »Seine Mutter fängt mit El an ... weiter höre ich nichts.«

Hanna überlegte, kam aber zu keinem Schluss. Sie wirkte jedoch sehr aufgeregt.

»Bitte, fange wieder mit dieser segensreichen Arbeit an! Die Jungs wären dir so dankbar. Außerdem tust du es nicht alleine, denn die Engel stehen zu deiner Linken und zu deiner Rechten. Du bist ein wunderbarer Mittler zwischen Himmel und Erde. Du stellst die Verbindungen her zwischen den verstorbenen Kindern und ihren Eltern, du kommunizierst mit ihnen auf mannigfaltige Art und Weise. Eine deiner Aufgaben hier ist es, Trost und Zuversicht zu schenken. Dein tiefes Mitgefühl und Verständnis machen diese schwere Aufgabe möglich. Und die Engel sorgen für eine reibungslose Verbindung.«

Hanna erwiderte sichtlich berührt: »Ich denke seit längerem darüber nach, wieder etwas in der Richtung zu unternehmen. Es lässt mich nicht los ...«

»Na, jetzt weißt du auch, warum!«, antwortete ich.

Etwa zwei Wochen später kam Hanna zu einer Sitzung, und die geistige Welt knüpfte dort an, wo sie während des Events aufgehört hatte.

Hanna sagte einleitend: »Es tut mir so leid, Andrea ... Du hattest mit allem recht. Ich war so aufgewühlt und durcheinander, dass ich mich nicht mehr erinnerte, aber es kam alles zurück.«

»Was meinst du?«

»Na, das, was du mit den Namen erwähntest. Du sprachst von einem Jungen, der einen kurzen Namen tragen würde, der mit einem O endete. Das war Niko. Ich habe keine Ahnung, wie es passieren konnte, dass ich mich nicht mehr daran erinnert habe.

Seine Mutter, deren Name mit einem El beginnen würde, wie du sagtest, heißt Elke. Ich werde nach meinem Besuch bei dir Kontakt mit ihr aufnehmen, so wie es Niko sich gewünscht hat.«

»Nun, das muss dir nicht leidtun. Ich bin es gewohnt, vor Publikum dumm dazustehen«, witzelte ich. »Zudem rechne ich mittlerweile mit dem nicht besonderen Erinnerungsvermögen meiner Klienten.« Amüsiert zwinkerte ich Hanna zu. Ich mochte sie gerne. Außerdem hatten unsere Seelen gemeinsame Erinnerungen aus der Zeit von Teresa von Avila, wo wir sicher jede Menge Freude miteinander geteilt hatten.

Da sie in der Zwischenzeit nach Holland gereist und von Maya ›das Wissen‹ erhalten hatte, fragte ich sie: »Wie war es eigentlich bei Maya? Und was hat sie zu dir gesagt, hm?«

»Sie hat das Gleiche gesagt wie du, im Übrigen auch im Hinblick auf die Hospizarbeit.«

»Na, es scheint dann wohl doch nur eine Wahrheit zu geben, oder?« Wir lachten beide. Ein Geistlicher an ihrer Seite sprach noch von inneren Erfahrungen, die sie erlebt hatte, und somit erhielt Hanna viel Bestätigung für ihren spirituellen Pfad und auch für ihre eigenen Wahrnehmungen.

Es passiert häufig und zu meinem allergrößten eigenen Vergnügen, dass die geistige Welt insbesondere spirituellen Menschen, die in ihrer Motivation rein sind und aus ihrem Herzen heraus leben, die Bestätigung für innere Visionen, Namen, Zeiten, Begleiter o. Ä. auf anderer Ebene gibt. Wenn beispielsweise ein Name eines geistigen Helfers von einem meiner Klienten innerlich gehört wurde, gab ich ab und an diesen Namen auf Wunsch der geistigen Welt wieder. Oder jemand schickte ein Gebet zu einer hohen Seele. Dann wurde zum Beispiel gesagt: »Danke, dass du für sie oder ihn gebetet hast. Dein Gebet ist angekommen, soll ich dir ausrichten.« In geweitete, ungläubig schauende Augen zu sehen, die etwas von kindlichem Unverständnis haben nach dem Motto: »Wie ist das möglich?«, bereitet mir immer wieder viel Freude, denn ich weiß, dass mit solchen Bestätigungen das Vertrauen dieser Menschen so immens wächst, wie es kaum auf eine andere Art und Weise besser geschehen könnte. Sie vertrauen dann doch ihren eigenen Fähigkeiten, nach innen zu hören und zu begreifen, und stärken ihren Glauben in Gott und die geistige Welt. Gleichzeitig wachsen in mir nach solchen Sitzungen Dankbarkeit und Demut vor der Größe Gottes und seiner himmlischen Boten.

Ein paar Tage später erhielt ich eine E-Mail von Hanna, in der sie ihren Dank ausdrückte. Sie schrieb mir, dass sie gleich am folgenden Tag nach unserer Sitzung mit Elke, der Mutter des verstorbenen Nikos, gesprochen hatte und diese hocherfreut über ihren Anruf war. Sie schien sehr berührt zu sein und versprach, auf den nächsten Botschaftsabend zu kommen. Aber trotz aller Bestätigungen seitens der geistigen Welt ließen es Hannas Selbstzweifel nicht zu, mit der medialen Arbeit tatsächlich zu beginnen. Sie hatte zu wenig Selbstvertrauen.

Weil sie glaubte, immer noch nicht gut genug zu sein, kam Hanna eines Tages zu einem fünftägigen Kurs. Am Morgen des ersten Tages meditierte ich zu Hause. Plötzlich erschien Sofia, die Heilige Geist vor meinem inneren Auge. Ich war erstaunt, denn es kam selten vor, dass mich ihre unglaublich sanfte, gütige Kraft sozusagen im Inneren überstrahlte.

Sie erschien in einem strahlendweißen Gewand, würdevoll und wunderschön. Es ist schwierig, hohe Seelen wie Sofia zu beschreiben, wenn wir als Menschen weder die passenden Worte noch das Vermögen besitzen, die Göttlichkeit dieser liebenden Wesen auch nur annähernd zum Ausdruck zu bringen.

Sofia hielt eine geöffnete Hand in meine Richtung. Eine weiße Perle lag darin.

»Was soll ich damit anfangen?«, fragte ich sie.

»Sie ist für Hanna, gib sie ihr. Sie steht als Symbol und als Zeichen für die Zusammenarbeit mit uns in der geistigen Welt und dafür, dass sie Vertrauen haben darf; dass sie bereits alles in den Händen hat, was sie braucht, um Menschen zu helfen und die entsprechenden Kontakte zu vermitteln. Und es kommt aus unserer Hand, es ist unser Geschenk an sie, das sie annehmen darf und annehmen soll. Es kommt aus der Reinheit, Schönheit und Weisheit Gottes.«

Ich hatte die Vision bereits vergessen, als ich die Eröffnungsrunde und Vorstellung der Seminarteilnehmer einleitete. Etwa die Hälfte der Teilnehmer hatte sich bereits mit Namen vorgestellt, als die Reihe an Hanna war. Sie sprach die ersten zwei Sätze, und plötzlich erinnerte ich mich an meine morgendliche Vision. Ich wusste, dass dies von Bedeutung war, doch fühlte ich mich kaum in der Lage, die Botschaft für Hanna angemessen zu übermitteln. »Wie soll ich ihr das nur sagen?«, fragte ich innerlich ... »Stellt euch mal vor, wie das ankommt: Ich sage ihr, Sofia ist mir heute Morgen für dich erschienen und hielt eine weiße Perle als Geschenk für dich in der Hand. Das ist ja wie das esoterische Geplapper einer ... naja, eben einer Esoterikerin! Und die Leute würden das bestimmt auch so sehen!« Aber trotz meiner Zweifel überkam mich das tiefe Gefühl und Wissen, dass es notwendig sei, die Botschaft zu übermitteln, und somit überwand ich meinen Widerstand und erzählte ihr von meiner Vision und dass sie endlich den Mut haben solle, mit der medialen Arbeit zu beginnen.

Nachdem ich alles erzählt hatte, suchte ich gespannt ihren Blick, der wie versteinert war. »Oh je! Was habe ich jetzt getan?!», dachte ich bei mir. Etwas geschah in ihr, das konnte ich spüren. Ihr Mund war leicht geöffnet, doch sie blieb stumm. »Na prima!«, dachte ich, und so blieb mir letztlich nichts anderes übrig, als mit dem nächsten Teilnehmer fortzufahren.

Nach der Vorstellungsrunde gab es eine kurze Pause. Ich saß auf meinem Stuhl, immer noch überlegend, was das Ganze sollte, als Hanna geradewegs auf mich zusteuerte. In der Hand hielt sie ein schwarzes Etwas, das wie eine Schmuckschatulle aussah. Sie streckte es mir wortlos entgegen.

Endlich sprach sie: »Es tut mir leid, ich konnte vorhin überhaupt nichts sagen. Ich hab´ mir nur gedacht: Das gibt´s doch nicht! Ich war komplett durcheinander ...«. Sie öffnete vor meinen Augen das schwarze Kästchen.

Als mein Blick den Inhalt erfasste, stellten sich alle Härchen gleichzeitig auf: »Das gibt´s doch nicht!« Allmählich begriff ich ... oder doch nicht? Plötzlich war ich genauso verwirrt wie Hanna. Da lagen zwei weiße Perlen, sanft gebettet im weichen Kissen der Schmuckschatulle.

Ich verstand das nicht. »Wie kommt das?«

Hanna erklärte: »Pass` auf: Vor einigen Tagen bekam ich die Perlen von einem Freund geschenkt. ›Warum schenkst du mir das?‹, fragte ich ihn. Er antwortete: ›Das weiß ich nicht. Ich weiß nur, dass ich in einer Kirche vor dem Gnadenbild von Maria der Knotenlöserin gebetet habe, und wusste, dass ich dir weiße Perlen schenken muss. Es war ein Auftrag. Also habe ich es einfach gemacht.‹

›Und ... was soll ich jetzt damit anfangen?‹, habe ich ihn daraufhin gefragt. ›Das weiß ich auch nicht! Aber nächste Woche bist du bei Andrea auf dem Intensivseminar, und sie wird dir sicher innerhalb der fünf Tage etwas dazu sagen können.‹ Und so hab` ich mir gedacht, ich nehme die Schatulle einfach mit. Dass ich heute bereits die Botschaft dazu bekomme, habe ich allerdings nicht erwartet!« Kopfschüttelnd und sichtlich gerührt gab sie ein Versprechen: »Ich fange jetzt an. Ich verspreche es!«

Mit ihrer inneren Zustimmung öffneten sich in der Folgezeit für Hanna die Türen. Menschen klopften bei ihr an, um sie um eine Sitzung zu bitten. Und was soll ich sagen? Nicht selten wird sie von Menschen aufgesucht, die um einen Angehörigen trauern oder von Müttern, die ihr Kind verloren haben.

Was die Engel bereits während des Events ankündigten, bewahrheitete sich mit Hannas innerer Zustimmung und schenkte Trauernden Trost und Zuversicht. Es brauchte nur etwas Mut und Vertrauen, zwei so wichtige Seeleneigenschaften, welche die Engel für Hanna initiierten, damit sie sich als Instrument für die geistige Welt auch zur Verfügung stellen konnte.

Ich bin dankbar für Hannas Geschichte. Sie erwärmt mein Herz, weil sie darlegt, wie die geistige Welt agiert und wie die ›himmlische Hotline‹ funktioniert. Manchmal bedarf es eben mehrerer menschlicher Hände, um die Botschaft an den Mann oder, wie in diesem Fall, an die Frau zu bringen.

Engel schenken Bestätigung, damit Unsicherheit in Sicherheit und Vertrauen gewandelt werden kann. Vertrauen als Eigenschaft zu haben und zu leben, ist meiner Meinung nach eine der schwierigsten Aufgaben. Es wäre eine wunderbare Sache, würden Eltern beispielsweise großen Wert in der Erziehung ihrer Kinder darauf legen, sie zu selbständigen, aber auch vertrauensvollen Wesen zu erziehen, die sich nicht vor Versagen fürchten. So würde ein Kind, das heranwächst, keine Angst vor Fehlern haben müssen oder sich ›nicht richtig‹ fühlen, wenn mal etwas anders geht als erdacht.

In unserer Gesellschaft ist es fast schon normal geworden, dass jeder Mensch sich nur als gut erachtet, wenn er etwas Bestimmtes darstellt oder leistet. So lernen wir, die Zügel fest in der Hand zu halten und ohne das Gefühl von Gelassenheit und Zuversicht zu leben, weil der Mensch nicht mehr weiß, dass er, egal was kommt, in Gottes Hand liegt und sich vertrauensvoll an ihn und seine himmlischen Boten wenden kann. Auch wenn die Engel stets für uns da sind, tut es manchmal gut und not, sie um Hilfe zu bitten oder an ihre Tür zu klopfen. Sie achten jedoch unseren freien Willen, wenn wir glauben, wir müssten alles alleine tun.

Wie Unsicherheit in ein Gefühl von Sicherheit gewandelt werden kann, weil himmlische Bestätigung erfolgt, zeigt die folgende Geschichte:

Der Schutzengel und
ein Meisterbrief

Eines Tages kam ein junger Mann Anfang zwanzig zu einer Sitzung. Die Mutter des jungen, kräftig gebauten und großen Mannes schickte ihn zu mir, weil sie die für sich gebuchte Sitzung nicht in Anspruch nehmen konnte.

»Ach so, du bist also geschickt?«, fragte ich meinen Klienten amüsiert.

Der junge Mann reagierte unsicher und erwiderte mit gespielter Empörung: »Nee, so kann ich das jetzt auch nicht sagen. Ich bin schon auch neugierig!« Sein Engel zeigte sich rasch hinter ihm und hielt einen Meisterbrief in den erhobenen Händen.

»Du bist Feinmechaniker, nicht wahr?«

»Ja, das ist richtig.« Er schaute mich erstaunt an.

»Kannst du etwas damit anfangen ... dein Engel zeigt einen Meisterbrief in den Händen.«

Ich vergesse nie, wie plötzlich die Augen meines jungen Klienten groß wurden wie die eines Kindes, und er murmelte: »Nicht schlecht! Ich habe mich erst letzte Woche dafür angemeldet!«

Interessant erscheint nun, warum der Engel das gezeigt hat: Der junge Mann kam aus einer Familienstruktur, die ihm nicht das Gefühl von Sicherheit oder Vertrauen vermittelt hatte, und so war er nicht sicher, ob er mit seiner Anmeldung das Richtige getan hatte. Er zweifelte daran, es tatsächlich schaffen zu können.

Indem er ihm den Meisterbrief zeigte, machte ihm der Engel klar: »*Schau, ich halte ihn für dich in den Händen! Du wirst es schaffen, bleib dran. Du hast das Richtige getan.*« *Somit wurden der Glaube und das Vertrauen des jungen Mannes gestärkt, er erhielt Zustimmung und Bestätigung, was Motivation und Anlass genug war, mit Elan das Neue anzugehen.*

Ich schmunzelte, als dieser Bär von Mann, der zum Abschied vor mir stand, mich wie ein Kind am Ende schüchtern fragte: »Darf ich irgendwann einmal wiederkommen?«

Engel warnen vor Gefahren

»Steig nicht in diese Straßenbahn«, hörte eine Freundin, als sie gerade in Begriff war, einzusteigen, um zu ihrer Arbeitsstätte zu gelangen. Sie erschrak fürchterlich, denn üblicherweise hörte sie keine Stimmen. Es war die Straßenbahn, die an diesem Tag verunglückte mit dem Resultat vieler Verletzter. Wir kennen das sicher alle: Auch wenn Menschen keine Stimme hören, haben die meisten doch ein Gespür für Gefahr. So schützen uns unsere liebenden Begleiter, warnen uns vor Risiken oder weisen uns den Weg.

Unsere Welt kennt derzeit viel Elend: Kriege, Naturkatastrophen, Tragödien, die sich abspielen … und allerorts sind Engel damit beschäftigt, ihre Liebe und ihr Licht auszustrahlen, um Kraft, Trost, Hoffnung und Zuversicht zu spenden. Manchmal spüren es sensitive Menschen auch, dass gerade etwas in der Welt geschieht. Ich selbst habe dann Anflüge von fast depressiven Stimmungen, zu denen ich gar keinen äußeren Anlass sehe.

Mir ist aufgefallen, dass an solchen Tagen meist auch das Wetter trüb und kalt ist und eine innere Kälte sich im Körper ausbreitet. Ab und an fühle ich mich am Morgen wie gerädert, und obwohl ich genug Schlaf gehabt habe, spüre ich in mir eine große Müdigkeit, die den ganzen Tag anhalten kann. Das liegt daran, dass die Seele dann aus dem Körper austritt und den Engeln bei ihrer Arbeit behilflich ist, z. B. dort, wo sich gerade Naturkatastrophen ereignen oder in Krisen- oder Kriegsgebieten.

Es ist dann gut und sinnvoll, die Müdigkeit oder das Gefühl des ›Zerschlagenseins‹ zu akzeptieren und dem Körper ein wenig mehr Ruhe zu gönnen, um sich wieder zu sammeln. Wir alle sind miteinander verbunden, und unsere Gedanken und Gefühle wirken nicht nur auf uns oder unser engeres Umfeld, sondern auf die ganze Welt.

Je mehr wir uns dessen bewusst sind und unsere eigenen Gedanken und Handlungen positiv auf eine Sache, einen Umstand, Beziehungen oder Menschen in Not, ausrichten, desto mehr Licht wird auch auf unserer Erde freigesetzt.

Engel schenken Frieden

Engel sind klug. Ihre Weisheit kommt direkt von und aus Gott. Weil sie wissen, was uns quält und welche menschlichen Beziehungen in unserem Leben befriedet werden möchten, helfen sie auch hierbei, wie das folgende Beispiel zeigt:

Die gepflegte Dame Anfang sechzig, die zu mir kam, wusste, glaube ich, selbst nicht so recht, warum sie meine Hilfe in Anspruch nahm. Zwar litt sie unter ein paar körperlichen Symptomen, aber mir schien, als wäre das nicht die Hauptursache für ihren Besuch. Noch bevor sich ihr verstorbener Vater zeigte, bemerkte ich ihren Schutzengel hinter ihr. Er hielt zwei Kinder, einen Jungen und ein Mädchen, an seiner Hand und sagte: »Schau, ich halte sie fest an der Hand. Ich lasse sie nicht los!« Ich übermittelte der Dame, was der Engel sagte.

»Ich weiß genau, wovon er spricht!«, platzte es aus ihr heraus. »Das sind meine beiden Kinder. Ich habe seit Jahren keinen Kontakt mehr zu ihnen.« Tränen der Trauer kullerten über ihr Gesicht.

Während der Sitzung wurde klar, warum die Tochter nichts mehr mit ihrer Mutter zu tun haben wollte. Sie hatte durch ein weiteres Familienmitglied Abscheuliches erlebt und gab ihrer Mutter zum Teil Schuld, weil diese sie nicht geschützt hatte.

»Schreibe ihr einen Brief und sage ihr, dass dir alles sehr leid tut«, empfahl ich meiner Klientin. »Aber überlasse es deiner Tochter, ob und wie sie darauf reagiert.«

Einige Wochen später sah ich die Frau wieder. Sie hatte den Brief geschrieben, aber keine Antwort erhalten.

»Das macht nichts«, sagte ich. »Du hast das Nötige getan und verkündet, was wichtig war. Liebe verfehlt nie ihr Ziel, auch wenn es manchmal Jahre dauert.«

Ein Jahr später sah ich die Frau mit ihrem Sohn an einem Tisch sitzen. Offensichtlich hatten sich die beiden miteinander versöhnt. Ein Kind an den Händen des Engels war zumindest wieder in ihre Hand gegeben worden, und weil der Engel damals zwei an seiner Hand gehalten hatte, bin ich guter Dinge, dass eines Tages auch das zweite Kind an die Hand der Mutter zurückkehrt.

Mit der Aussage: »Schau, ich halte deine Kinder fest an der Hand und lasse sie nicht los«, sagte der Engel, ohne es laut auszusprechen: »Lasse du sie deshalb auch nicht los.« So sprach er der Frau Hoffnung und Zuversicht zu und ermutigte sie, fest an eine Zusammenführung zu glauben und darauf zu vertrauen.

Vergebung ist das wichtigste und effizienteste Heilmittel. Ohne Vergebung kann meist keine Heilung vonstattengehen. Wir sind Menschen, die Fehler machen und auch machen dürfen. Die Lektionen daraus sind von immenser Bedeutung für unseren inneren Fortschritt.

Einen groben Fehler machen wir meist nicht zweimal, sondern wir lernen etwas daraus. Oft ist es für uns einfach, einem Menschen, der uns um Verzeihung bittet, zu vergeben. Wenn wir selbst jedoch einen anderen Menschen um Vergebung bitten möchten, gestaltet sich das meistens schwieriger. Wir möchten uns nicht schuldig fühlen und sind uns vielleicht der Verletzungen, die wir anderen zugefügt haben, auch nicht immer bewusst.

Sich in einen anderen Menschen hineinzuversetzen, hilft, über den eigenen Schatten zu springen. Auch wenn wir nicht absichtlich Schmerz bereitet haben, bedeutet dies nicht unbedingt, dass ihn der andere nicht aufgrund eines Fehlverhaltens unsererseits fühlt. Einen Ausgleich zu schaffen, nicht als Strafe, sondern als Erleben des gleichen Schmerzes in unserem Leben, hilft unserer Seele, nun ebenso alle Gefühlsebenen zu durchwandern, um Empathie und Mitgefühl, Verständnis, Toleranz und Respekt zu entwickeln.

Das größte Hindernis beim Thema Vergebung sind jedoch wir selbst. Das sind meiner Erfahrung nach die größten Schatten, die auf unsere Seele geworfen werden: Weil es so schwierig ist, uns selbst zu vergeben! Ob wir etwas Bestimmtes getan oder nicht getan haben, gesagt oder nicht gesagt haben ... alles hat seine Auswirkungen auf uns selbst oder/und andere. Mir hilft oft der Satz, den Maya einmal zu mir sagte: »Gott vergibt alles. Er weiß, warum dieses oder jenes geschehen ist. Wenn ein so großes Wesen alles vergibt, ist es dann nicht ein bisschen hochmütig von uns, uns selbst nicht zu vergeben?«

Diese Weisheit hat mir sehr geholfen, um mir selbst leichter Fehler zu verzeihen. Keiner will doch hochmütig vor Gott erscheinen, oder?!

Ein Ritual, das wir am Abend vor dem Schlafengehen ausführen können, ist zum Beispiel, folgende Worte zu sprechen: »Vater, bitte vergib mir meine Schuld. Ich habe falsch gehandelt oder etwas Unbedachtes gesagt.« Ich entschuldige mich auch bei dem betreffenden Menschen. Habe ich keinen Zugang mehr zu ihm, tue ich das auf Seelenebene: »Es tut mir leid. Bitte vergib auch du mir.«

Ich nehme mir dann fest vor, das nächste Mal bedachter zu sein und diesen Fehler nicht zu wiederholen, und vergebe mir bewusst mein Handeln bzw. meine Gedanken. Dann kann ich beruhigt und erlöst einschlafen.

Geh doch nackt!

Engel haben so unglaublich viel Sinn für die wunderbare Seeleneigenschaft Humor ...

Weil ich eines Tages – vor einem Kongress – völlig gestresst und verzweifelt war, da ich kaum Zeit für die Vorbereitungen gehabt hatte, beklagte ich mich bei meinen Engeln: »Immer habe ich so viel zu tun, nie bleibt mir für etwas Zeit! Und überhaupt, packen muss ich auch noch. Und zum Schluss noch die Frage aller Fragen: Was soll ich überhaupt anziehen?«

Plötzlich wurde es warm in mir – ich war gerade mit meiner Hündin Gina Gassi –, als genau in diesem Moment die Sonne durch die Wolken brach. »Geh doch nackt!«

»Was?« Ich fühlte mich nicht ernst genommen.

Doch dann weiter: »Ja, geh nackt. Wir kleiden dich!«

Jetzt war ich in Tränen ... So war es wohl: Ich hatte mir eingebildet, alles alleine tun zu müssen und vergessen, dass die Engel meine Drahtzieher waren. Ich musste mich schließlich nur auf sie verlassen und mich im Vertrauen üben. Noch heute hilft mir der wunderbare Satz der Engel, wenn mich der Mut verlässt und ich mehr Vertrauen nötig habe.

Meine Hündin Gina als Engel
an meiner Seite

»Sieh sie dir nur an!«, sagte Maya, während sie meine Hündin Gina beim gemeinsamen Kaffee in Speyer streichelte. »Sie ist wirklich die totale Liebe. Sie strahlt Liebe von der Nasen- bis zur Schwanzspitze aus. Ja, wirklich!«

So war es. Gina war auch von einer entsprechenden Aura umgeben – in den Farben Rosa und Violett. Ein anderes Mal sagte Maya nach einem anstrengenden Seminar: »Schau doch nur … das arme Tierchen. Sie hat so viel Liebe gegeben, dass sie jetzt halbtot ist vor Müdigkeit!«

Oft beobachtete ich Gina, die meist bei Seminaren dabei war, dass sie insbesondere den Menschen, die am meisten Liebe benötigten, nicht von der Seite wich, ihnen manchmal auf den Schoß sprang und sie abschleckte, bis diese zu lachen begannen und das Eis gebrochen war. Auch hat sie Menschen mit Angst vor Hunden von dieser Angst befreit. Und nicht nur das: sie brachte sie sogar dazu, über einen eigenen Hund nachzudenken!

»Sie ist einmal dein Kind gewesen«, stellte Maya bei einer Sitzung für mich in Holland fest. »Jaja, sie hat eine menschliche Seele, und zudem wird sie oft von einem Engel überstrahlt.«

Genauso spürte ich das auch. Als sie als Welpe zu uns kam und ich über einen Namen nachdachte, kam mir Lisa in den Sinn. Aber dieser Name war mir zu menschlich, und so machte ich Gina daraus. Als Maya davon berichtete, wie sie in England mein Kind gewesen war – ein Leben, in dem wir beide vom Kindsvater sitzen gelassen worden waren (der im Übrigen wieder in diesem Leben an meine Seite trat, um genau das Gleiche zu tun), beschrieb sie ihr Aussehen und nannte den

Namen Lisa. Weil sie nicht die Gelegenheit hatte, in meinen Körper zu kommen, schlüpfte sie in das Kleid eines Hundes, um bei mir zu sein. Ich betrachtete sie immer als mein geliebtes Kind.

»Das Einzige, was ihr fehlt, ist das Sprechen«, sagte Maya einmal, und ich pflichtete ihr bei. Gina verstand wirklich jedes Wort, das man zu ihr sagte. Am Morgen, an dem ich sie sehr plötzlich hatte einschläfern lassen müssen, fuhren mich meine Freunde Armin und Andrea, die mir beim traurigen Abschied beistanden, nach Hause, wo ich sofort mit Ginas Seele Kontakt aufnahm und meditierte. Da erschien mir ein wunderschöner Engel mit blonden Haaren und großen blauen Augen. Sie hatte sich offensichtlich in diesen Engel verwandelt. Doch dann schaltete sich mein Kopf ein: »Ja, das hättest du wohl gerne.« War es ein Trugbild, weil ich es mir so schön vorgestellt hatte?

Zwei Tage später rief mich eine Freundin an, die ebenfalls ein sehr gutes Medium ist. Ihre Hündin Thalia war zwei Jahre zuvor gestorben, und wie Gina hatte sie eine engelsgleiche Seele. Meine Freundin stellte für alle möglichen Menschen Verbindungen zum Jenseits her, war aber tieftraurig, dass sie nichts von Thalia vernehmen konnte.

»Andrea, ich muss dir etwas sagen«, begann sie. Meine Freundin war ganz berührt. »Ich bin Gina so dankbar! Sie hat mir Thalia gezeigt. Du wirst mir vielleicht nicht glauben, aber ich sah Gina als wunderschönen Engel.« Es folgte eine Beschreibung des Engels.

Oh, ich war unendlich dankbar für diese Bestätigung meiner Freundin, die aus heiterem Himmel kam. Gina, die selbst stets so liebevoll war, dass die Engel sie durch ihre Offenheit überstrahlen konnten, war nun selbst zu einem Engel geworden. Und sie hatte sich diese Entwicklung mehr als verdient!

Ab und an überstrahlt sie unsere neue Hündin Amira. Es ist lustig anzuschauen, wenn Amira plötzlich aussieht, als wüsste sie nicht, was gerade mit ihr geschieht, und einen abwesenden Eindruck vermittelt. Dann ist Gina da, und ich kann meine verstorbene Hündin für ein paar Sekunden in den Arm nehmen.

Manchmal zeigt sich Gina auch als wunderbare Hilfe bei Botschaftsabenden, gerade wenn es um verstorbene Tiere geht. Bei einem dieser Abende steuerte sie direkt auf einen Mann zu und bedeutete mir, mit ihm zu sprechen. Der junge Mann hatte erst eine Woche zuvor seinen geliebten Hund einschläfern lassen müssen, und sein Herz blutete noch. Mithilfe von Gina kam der Hund wunderbar aus dem Jenseits durch und konnte seinem Herrchen Trost spenden.

Negative Denk- und Verhaltensmuster verstehen und wandeln

Nach einem Event, den ich aus beruflicher Neugierde besucht hatte, konnte ich mich plötzlich zwei Tage lang nicht bewegen. Ich hatte mich geärgert, weil ich empfand, dass nicht alles so lichtvoll war, was dargeboten wurde. Die Warnung, die ich im Vorfeld erhalten hatte, hatte ich in den Wind geschlagen. »Geh nicht, du wirst dich ärgern«, war die klare Weisung meiner Engel. Ich ging trotzdem! Und nun wollte ich unbedingt herausfinden, warum mein Körper mit Starre darauf reagiert hatte. Die Gefühle von Ohnmacht, Wut und Traurigkeit in mir waren nach dem Event meiner Meinung nach die intensivsten.

Da erinnerte ich mich an eine wunderbare, kleine private Heil- bzw. Bewusstseins-Session, die ein Freund zu Demonstrationszwecken einmal mit mir als Versuchskaninchen durchgeführt hatte, und beschloss, diese nun für mich selbst anzuwenden, um den Negativ-Gefühlen in mir auf den Grund zu gehen.

Ich bat Gott um Hilfe und ging in meinen Atem, bis ich vollkommen entspannt war. Danach erlaubte ich mir, Ohnmacht und Traurigkeit in meinem Herzen zu fühlen. Ich stellte mir einfach vor, wie ich mich während und nach dem Event gefühlt hatte. Und während ich weiter in meinem Atem tief verbunden blieb, fragte ich Gott, wann ich im Alter zwischen ein und vier Jahren das erste Mal solche Gefühle erlebt hatte. Erfahrungsgemäß sind alle Denk-, Verhaltens- und Gefühlsmuster in diesen ersten Jahren nach der Geburt entstanden.

Plötzlich sah ich mich als 2-Jährige, eingeschlossen im Badezimmer, da meine Eltern wohl außer Haus mussten und nicht wussten, wohin mit mir. Bewusst hatte ich keine Erinnerung mehr daran. Einsam und verängstigt weinte ich lauthals. Keiner war da, ich hatte furchtbare Angst, und ein starres Gefühl kam in mir auf. Ich schrie, doch keiner hörte mich.

Bei meiner Übung so viele Jahre später ließ ich ganz bewusst zu, in die damalige Situation als Kind zurückzukehren. Nun stellte ich im Geist die Frage: Was habe ich in diesem Moment begonnen zu denken oder zu glauben? Ich hörte in mich hinein.

»Man kann Menschen nicht vertrauen, die Welt ist schlecht.« Die Antwort kam schnell. Als dieses Gedankenmuster in mir hochkam, sah ich mich an einer Weggabelung stehen und fragte Gott: »Was hättest du an dieser Stelle für mich gewollt?«

»Dass du behütet und beschützt bist und voller Vertrauen.« Ich weinte. Nun ging ich weiter zurück, bis zu meiner Geburt und darüber hinaus. Stufe um Stufe erklomm ich die Himmelsleiter, um die Ebene zu erreichen, auf der ich mich als Seele für dieses Leben entschieden hatte.

Und so begann ich, meiner Seele und meinen Engeln zuzuhören, wie ein stilles Mäuschen, das ein Geschehen beobachtet. Auf dieser Ebene sah ich die Engel in einem Kreis sitzen, und ich saß mitten unter ihnen. Das war mein wahres Zuhause. Die Engel wollten, dass ich das, was ich von ihnen aufnahm, weitergab und ihr Wissen und die Liebe mit anderen teilte.

Aber das war für mich nicht so einfach: Ich war gerne in der Runde der Engel, sie unterrichteten mich, ich fühlte mich unendlich geliebt, und ich war nicht willens, das zu tun, was die Engel von mir wollten. Es genügte mir, mich in ihrer liebevollen Gegenwart zu bewegen, und ich hatte keinerlei Ambition, etwas davon mit anderen zu teilen.

Diese Erkenntnis brach mir fast das Herz. »War ich etwa egoistisch?« Die Antwort war, sehr zu meiner Erleichterung: »Nein.«

Aber es wurde mir deutlich, dass ich nicht genügend Vertrauen und Mut besaß, um dieser Aufgabe gerecht zu werden. Heiß liefen mir die Tränen übers Gesicht. Diese Erkenntnis veränderte alles, und ich nahm mir vor, den Wunsch der Engel zu erfüllen. Es war nicht wichtig, ob es Menschen gab, die die Wahrheit nicht sahen oder sehen wollten oder konnten, und sie demzufolge auch nicht weitergaben. Und ich selbst konnte schließlich nur mein Bestes geben – auf meine Art und Weise.

Plötzlich begann alles einfach und leicht zu fließen, und die öffentlichen Engelbotschaften wurden fester Bestandteil meiner spirituellen Tätigkeit. Natürlich hatte ich die Engel bereits in meiner Arbeit integriert, doch das hatte sich mehr im Privaten abgespielt. Nun wusste ich, dass es auch ein Wunsch der Engel war, meine Angst zu überwinden und das, was sie zu sagen hatten, öffentlich zu machen.

Nach dieser Erkenntnis vergab ich bewusst meinen Eltern, die mich als Zweijährige im Badezimmer eingeschlossen und mir so früh und unbewusst das Gefühl von Ohnmacht übermittelt hatten. Der Schmerz in meinem Körper verschwand augenblicklich, und die damit einhergehende Steifheit war gelöst.

Praktische Übung

Wandlung negativer Gefühle

Zur Einstimmung mag es hilfreich sein, die einleitende Meditation von Seite 92 auszuführen. Dann stelle dir folgende Frage: Welches negative Gefühl wird von dir immer wieder gefühlt?

Erlaube dir, es in deinem Herzen zu spüren. Gehe zurück zu der Situation in deinem Leben, wo du dieses Gefühl erstmalig erlebt hast. Welchen Umstand siehst du, wer oder was umgibt dich?

Erkenne nun, welcher Gedanke oder Glaubenssatz daraus entstanden ist. Wenn du ihn wahrnimmst, frage nun, was Gott und die Engel stattdessen für dich gewünscht hätten.

Jetzt höre in dich hinein: Was hast du dir für diese Leben vorgenommen. Was wolltest du loswerden, was hinzugewinnen? Vor allem: Wie hast du dir das in der praktischen Umsetzung vorgestellt?

Setze dich mit allen Personen, die in deiner Ausgangssituation dabei waren, an einen Tisch und erkläre ihnen ohne Vorwurf oder Groll, wie du dich damals gefühlt hast.

Höre zu, was sie dir darauf zu sagen haben, und vergib ihnen aus der Tiefe deines Herzens.

Vergib als nächsten Schritt auch dir bewusst dein Fühlen, Denken und Handeln, das sich als Folge dieses einschneidenden Erlebnisses in dir entwickelt hat.

Beende die Übung mit deinem Dank und fühle in dein Herz hinein. Was hat sich verändert? Fühlst du Wärme, Erleichterung, Frieden?

Praktische Übung

KAPITEL 3

Die Geistführer

M enschen haben nicht nur einen Schutzengel an ihrer Seite, sondern auch geistige Helfer, die sie unterstützen und
führen, um ihre Vorhaben als Seele zu erfüllen. Im Gegensatz
zum Schutzengel können sich unterschiedliche, liebevolle
Wesen mit ihrer Aufgabe und Präsenz bei ein und demselben
Menschen abwechseln. Während der Schutzengel ›seinen‹ Menschen ein Leben lang begleitet, ist es durchaus möglich, dass
mehrere geistige Führer binnen eines Lebens an seiner Seite
stehen.

Wie bei den Engeln werden wir als Schützling auserwählt.
Meistens handelt es sich dabei um Seelen, die bereits eine oder
mehrere Inkarnationen als Mensch gehabt und sich als Spezialisten in gewissen Lebensbereichen erwiesen haben. Sie nutzen
ihre Erfahrungen und ihr angesammeltes Wissen, um ihrem
Schützling Wegweiser zu sein und helfen ihm meist mittels
Inspiration und Intuition, nächste Schritte im Leben einzuleiten
und ihr erworbenes Wissen und Geschick anzuwenden. Wer an
unsere Seite kommt, das richtet sich nach Lebenssituation,
Beruf oder Interesse.

Als ich mit Jenseitssitzungen begann, nahm ich zum Beispiel
einen Indianer an meiner Seite wahr. Er erschien mir erstmalig
in einer Meditation vor meinem geistigen Auge. Sein schnee-
weißes Haar war schulterlang und sein sonnengegerbtes Gesicht

zeigte die Spuren eines langen Lebens. Er hatte ein weißes Pferd bei sich und nannte sich deshalb wohl auch ›White Horse‹.

Damals war ich irritiert, denn mein Indianer sah so überhaupt nicht wie ein Indianer aus meiner kindlichen Vorstellung aus. Er trug Jeans und ein weißes Hemd. Sein Handgelenk zierten ein paar Bändchen aus Stoff, die er abnahm, um sie mir als Zeichen der Freundschaft und Verbundenheit zu übergeben. Ich dachte mir: »Was ist das denn für ein Indianer? Trägt westliche Kleidung!«

Als ich jedoch einige Zeit später bei Maya in Holland war, blickte sie an mir vorbei und sagte plötzlich zu mir: »Da steht ein Indianer an deiner Seite, Andrea!« Und zu dem unsichtbaren Besucher: »Was tust du hier?« Und wieder mir zugewandt, erklärte sie: »Ah, er will dir bei deinen Sitzungen helfen. Er ist noch nicht vor allzu langer Zeit verstorben, hat also in unserer Zeit gelebt. Er war ein Häuptling und ist hundert Jahre alt geworden. Er hat dich bei deiner Arbeit beobachtet und gesagt: Der lieben Frau will ich helfen, sie macht gute Arbeit!«

»Aber jetzt noch nicht!«, sagte Maya zu White Horse und weiter an ihn gewandt: »Erst musst du dich ein bisschen ausruhen im Jenseits und dann, so in zwei oder drei Monaten, kannst du anfangen.« Er war einverstanden, und ich freute mich über die versprochene Hilfe, die tatsächlich in den kommenden Monaten mehr und mehr in meinen Sitzungen spürbar wurde.

Doch eines Tages, Jahre später, als ich mich mit einer Meditation auf einen Abend in Salzburg einstimmte, nahm White Horse von mir mit den Worten Abschied: »Du hast mich nicht mehr nötig. Ich möchte weitergehen zu jemand anderem, dem ich jetzt helfen kann.« Vor meinem inneren Auge sah ich eine Frau mit langen schwarzen Haaren, ihr Gesicht war jedoch nicht zu erkennen.

Bevor ich an diesem Abend mit den Botschaften begann, führte ich spontan eine Meditation durch. Die Teilnehmer des Botschaftsabends sollten Kontakt mit ihrer geistigen Führung bekommen und zum Schluss ein Geschenk erhalten, das ihnen als Unterstützung dienen sollte. Als ich in die Runde fragte, was die Einzelnen empfangen hatten, meldete sich meine Freundin Gerlinde: »Bei mir war ein Indianer mit einem weißen Pferd, und der gab mir so merkwürdige Freundschaftsbänder.«

Ich war den Tränen nahe. Das also war der neu erkorene Schützling meines Freundes! Es wunderte mich auch nicht: Gerlinde hatte lange schwarze Haare und vor kurzem mit Jenseitssitzungen begonnen. Aber nicht nur das: White Horse zeigte sich ab und zu an der Seite eines Heiler-Freundes, der einmal, als ich seinen Namen erwähnte, aufschrie: »Wie heißt der? Den kenne ich!«

Ja, die Kraft dieser wunderbaren Helfer ist immens und kann über mehrere Menschen wirken.

Später, im Laufe meiner spirituellen Tätigkeit, interessierte ich mich sehr für den Sufismus. Ein wunderbarer Begleiter, der als Sufi-Meister bekannt wurde, weil er den Sufismus vom Osten in den Westen brachte, machte mich neugierig auf diese wunderbare Philosophie. Dieser hatte viele hochspirituelle Bücher über den Atem geschrieben, und so war ich damit beschäftigt, meinen Seminarteilnehmern diese Atemtechniken näherzubringen.

Er war eine Seele, die auch noch in einem menschlichen Körper verweilte, also noch nicht gestorben war. Auch das ist möglich. Nur einmal bin ich ihm persönlich begegnet und habe den Derwisch-Tanz von ihm erlernen dürfen. Und eine Heilung durch seine Hand wurde mir zuteil, als ich sie sehr dringend benötigte.

Im weiteren Verlauf meiner Tätigkeit war dann als geistige Hilfe und Unterstützung meine Dualseele an meiner Seite. Maya sagte damals: »Du brauchst niemanden mehr, deine Seele hat genügend Weisheit.« Im Laufe der Zeit, und das ist jetzt immer noch so, wandelte sich meine innere Führung immer mehr zu einer Zusammenarbeit mit den Engeln.

Es gibt so viele Spezialisten auf der anderen Seite. Wer als Arzt arbeitet, kann davon ausgehen, dass ein Arzt aus dem Jenseits bei irdischen Behandlungen oder Operationen anwesend ist. Das gilt für alle Berufe, ob es sich um einen Psychiater, ein Medium, einen Wissenschaftler oder Künstler handelt.

Vor vielen Jahren begegnete ich in Jerusalem einem Metaphysiker, der von der anderen Ebene aus tatsächlich von Albert Einstein inspiriert wurde. Er half ihm, seine Angst vor einem Vortrag zu überwinden, und intuitiv und ohne Scheu sprach er vor dem doch eher kopflastigen Publikum.

Ich erinnere mich selbst an eine Physik-Arbeit (die Naturwissenschaften waren nicht meine Stärke!), in der ich als einzige Schülerin der Klasse eine Eins geschrieben hatte und eine komplexe Frage in der Arbeit als ebenso Einzige beantwortet hatte. Ich fiel fast vor Schreck in Ohnmacht, als ich die Klassenarbeit vom Lehrer zurückbekam. »Der hat sich vertan!«, schlussfolgerte ich. Dann erinnerte ich mich, dass ich von nichts eine Ahnung hatte, die Fragen im Test las und bei mir dachte: »Was soll's ... ich weiß sowieso keine Antwort, dann kann ich auch irgendwas schreiben.« So machte ich mich leer und schrieb völlig entspannt einfach drauf los.

Ganz sicher wurde ich von einem wunderbaren Physiker oder einer tollen Physikerin (vielleicht Marie Curie?) von der anderen Seite inspiriert und nahm wie in Trance die Gedankengänge in mich auf. Als ich von meinem Lehrer an die Tafel gerufen wurde, um zu zeigen, wie ich denn zu den Lösungen gekommen war, waren natürlich Hopfen und Malz verloren.

Denk einmal über die großen Maler, Musiker oder Philosophen unterschiedlicher Epochen nach. Sie wirken heute noch durch ihre wunderbaren Inspirationen für uns.

Es gibt einen brasilianischen Künstler, den ich sehr bewundere und der seine Bilder als Spende für die Armen der Welt malt. Er hatte keine Ahnung vom Malen, als er innerlich hörte: »Du sollst malen als Brot für die Welt.« Wenn er beginnt, versetzt er sich in einen Trance-Zustand und malt – das ist das Außergewöhnliche – neue Werke sehr bekannter verstorbener Maler wie beispielsweise Monet. Kunstkritiker bescheinigen ihm die Echtheit dieser Werke, die mit Originalunterschrift versehen sind. Mit dem Unterschied: Er malt sie in zehn Minuten mit Fingern und Pinsel! Die Gemälde werden meist von reichen Amerikanern gekauft. Das Geld kommt den armen Ländern zugute, ganz so, wie es der Künstler gehört hatte.

So schenken uns diese wunderbaren Gefährten neue Impulse und kreative Inspirationen. Sie lassen uns wissen, welcher Kurs zum Beispiel gut ist für uns, geben uns Gedanken ein, damit wir uns gut entwickeln und entfalten, sie lassen uns zur rechten Zeit am rechten Ort sein, das richtige Buch finden oder auf der richtigen Seite aufschlagen, um Antworten auf unsere Fragen zu finden. Und nicht zuletzt bringen sie uns in Verbindung mit Menschen, die uns fördern, und helfen uns schließlich bei Heilungen und spiritueller Entfaltung.

Wenn unsere geistige Führung der Meinung ist, dass wir bestimmte Lektionen von ihm oder ihr gelernt oder ein bestimmtes Wissen integriert haben, übernimmt oft eine andere Seele, die uns dann wiederum spezifisches Wissen vermittelt. So stellen die geistigen Helfer und Führer unserer Seele eine Einheit dar, die Hand in Hand arbeitet. Ist es nicht wundervoll zu wissen, wie sehr für uns bereits gesorgt ist?

Und du hast doch Talent!

Wie bereits erwähnt, fördern Engel und Geistführer unter anderem auch die verborgenen Talente in den Menschen und somit ihr Potential, damit diese das, was sie sich in diesem Leben vorgenommen haben, erreichen. Oft sind das Fähigkeiten, die wir uns auf die eine oder andere Weise in vergangenen Leben angeeignet haben. Bringen wir sie wieder in uns hervor, wird die lebendige und freudvolle Seite in uns zu neuem Leben erweckt. Vorausgesetzt natürlich, wir hatten Spaß bei dem, was wir seinerzeit getan haben. Leider ist es vielen Menschen nicht immer bewusst, was in ihnen schlummert, wie im Fall von Elisabeth, einer älteren Dame aus Österreich, die sich von der Sitzung eine Neuorientierung für ihr Leben erhoffte.

Es war nicht schwer, eine Verbindung zu Elisabeths Schutzengel aufzunehmen, er zeigte sich sofort hinter ihr mit einem wunderschönen Lächeln. Sein Mund formte ein O, womit er mir zu verstehen gab, wie wunderbar es wäre, wenn Elisabeth mit dem Singen beginnen würde. Ich gab die Botschaft an sie weiter. Danach bereute ich das fast, denn Elisabeth brach unwillkürlich in lautes Lachen aus. »Wenn ich eines nicht kann, Andrea, dann ist das Singen!« Verständnislos schüttelte sie den Kopf. Ich nehme an, dass mein verdutztes und schockiertes Gesicht sie veranlasste, halb entschuldigend ihrem Unvermögen noch einmal mit einem: »Ich kann es wirklich nicht!« Ausdruck zu geben.

Ein wenig verunsichert fragte ich den Engel, warum ich so etwas gesagt bekommen hatte. Vielleicht hatte ich etwas nicht richtig verstanden?

»Du hast alles richtig verstanden, meine Liebe …« Die geistige Führung meiner Klientin übernahm nun das Wort. »Wir hatten ein wunderbares, gemeinsames Leben in Spanien«, eröffnete mir das Wesen, das sich auf Elisabeths rechter Seite zeigte. Es war männlich und hatte dunkles Haar, war nicht sehr groß, schlank, trug eine schwarze Pumphose mit einem weißen Piratenhemd und dazu einen roten Schal. Er sah ein wenig aus wie ein Zigeuner. In der Hand hielt er eine Geige, und ich verstand, dass er Elisabeth damit in einer früheren Zeit musikalisch begleitet hatte. Im Duett mit ihm hatte Elisabeth die gesangliche Komponente übernommen. Und wie sie sang! Was ich vor meinem inneren Auge zu sehen bekam, war ein fantastisches Ensemble, das in seiner musikalischen Einheit und gemeinsamen Darbietungen Menschenmengen begeistert hatte. Sie waren beide so fröhlich. Meist spielten sie spanische Volkslieder und zogen durchs ganze Land. Sie waren ein gefragtes Paar, das viel Freude verbreitete. »Erzähle es ihr …«

Ich wurde wieder ins Hier und Jetzt zurück befördert und erinnerte mich, wie herzhaft Elisabeth lachte, als sie das mit dem Singen gehört hatte. Doch ich nahm mir ein Herz und gab das weiter, was ihr geistiger Führer mir soeben gezeigt hatte. Es war so eindrucksvoll für mich gewesen, die Vergangenheit der beiden mitzuerleben.

Elisabeth wurde still und hörte schweigend zu. Am Ende standen ihr die Tränen in den Augen, und es brauchte seine Zeit, bis sie zu sprechen begann: »Weißt du, Andrea, eigentlich wollte ich schon immer singen, schon als Kind! Doch meine Eltern, die im Übrigen beide sehr musikalisch sind, haben mir schon sehr früh klargemacht, dass ich kein Talent dafür hätte.«

Ich wusste, Elisabeth würde, wenn sie nur wieder mit dem Singen begänne, auch entgegen der Meinung anderer, wieder viele ihrer wunderbaren Qualitäten freisetzen können; und das würde ihr enorm helfen, ihre Minderwertigkeitskomplexe und ihre Angst vor Fehlern ab- und Vertrauen und Mut aufbauen. Ihr kreatives und schöpferisches Potential, das seit langer Zeit vernachlässigt wurde, würde wieder zutage treten, und damit auch die Freude, die sie in vergangener Zeit bereits erlebt hatte. Ihre Seele würde die Erinnerung in ihre Persönlichkeit tragen.

Elisabeth versprach, sich baldmöglichst einem Chor anzuschließen, und ich wusste, das würde nicht nur ihr Halszentrum, sondern auch ihren Selbstausdruck und ihre Kreativität stärken.

Erkenntnis – Klarheit – Vergebung –Aktion

Wie oft kommt es im Leben vor, dass wir aufgrund von Meinungen oder Äußerungen unserer unmittelbaren Umgebung etwas nicht beginnen, was uns sozusagen bereits in die Wiege gelegt wurde?

Wenn wir uns von all den Mustern, die sich in uns manifestiert haben und denen wir aufgrund unserer Erziehung und unserer sozialen Einflüsse gefolgt sind, lösen könnten, wäre das ein großer Schritt in die richtige Richtung. Aber dazu braucht es Mut, und wir müssten lernen, uns selbst zu vertrauen, was auch eine wichtige Lernaufgabe für Elisabeth war.

In vielen vergangenen Leben, wie auch in diesem Leben, war sie abhängig geworden von den Meinungen anderer Menschen und traute sich nicht zu, dieses Leben und ihre eigenen Fähigkeiten zum Ausdruck zu bringen.

Freude zu leben heißt auch, Gottes Geschenk des Lebens an uns anzuerkennen. Und wenn wir das tun, sind wir am stärksten mit und in Gott verbunden, denn ER ist die wahrhafte Freude. Kein Wunder also, dass unsere himmlischen Begleiter sehr daran interessiert sind, dass wir unsere Talente leben, damit wir die Eigenschaft der Freude in diesem Leben feiern und den Funken der Begeisterung bei anderen entzünden.

Dazu braucht es jedoch auch unsere eigene Initiative, das heißt, nach einer Erkenntnis, die zu mehr Klarheit und Verständnis führt und deshalb auch Vergebung möglich macht, benötigt es unser aktives Handeln als eine Grundvoraussetzung für positive Veränderungen in uns und in unserem Leben.

Diese Schritte für uns gehen kann die geistige Welt nicht, und selbst wenn dem so wäre – würden wir ja Mut und Selbstvertrauen nicht üben. Wenn ein Mensch jedoch seine Kraft einsetzt, um neue Wege zu wagen, wird dieser zu einem glücklicheren Menschen – zumindest ist das meine Erfahrung.

Geistführer brauchen auch etwas zu tun!

Vor einigen Jahren wurden Volker und ich zu einem Kongress im Ausland eingeladen. Ich gab einen Vortrag und im Anschluss Botschaften von Engeln, Geistführern und Verstorbenen. Während des Abends wurde ich zu einer Frau in der zweiten Reihe geführt. Ihr Engel hielt ein Schild in den Händen und deutete an, dass es sich um ein neu beschriftetes Praxisschild handelte. Sogleich nahm ich die geistige Führung der Dame wahr: ein Asiate mit Akupunkturnadeln in der Hand.

»Dein Engel, meine Liebe, zeigt ein Praxisschild. Bist du therapeutisch tätig?«

»Ja.«

»Ich verstehe, dass du eine Praxis eröffnen solltest.«

»Nein, um Himmels willen!«, widersprach sie. »Ich habe meine gerade aufgegeben. Es passte einfach nicht mehr, und es kamen auch nicht genügend Leute. Ich habe damit aufgehört. Zudem wandere ich demnächst aus.«

»Ja, ich verstehe schon, dass das, was du vorher in der Praxis gemacht hast, nicht das ist, was jetzt von dir gefragt ist. Deshalb wird dir ja auch ein neues Schild gezeigt. Deine Geistführung zeigt sich asiatisch und hält Akupunkturnadeln in der Hand. Ich denke, das steht in einer kommenden Zeit bei dir an. Kannst du etwas damit anfangen?«

Die junge Frau lachte: »Letzte Woche hat mich ein Freund angerufen und gefragt, ob ich mit ihm zusammen zu diesem Akupunkturkurs gehen möchte.«

»Ach was!«, erwiderte ich lächelnd, und das Publikum war amüsiert. »… und, was hast du gesagt?«

»Leider nein.«

»Tja, schade …«, erwiderte ich, »aber es gibt sicher neue Möglichkeiten. Vielleicht denkst du darüber nach, denn es scheint mir so, als wolle deine neue geistige Führung auch etwas zu tun bekommen!«

Die Dame, so Mitte vierzig, zog es in Erwägung. Wir haben immer den freien Willen, eine Chance zu ergreifen, oder nicht. Wenn sich jedoch etwas so deutlich zeigt, ist es ein Leichtes, ›das Neue‹ aufzunehmen und, auch zum Wohl anderer, einzusetzen.

Der Geistführer an der Seite der Frau ließ mich wissen, dass er ihr Lehrer in einem früheren Leben war und die beiden offenbar sehr erfolgreich zusammengearbeitet hatten. Es war sehr deutlich, dass sie als Therapeutin arbeiten sollte, nur eben nicht in dem Bereich, in dem sie vorher praktiziert hatte.

Wounded Knee schenkt
mir Vertrauen

Eines Tages zeigte sich plötzlich in meiner täglichen Meditation ein weiterer Indianer, der über beide Ohren lachte. Er stellte sich als ›Wounded Knee‹ vor, und ich erfuhr, dass sein Knie einmal im Kampf verletzt worden war und er deshalb den Namen trug.

Als ich ihn fragte, warum er bei mir sei, blieb er mir eine Antwort schuldig. Einige Wochen ging das so. Schließlich zeigte er sich erneut, lachte, und sprach wieder kein Wort. »Na schön«, dachte ich. »Alles hat seine Zeit. Wenn er mir eines Tages sagen möchte, warum er da ist, wird er es ja tun.« Ich hatte mich mittlerweile bereits in Geduld geübt und Gelassenheit entwickelt und dachte auch schon nicht mehr an Wounded Knee.

Am Morgen vor meinem Seminar, legte Roland, ein guter Freund, seine neu komponierte CD auf. Eine schamanische Musik mit tollen Trommel-Rhythmen. Ich versank im Rhythmus der Musik, als plötzlich Wounded Knee auftauchte und mir unvermittelt erklärte, warum er bei mir wäre.

»Ich möchte dir helfen, mehr Vertrauen zu haben.« Das machte Sinn, denn auch wenn ich mich stets und täglich darin übte, konnte ich gerade zu der Zeit mehr davon brauchen.

Ich erzählte Roland, wer mich gerade besucht hatte und nannte den Namen des Indianers. »Was?!« tönte es aus seinem Mund. »Sagtest du gerade Wounded Knee?! Den kenne ich!«

»Wie meinst du das?« Ich dachte daran, wie auch White Horse meinem Freund einmal begegnet war, und schaute ihn ungläubig an. Da erzählte mir Roland die Geschichte von Wounded Knee. Auch seine Seele war in einen derzeit lebenden Menschen inkarniert.

»Weißt du, Andrea, dieser Indianer ist Kanadier und ein bekannter Archäologe. Er hat die Friedenspfeife, das heiligste Utensil der Indianer, ausgegraben, und wurde dafür vom Land Kanada gewürdigt und ausgezeichnet. Wie er diese Pfeife gefunden hat, ist lustig, denn ihm sagte eine innere Stimme: Gehe zehn Meter da lang, dann dort lang und dann grabe zwei Meter tief, so ungefähr. Er hat sie also medial gefunden. Seine Frau ist im Übrigen ein wunderbares Trance-Medium. Ich hatte einmal bei einer gemeinsamen Bekannten eine Sitzung mit ihr, die mich echt begeisterte.«

»Und warum dort? Ich meine, wie kommen die beiden dorthin?«

»Das ist wieder so eine Geschichte … Dieser Kanadier war zum Veteranenbesuch in Deutschland und schlenderte am Haus unserer Bekannten vorbei. Sie war gerade beim Unkrautjäten. Da stapfte er einfach so in den Garten hinein und rief ihr zu: ›Do you believe in reincarnation?‹ (Glaubst du an die Wiedergeburt?) Die Bekannte drehte sich langsam um und sagte: ›Of course I do!‹ (Natürlich!). So lernten sie sich kennen und schlossen Freundschaft.«

»Wow, das ist abgefahren! Na, jedenfalls weiß ich jetzt, wer er ist.« Ich konnte mir gut vorstellen, dass sich Wounded Knee in seinem Leben mehr als genug im Vertrauen geübt hatte und mir dementsprechend eine Portion davon abgeben konnte.

Zur rechten Zeit am richtigen Ort

In einer Zeit, in der ich noch bei einem Unternehmen für biologische Lebensmittel beschäftigt war, stellten wir auf einer Messe in Nürnberg aus. Während meine Kollegin und ich uns an einem Tag die Füße in den Bauch standen, weil gerade nicht viel los war, entdeckten wir einen dunkelhaarigen bärtigen Mann, der wie ein Araber aussah und gerade an unserem Stand vorbeiging.

Doch plötzlich, als würde er von einer unsichtbaren Wand gestoppt, hielt er inne. Offensichtlich war ihm nicht klar, was ihn zum Halten gebracht hatte. Nachdem er so putzig dreinschaute, winkten wir ihm freundlich zu: »Wenn du schon hier stehst, kannst du doch auch zu uns reinschauen!« Das tat er denn auch und grüßte uns mit einem freundlichen Lächeln.

Es stellte sich heraus, dass Dr. Almasi, so hieß unser willkommener Gast, Arzt aus Saudi-Arabien war und auf der Suche nach geeigneten Mitteln für seine Patienten. Wir hatten ein sehr gutes Gespräch, Dr. Almasi wirkte weltoffen und sympathisch. Er kaufte unsere besten Essenzen und war guter Dinge, als er unseren Stand wieder verließ.

Ein Jahr später waren mein damaliger Chef sowie Armin und ich unterwegs nach Dubai zur Middle East Natural Expo. Als ich eines Tages von der Mittagspause an unseren Stand zurückkehrte, staunte ich nicht schlecht: Da saß Armin mit einem indischen Herrn beisammen, die Kamera in der Hand, und zeigte ihm aufregend gestikulierend etwas. Beide waren sehr vertieft in ihr Gespräch, und obwohl keiner die Sprache des anderen verstand, schienen sie sich prächtig zu verstehen! Es stellte sich heraus, dass der Inder Dr. Guha aus Dubai war, Arzt und Energetiker.

Dr. Guha unterhielt ein energetisches Zentrum in Dubai und zeigte sich begeistert von Armins Arbeit. Am Nachmittag stand ich etwas verloren am Stand, als plötzlich ein Mann in einigen Metern Abstand von mir plötzlich stoppte. Er starrte mich ungläubig an, kratzte sich schließlich am Kopf, um sich von der scheinbaren Fata Morgana zu erholen – da erkannte auch ich den bärtigen Dunkelhaarigen wieder. »Das gibt's doch nicht!« Da stand Dr. Almasi, dem ich ein Jahr zuvor auf der Messe in Nürnberg begegnet war. Wir brauchten beide eine Weile, um zu realisieren, dass der andere keine Fata Morgana war.

»Ich kenne dich doch! Was tust du denn hier?«, fragte mich Dr. Almasi, und guckte immer noch ungläubig drein. Wir mussten herzlich lachen. Zudem stellte sich heraus, dass Almasi auch Dr. Guha kannte. Ich konnte es nicht glauben. »Wie, ihr kennt euch auch?«

»Ja, wir sind uns vor einem Jahr auf einem Kongress begegnet und haben uns angefreundet.«

»Das gibt´s doch nicht!«, entgegnete ich kopfschüttelnd, denn die beiden lebten mehr als tausend Flugmeilen voneinander entfernt. Mit Dr. Almasi vereinbarten wir ein Treffen in Deutschland. Er wollte von Armin lernen, und ich versprach ihm, dass ich ihn nach der nächsten Messe mit zu uns nach Hause nehmen würde.

Ein Jahr später war es dann so weit. Ich holte Dr. Almasi am vereinbarten Treffpunkt in Nürnberg ab. Im Wohnzimmer hatte ich damals ein Bild von Prem Rawat stehen. Als Dr. Almasi das Zimmer betrat und das Bild erblickte, starrte er irritiert darauf und sagte: »I know this guy!« (Ich kenne diesen Mann).

»Nein, nein, du verwechselst ihn sicher, das ist Prem Rawat. Er spricht zwar überall auf der Welt vom inneren Frieden, aber sicher bist du ihm noch nicht persönlich begegnet«, erklärte ich ihm.

»Doch, doch, bin ich! In Montreal, in meinem Hotel! Ich saß an der Bar und er in der Lobby. Als er mich sah, kam er auf mich zu, stellte sich vor und gab mir die Hand. Seitdem hat sich mein Leben verändert!«

Das war nun wirklich eine Zusammenführung! … Nürnberg, Dubai, Dr. Almasi, Dr. Guha und nun Prem Rawat. Mich wunderte nichts mehr. Ich fand das großartig und freute mich, dass Dr. Almasi, der eine eigene Klinik in Saudi-Arabien unterhielt und ein bekannter Fachautor war, nun auch das geistige Heilen anwandte. Natürlich heimlich und im stillen Gebet für seine Patienten.

Jahre später sah ich ein Einführungsvideo zu einer neuartigen energetischen Technik, das mir eine Freundin in die Hand drückte. Wieder staunte ich nicht schlecht, als ich bereits in den ersten Minuten Dr. Guha auf dem Video entdeckte!

Da alle Beteiligten dieser Zusammenführung ähnliche Ambitionen für den Dienst am Menschen hatten, wurden wir von unseren jeweiligen Geistführern so gelenkt, dass wir uns zur rechten Zeit am rechten Ort begegnen konnten. Bei dieser Zusammenarbeit halfen wir uns gegenseitig, und das führte wiederum zu neuen Impulsen für uns und andere.

Geistführer helfen uns nicht nur, mit den richtigen Menschen zusammenzukommen. Sie schenken uns auch Inspiration, geben uns Impulse, was gerade richtig und wichtig für uns ist, um spirituell zu wachsen und unsere Arbeit zu vertiefen. Manchmal sind wir auf der Suche nach Antworten auf unsere Fragen, und unsere geistige Führung lenkt uns so, dass wir beispielsweise ein Buch auf der richtigen Seite aufschlagen, auf der wir dann genau die gesuchte Antwort finden.

Schwere wird in Leichtigkeit gewandelt

Mein Mann und ich waren zu einem Event eines Heilers aufgebrochen mit der Absicht, ihn zu unserem nächsten Kongress als Redner einzuladen. Da ich mit diesem Heiler eine besondere Verbindung aus früheren Leben hatte, freute ich mich darauf, ihm wieder zu begegnen.

Bei unserer ersten Begegnung hatte ich mehrere mystische Erlebnisse. So zum Beispiel während des Mittagessens, als ich draußen unter einem großen und schweren Sonnenschirm saß, der sich plötzlich über mir zu drehen begann – wie ein Papierschirmchen, das man einfach anpustet. Der große Schirm drehte sich lange und schnell, ohne dass es auch nur den geringsten Windhauch gegeben hätte. Einige Stunden später roch meine Haut am ganzen Körper nach Vibhuti (heilige Asche), als ströme der Duft aus jeder einzelnen Pore. Am Tag darauf blieben alle Uhren gleichzeitig stehen, und in der Nacht bekam ich mit, wie der Heiler mit mir beschäftigt war. Ein anderes Mal wechselte die Augenfarbe des Heilers von Blau in Braun. Das war der Moment, in dem er von einer Seele, die ich aus einem früheren Leben kannte, überstrahlt wurde.

Auch er spürte die besondere Verbindung. Kein Wunder, dass ich nun neugierig und gespannt dem neuerlichen Treffen entgegensah.

Den ersten Teil des Events verbrachten wir mit ca. dreihundert Menschen gemeinsam in einem Saal. Der Heiler wirkte angeschlagen, er hatte sich wohl eine heftige Erkältung eingefangen, und wir fühlten mit ihm. Volker und ich beschlossen, auf ihn zu atmen. Nach der ersten Pause wirkte er schon kraftvoller. Volker fiel auf, dass er, trotz der vielen Menschen, immer wieder und vor allem meinen Blickkontakt suchte. Plötzlich sah ich über seinem Kopf eine goldene Krone leuchten. »Siehst du das auch?«, fragte ich Volker, der bejahend mit dem Kopf nickte.

Im Laufe des Events änderte sich jedoch die Haltung des Heilers, und mich beschlich ein merkwürdiges Gefühl. Die Teilnehmer der Gruppe hatten die Möglichkeit, einzeln vor den Heiler zu treten. Während ich mich einreihte, fragte mich plötzlich einer meiner geistigen Führer: »Was tust du hier?«

»Na, ich möchte ihn zu unserem Event einladen, das wisst ihr doch.« Mir wurde immer unwohler, und wiederholt hörte ich die

Frage, die schließlich in dem Wissen gipfelte: »Wir sollten gehen!«

»Nein, ich kann nicht gehen, schließlich sind wir den weiten Weg gereist, um diese Einladung auszusprechen. Jetzt warte ich auch so lange, bis wir dran sind!« Die Stimme verebbte.

Nach einer gefühlten Ewigkeit kam ich an die Reihe. Der Heiler würdigte mich keines Blickes. Er schaute, wie mir schien, absichtlich an mir vorbei, und plötzlich hatte ich nicht mehr das Herz, ihn einzuladen, fand es unpassend und lächerlich.

Nun kam Volker an die Reihe, und was ich dann erlebte, glich einem surrealen Bühnenstück, das scheinbar eigens für uns entworfen worden war. Ein Schauspiel, in dem wir plötzlich zu Hauptakteuren avancierten. Der Heiler stand vor Volker, hielt einen Moment inne und plötzlich, aus heiterem Himmel, schlug er mit voller Kraft seine Faust gegen Volkers Brust.

»Öffne deine Herz!«, brüllte er Volker an. Blankes Entsetzen machte sich in mir breit. Ich stand mit geöffnetem Mund einfach da und wusste nicht, was ich tun sollte. Das war gerade so absurd, dass ich es nicht fassen konnte.

»Wer glaubst du zu sein?«, schmetterte er Volker entgegen. »... nur weil du Yoga machst?!«

Ich war schockiert und wollte dem Mann zurufen: »Volker macht nicht einmal Yoga, was redest du denn da?!« Doch mein geöffneter Mund brachte keinen Laut heraus. Verwirrt zogen wir beide von dannen. Der Heiler schrie Volker noch wütend und wild fuchtelnd hinterher, selbst als wir ihm schon lange den Rücken zugekehrt hatten.

Wir fuhren wieder der Heimat entgegen, als wir beschlossen, an einer Raststätte eine Pause einzulegen, um einen Kaffee zu trinken. »Ich denke, das ist alles nicht umsonst passiert, Volker!

Vielleicht ist es ein Zeichen, dass wir unsere Pläne nur gemeinsam durchziehen und keinen weiteren Heiler einladen sollten.«

»Ja, da hast du vermutlich recht.«

Mir wurde klar, dass wir es uns nicht zutrauten, es alleine schaffen zu können, und in uns reifte nun der Entschluss, endlich uns und unsere Arbeit als würdig und wertvoll anzuerkennen. Wir waren erleichtert und schöpften neue Zuversicht.

»Weißt du, Andrea ... ich bin ihm überhaupt nicht böse. Irgendwie habe ich das Gefühl, das musste alles so sein«, bemerkte Volker eher beiläufig.

Wir fuhren weiter Richtung Heimat, als uns siedend heiß einfiel, dass wir vergessen hatten, eine Maut-Vignette zu besorgen. Allerdings befanden wir uns bereits direkt vor der Straßenkontrolle. »Lieber Gott, bitte nicht ... nicht das auch noch!« Augenblicklich fing ich an tief zu atmen und zu beten. »Atme!«, rief ich auch Volker zu. Doch es war bereits zu spät. Wir wurden herausgewinkt. Tief in mir fühlte ich jedoch durch den Atem Frieden aufsteigen und blieb in dieser Haltung.

Der Beamte wies uns an, zu seinem Kollegen zu fahren, der uns ganz sicher ein saftiges Bußgeld abknöpfen sollte. »Atmen, atmen ...«, dachte ich nur. Als man uns aufforderte, die Scheibe herunterzukurbeln, bückte sich ein junges Gesicht zu uns herunter. Und was dann geschah, war einfach unglaublich: Der Mann hielt plötzlich mit seinen Fragen inne, sein Gesichtsausdruck veränderte sich, und just in diesem Moment wurde er von einem Engel überstrahlt. Seine blauen Augen begannen noch mehr zu strahlen, und das Licht des Engels sprühte leuchtende Funken in seine Augen, bevor sich sein Mund öffnete und die Lippen ein: »Fahrt weiter!« hauchten, was er mit einem Winken der Hand unterstrich. Wir setzten unsere Fahrt schweigend fort, ergriffen von der Heiligkeit dieses Moments. Als sich später unsere Blicke trafen, waren wir beide zu Tränen gerührt.

So endete unser schwerer Tag mit einem Geschenk Gottes, das uns innerlich tief berührte und die Gewissheit gab, dass – ganz egal, was auch im Leben geschieht – Gott weiß, was wir brauchen und uns durch seine Boten hilft, unser Gleichgewicht wiederzufinden und Leichtigkeit in unser Herz einziehen zu lassen.

Unsere negativen Erlebnisse wurden somit durch Freude ersetzt. Zu Hause angekommen, telefonierte ich mit Maya und berichtete ihr von unseren Erfahrungen. Nach einer langen Pause des Zuhörens sagte sie: »Dieser Heiler war eifersüchtig! Volker braucht ihm kein einziges Wort glauben.«

Nach dem Gespräch erinnerte ich mich plötzlich an die Vision in der Anfangsphase unserer Beziehung: Damals war ich irgendwo in England, die Kleidung war mittelalterlich aus edlem Brokat in Gold und Rot. Ich hatte lange blonde Haare und sprach, an eine Mauer gelehnt, mit einem jungen Mann. Er sah sehr gut aus und war, ähnlich wie ich, in edle Gewänder gekleidet. Ich weinte. Es war ein Abschiedsszenario. Der Mann sprach zu mir: »Du musst den König heiraten. Es ist deine Pflicht, und du tust es für das Volk!« Ich wusste, es war wahr, und mir waren die Hände gebunden, doch mein Herz gehörte diesem jungen Mann. Nach der Vision wusste ich, dass Volker dieser Mann war. Aber, wie in so vielen Leben zuvor, sollten wir auch in dem Leben damals nicht zusammenkommen dürfen.

Jetzt fiel es mir wie Schuppen von den Augen: Der Heiler war der König gewesen, den ich heiraten sollte, und Volker der Mann, den ich liebte. Nachdem ich den Namen des Königs gehört und gegoogelt hatte, erzählte ich Volker die Geschichte.

»Jetzt ist mir klar, warum wir beide die Krone über seinem Kopf sahen!« Volker lachte: »Naja, ich war und bin ihm eh nicht böse. Vielleicht war ich ja dein Yogalehrer!« Wir mussten beide lachen. So zeigte sich, dass Volker wohl mit dem Verhalten des

Heilers und seinem ›Luftablassen‹ wieder etwas gutmachte, was in Jahrhunderten zuvor unseren alten Bekannten gekränkt hatte. Das nennt man Karma!

Fragen an die geistige Führung
Beginne mit einer einleitenden Meditation (Anleitung zur Meditation findest du auf Seite 92), und bitte deine geistige Führung an deine Seite.

Fühle, was sich in dir und um dich herum verändert.
Was verkörpert deine geistige Führung für dich? Welche besonderen Eigenschaften nimmst du mit ihm oder ihr wahr? Kannst du Mut, Humor, Vertrauen, Kraft, Liebe oder etwas anderes spüren? Dies sind die Attribute, die auch für dich hilfreich sind.

Wie zeigt sich deine geistige Führung?
Betrachte das Erscheinungsbild: Gesicht, Mimik, Gestik. Welche Kleidung trägt dein geistiger Freund? Zeigt er/sie dir eventuell einen symbolischen Gegenstand? Alles, was du wahrnehmen kannst, könnte aufschlussreiche Informationen für dich beinhalten.

Dann könntest du zum Beispiel folgende konkretere Fragen stellen:
• Was sind meine Stärken, Talente, Fähigkeiten?
• Welches Potential liegt in mir?
• Was kann ich tun, um mehr Freude, Leichtigkeit, Liebe und Kraft zu leben?

Praktische Übung

Praktische Übung

- Was könnte mein nächster Schritt dazu sein?
- Was darf/sollte in meinem Leben verändert werden?
- Worin bist du Spezialist, wobei möchtest du mir helfen?
- Was ist hilfreich für meine spirituelle Entwicklung?

Sei offen und zeige deine Bereitschaft, die Antworten ganz neutral anzunehmen. Habe Vertrauen! Horche in dich hinein und warte geduldig, bis in deinem Atemfluss die Antworten aufkommen.

Achte auch auf alle Bilder, Symbole, Gedanken in Wörtern oder Sätzen, inneres Wissen oder Gefühle, die sich in dir zeigen. Fühlen sich die Antworten gut an? Wenn Wärme oder Licht in dir aufkommt, schreibe die entsprechenden Antworten für dich auf.

KAPITEL 4

Frühere Leben

Während ich in den Anfängen meiner heilerischen und medialen Tätigkeit damit beschäftigt war, Armin bei seinen Seminaren zu unterstützen, entwickelte sich auch meine Fähigkeit, frühere Leben zu sehen. Gingen wir in der Gruppe von der Personenanzahl her nicht auf, übernahm ich die Rolle des fehlenden Partners. So auch im Falle einer Vergebungsübung, in der wir angehalten waren, frühere Leben, die auch eine Rolle für die Gegenwart spielten und alte Verletzungen mit sich brachten, loszulassen, um allen Beteiligten nach Möglichkeit zu vergeben.

Daniel, ein junger Mann von achtzehn Jahren, das Küken unter den Seminarteilnehmern, sollte mein erster Übungspartner sein. Es war schön zu sehen, wie Daniel, der am ersten Tag unseres Seminars recht verunsichert wirkte, immer offener wurde. Während ich mit Daniels Herzen verbunden war und die Augen schloss, wurde ich plötzlich zum Beobachter folgender Szene, die sich vor meinem inneren Auge wie ein Film auf einer Kinoleinwand abspielte. Der ›Film‹ handelte offensichtlich von einem vergangenen Leben.

Daniel zeigte sich in dieser Zeit als hitziger Redner, der von einem Podest herab zu einer Menschenansammlung sprach. Er stand erhöht im Freien, so dass ihn jeder der Anwesenden gut hören konnte. Ich konnte nicht verstehen, was er sagte, aber es war deutlich, dass er die Menschen mit etwas aufrütteln wollte. Seine Stimme sprach mit Feuereifer und großer Überzeugungskraft.

Im nächsten Moment wurde er von mehreren Männern brutal von seinem Podest gerissen und zu Boden geworfen. Mit unermesslichem Hass traten alle gleichzeitig auf den Wehrlosen ein, bis er halbtot auf der Erde lag. Ich erlebte das ganze Szenario so, als würde es mir selbst passieren. Es war furchtbar und gleichzeitig so intensiv, dass ich nicht mehr an mich halten konnte. Ich weinte bitterlich. »Ich muss raus hier! Es tut mir leid, ich muss einen Moment raus!« Ich entschuldigte mich und rannte schluchzend nach draußen, um nach Luft zu schnappen, und es dauerte eine Viertelstunde, bis ich mich wieder beruhigen konnte.

Nachdem ich mir das Gesicht gewaschen hatte und endlich frei atmen konnte, ging ich wieder hinauf und sprach mit Daniel über das Erlebte. Er hörte aufmerksam und sichtlich ergriffen zu.

Nach einer ›Schweigeminute‹ erzählte er mir, dass er, wenn er vor Menschen sprechen müsse, stottern würde. »Es fing an, als ich in der Schule das erste Mal an der Tafel einen Vortrag vor der ganzen Klasse halten sollte. Seither stottere ich. Es ist wirklich schlimm!« Das war auch der Grund, warum Daniel die Schule vorzeitig abgebrochen hatte und keinen Beruf erlernen konnte. Er half bei seinem Vater aus, der einen eigenen Betrieb führte. Dort fühlte er sich sicher.

Seit diesem Tag, an dem mir die wahre Ursache für Daniels Problem gezeigt wurde, hat Daniel nie wieder gestottert. Er konnte auf Seelenebene seinen Peinigern vergeben, was zu seiner eigenen Heilung führte.

Sein Selbstbewusstsein wuchs, und wir wurden sogar Freunde. Er schaffte es, sein ehemaliges Ohnmachtsgefühl zu wandeln, indem er mutig und vertrauensvoll sein Leben selbst in die Hand nahm und gute Entscheidungen für sich selbst zu treffen begann. Er nutzte seine ›Eigenmächtigkeit‹, die ich doch eher mit dem Wort ›Kraft, die aus Gott kommt‹, umschreiben möchte. Aus einem Menschen mit Angst vor Menschen oder Nähe wurde ein offener junger Mann.

Zwei Jahre nach unserer ersten Begegnung zog er weit von zu Hause fort und startete ein neues Leben. Wie es ihm in einer Sitzung gesagt worden war, kam er in einer Pflegeeinrichtung unter und lernte dort auch seine neue Liebe kennen.

Für mich wurde das Sehen früherer Leben von diesem Zeitpunkt an fester Bestandteil und Hauptaspekt meiner medialen Arbeit. Im Nachhinein wurde mir klar, dass ich über die Jahre langsam an diese Arbeit herangeführt worden war. Ich wurde auf innerer Ebene geschult und auf Persönlichkeitsebene geschliffen. Das war nicht unbedingt eine leichte Sache. Ich musste mich an das innere Sehen und Hören gewöhnen und in diese Aufgabe hineinwachsen.

Da ich nie darum gebeten hatte und es einfach so geschah, fühlte ich mich gelegentlich auch überfordert. Zudem war ich unsicher, denn das, was ich zu sehen bekam, überstieg oftmals mein menschliches Vorstellungsvermögen. Dann dachte ich beispielsweise nach einem weiteren inneren Film: »Nein, es kann nicht sein, dass er oder sie das oder jenes getan hat. Das ist so eine freundliche Person!« Ich begann zu zweifeln, ob ich tatsächlich auch die Wahrheit gesehen hatte.

Maya war mir in diesen Anfängen eine große Hilfe. Sah ich beispielsweise das frühere Leben eines Klienten, so eröffnete mir die entsprechende Person einige Zeit später (es vergingen mitunter Jahre), dass Maya das Gleiche gesehen und gesagt hatte. So bekam ich durch Mayas Sehen und Hören im späteren Verlauf stets eine Bestätigung, wodurch zum Glück auch meine Sicherheit wuchs. Meine Selbstzweifel verflüchtigten sich und wandelten sich zu größerem Vertrauen.

Einmal bat ich Maya um Hilfe für ein junges Mädchen, dessen Tante in Amerika durch ihre Schwester von mir gehört und mich um Hilfe für ihre Nichte gebeten hatte. Das Kind sprach mit unsichtbaren Wesen, wirkte sehr oft abwesend und malte scheußliche Dinge. Sie drohte sogar ihren Mitmenschen mit den Worten: »Ich bringe dich um!«

Ich nahm Kontakt mit der Seele des Mädchens auf, und es war offensichtlich, dass sie ›von der anderen Seite‹, von dunklen Mächten beeinflusst wurde, die es leider ebenso gibt wie die lichten. So erbat ich Mayas Hilfe, denn mit dem Einwirken dunkler Seelen auf ein Kind hatte ich damals überhaupt keine Erfahrung. Es war eine große Erleichterung, als Mayas Worte auf einer Postkarte an mich ihr Ziel nicht verfehlten. Eine schwarze Karte mit Mayas wunderschön geschwungener Handschrift in Weiß gab folgende Botschaft an mich wieder:

Liebste Andrea ... geliebte Engelschwester,

du hast die Fähigkeit, Seelen ihre vergangenen Leben zu zeigen. Sie zusammen (gemeinsam) zu verarbeiten, von beiden Seiten um Vergebung zu fragen und diese zu schenken, und dann sind diese Leben wirklich gelöst. Wir lassen sie los. Also, jetzt weißt du, dass du auf dieser Ebene wunderbare Arbeit geleistet hast. Schön, so mit dir zusammenzuarbeiten, so wie jetzt.

Eine innigste Umarmung,
Deine Maya

Die Postkarte, die auf der Vorderseite eine Landschaft mit einem wunderschönen doppelten Regenbogen zeigt, habe ich wie einen Schatz bewahrt, weil mir Mayas Zusicherung und Bestätigung so viel bedeuten. Sie muss das gespürt haben und half mir beim Ausräumen meiner letzten Zweifel.

Das Mädchen selbst wurde, wie Maya es hörte, tatsächlich von der ›anderen Seite‹ tangiert. Sie war einfach offen dafür und auch neugierig. So nahmen die Seelen Einfluss über ihre Gedanken, gaben ihr Anweisungen und bemächtigten sich ihres Geistes. Maya schloss für sie die Tür zur ›anderen Seite‹. Dem Kind selbst ging es von diesem Zeitpunkt an gut, es wurde nicht mehr belästigt, und die dankbaren Worte der Tante erreichten Maya und mich ein paar Wochen später.

Heilung durch das Sehen
früherer Leben

Die folgende Geschichte verdeutlicht den Zusammenhang heutiger Krankheiten durch unverdaute Erlebnisse in vergangenen Leben. Veronika war eine junge sympathische Frau, die sich für ihre Darmerkrankung Hilfe erhoffte, als sie zu mir kam. Sie war bereits zweimal operiert und ihr wurde ein Stück des Darms entfernt, doch die Schmerzen hörten nicht auf, und die Angst, erneut operiert werden zu müssen, kehrte immer wieder zurück.

Als ich mit der Sitzung begann, hatte ich sofort ein kleines Mädchen auf meinem inneren Bildschirm. Ich sah, wie die Klientin in einem vorangegangenen Leben dieses Mädchen, etwa im Alter von zwei bis drei Jahren, an ihrer Hand hielt. Im nächsten Augenblick geschah das Schreckliche: Das Mädchen riss sich von der Hand der Mutter los und rannte über die Straße, wo es rasch von einem Auto erfasst und direkt unter das Fahrzeug geschleudert wurde. Als die Mutter in ihrem Entsetzen zur Tochter lief, sah sie, wie ihr Kind in der Mitte des Bauches zerquetscht war. Die Kleine war sofort tot.

Was mir nun gezeigt wurde, war ein Ausschnitt des Lebens, das meine Klientin führte, nachdem ihre Tochter gestorben war. Es war, als hätte sie sich selbst mit unter das Auto gelegt. Die Zeit half auch nicht, ihren Schmerz zu mindern. Sie hörte einfach ebenfalls auf, zu leben. Die Wut über den Verlust ihres Kindes, aber vor allem auf sich selbst, weil sie ihre Tochter nicht vor ihrem Schicksal hatte bewahren können, machte die Frau bitter.

Die Mutter isolierte sich, igelte sich mit ihrer Erinnerung ein und weigerte sich, dem Leben etwas Schönes abzugewinnen. Sie sonderte sich auch von ihrem Mann ab, der ihr mit großem Verständnis und trotz seines eigenen Leids begegnete. Er tat das mit sehr viel Geduld und Nachsicht. Doch eines Tages hatte auch er keine Kraft und Zuversicht mehr. Nach einem Streit verließ er das Haus und kam nicht wieder. Die Einsamkeit wurde für die Mutter des Kindes nun noch stärker. Das Ende der Geschichte durfte ich nicht sehen. Mein Gefühl sagte mir, dass es kein schönes war.

Als ich fertig war, sah ich, dass Veronika in Tränen ausgebrochen war. Das geschieht, weil der Mensch innerlich sozusagen noch einmal die Phase des Schocks spontan miterlebt. Ich begann mit den folgenden Worten: »Du hast eine Tochter, nicht wahr?« Die junge Frau bejahte.

»Deine Probleme im Bauch haben begonnen, als deine Tochter ca. 2-3 Jahre alt war. Ist das so?« Erstaunt bejahte sie meine Frage. Ich erklärte ihr die damalige Situation. Wieder brach sie in Tränen aus. Das Kind von damals wurde zum Kind von heute, es war die gleiche Seele. Erstaunlich, dass Veronika genau an der Stelle ihre körperlichen Probleme hatte, wo die Kleine in einer früheren Zeit vom Auto zerquetscht worden war.

Die Tochter hatte sich gewünscht, in diesem Leben wieder an die Seite ihrer Mutter zurückzukehren, allerdings unter anderen Umständen. Auch der Mann war der gleiche, und so war es für mich klar, dass alle drei in diesem Leben eine neue Chance bekommen hatten, dieses Mal ein glückliches Familienleben zu führen. Das taten sie im Grunde auch. Dennoch hatte die junge Frau eine unerklärliche Verlustangst, die Hand in Hand ging mit dem Gefühl, nicht gut genug zu sein. Das alte Schuldgefühl von damals saß noch zu tief … und die Erinnerung an das traumatische Erlebnis aus früheren Zeiten kam zurück, als ihre Tochter sich im gleichen Alter wie damals befand.

Wie sie mir nach der Aufklärung erzählte, hatte sie im Straßenverkehr immer Angst um diese eine Tochter verspürt. Bei ihrer zweiten Tochter war das kein Problem.

Veronika wurde sich bewusst, dass es eine Aufgabe für sie war, das neue Geschenk des Zusammenlebens dieses Mal dankbar anzunehmen, das Leben zu umarmen, zu schätzen und es mit ihren Lieben in Offenheit, Mitgefühl und Liebe zu teilen.

Auch das Gefühl, nichts wert zu sein, weil sie ihren Beruf wegen der Kinder aufgegeben hatte und ›nur‹ Hausfrau war, verflüchtigte sich. Ein glückliches Familienleben zu führen war unter den vorangegangenen Umständen wesentlich wichtiger für ihre und alle betreffenden Seelen, als Erfolg im Beruf zu erzielen. Auch mit sich selbst Geduld zu üben, war eine ihrer Aufgaben, die sie auf Seelenebene gewählt hatte.

Am Ende der Sitzung legte ich der jungen Frau die Hände auf und bat Gott, ihr die alten Erinnerungen und das Schuldgefühl zu nehmen und den Körper gesunden zu lassen.

Die junge Frau hat seit dieser Zeit, weil sie um die Hintergründe wusste und sich selbst vergeben konnte, ihren inneren Frieden gefunden, der sich im Außen manifestierte, indem sich auch ihre Schmerzen und die Angst, erneut zu erkranken, für immer verabschiedeten.

Unsicherheit

Ich erlebte Katharina auf einem gemeinsamen Seminar mit einem guten Freund als liebenswürdigen Menschen, dem das Wohl anderer wichtig war. Dennoch wirkte sie sehr unsicher und hinterfragte stets, ob das, was sie tat, denn auch richtig sei: »Habe ich das richtig gemacht? Andere haben das so oder so erlebt. Bei mir war das aber anders.« Irgendwie schien sie ständig den Eindruck zu haben, etwas falsch zu machen, und diese Angst vor Fehlern war wirklich übergroß.

Ich fragte mich schon damals, warum das so sei, denn sie war eine wunderbare Tierärztin, die anderen Menschen in ihrer eigenen Praxis durchaus selbstbewusst vermittelte, was zu tun sei. Auch ihre Medialität funktionierte nicht so, wie sie es sich selbst wünschte. Ich jedoch empfand sie als sehr hellfühlend und äußerst sensitiv, doch ihr negatives Denken über sich selbst und die Unsicherheit ihrer Gefühle standen wie eine Wand zwischen dem, was hätte sein können, und dem, was war.

Eines Tages kam Katharina zu meiner medialen Intensiv-Woche. Sie machte sich schon Sorgen, ob sie in dieser Fortgeschrittenen-Woche richtig sei, und ich spürte, dass sie mehrmals den Drang hatte, abzubrechen. Katharina wollte herausfinden, was sie so ausbremste und bat um eine Sitzung während dieser Zeit. Da mir das in diesen Tagen nicht möglich war, beschloss ich, die Übung zur Umwandlung mit ihr zu gestalten. Ich nahm sie, nachdem sie zugestimmt hatte, mit nach vorne zur Leinwand und wies die Gruppe an, sich auf Katharina einzustimmen und die geistige Welt zu bitten, mit sehen zu dürfen, wo sozusagen der Hund begraben lag.

Ich begann mit einem Gebet. Das ist das erste, was ich tue, bevor ich mit Menschen arbeite, denn sehr wohl ist mir bewusst, dass das, was gezeigt oder geschenkt wird, nur aus der Liebe und dem Wohlwollen der geistigen Welt übermittelt werden kann. So bat ich um die Hilfe durch meine innere Führung und auch um Unterstützung der geistigen Führung von Katharina. Sie sollte das Gleiche tun. Unsere geistigen Freunde waren schnell und spürbar an unserer Seite.

Ich legte meine Hand auf Katharinas Herz und wies sie an, innerlich die Frage nach ihrer Unsicherheit und Angst, Fehler zu machen, an ihr Herz bzw. ihre Seele zu stellen. Dann führte ich sie in den Atem und bat darum, dass sie selbst sehen könnte, was zu dem Problem geführt hatte. Mir selbst wurde folgende Szene eines früheren Lebens gezeigt:

Katharina war ein Kind unter zehn Kindern gewesen. Die Familie lebte auf einem Hof in eher ärmlichen Verhältnissen. Dort herrschte das reinste Chaos. Sie war der Prügelknabe dieser Familie, die Dienstmagd, und sie war diejenige, die die niedrigsten Arbeiten zu verrichten hatte. Ihr Vater schlug sie, wenn sie seiner Meinung nach etwas nicht richtig gemacht hatte. Alles, was danebenging, wurde ihr angehängt.

Dann sah ich ein Leben, in dem sie ein Kind hatte zurücklassen müssen, weil es sonst verhungert wäre. Den Schmerz darüber konnte sie nicht überwinden. Das war auch der Grund, warum ihre Seele beschlossen hatte, in diesem Leben keine Kinder zur Welt zu bringen. Sie schämte sich und fühlte sich als Mutter schlecht, weil sie ihr Kind weggegeben hatte. Dass dies zum Besten des Kindes geschehen war, weil ihre Tochter sonst nicht überlebt hätte, hatte ihre Seele vergessen.

Manchmal ist das so, dann blenden die Schuldgefühle sozusagen alles andere aus. Die Teilnehmer des Seminars sahen teilweise das Gleiche: dass Katharina behandelt und geprügelt wurde wie ein Hund. Diejenigen, die auf innerer Ebene mit ihr verbunden waren, mussten ebenfalls weinen. Wenn man auf Seelenebene mit sieht und fühlt, bleibt das meist nicht aus.

Ich bat Katharina, nach dem Erlebten ihre Geschichte neu zu schreiben, indem sie sich vorstellen sollte, wie sie es gerne gehabt, was sie selbst hätte tun können oder was sie sich von anderen gewünscht hätte. Also das zufließen zu lassen, was ihr damals fehlte. Sie tat es, und als ich spürte, dass ihr Herz sich beruhigte und auch ein Okay seitens der geistigen Welt kam, beendeten wir gemeinsam die kurze Session.

Ich fragte, wie sie sich fühlte. »Erleichtert«, gab sie zurück. Man kann es stets sofort sehen, wenn ein Mensch diese Umwandlung erfolgreich abschließt: Die Augen werden heller, sie strahlen, der Gesichtsausdruck selbst wird klar und weich. Die Aura strahlt danach in den schönsten Farben, die viel intensiver sind als zu Beginn der Sitzung. Die Teilnehmer konnten das ebenfalls beobachten.

Dankend fiel mir Katharina um den Hals. Sie hatte verstanden, woher ihre Unsicherheit und ihre Selbstzweifel rührten und ebenso ihre Angst, zu versagen. Sie hatte zu lernen, sich selbst anzunehmen und sich in Selbstliebe zu üben.

Was bedeutet das eigentlich, sich selbst lieben zu lernen? Es heißt, alle Seeleneigenschaften auch für sich selbst anzuwenden.

Es gibt Menschen wie Katharina, die mit anderen eine unglaubliche Geduld aufbringen, aber viel zu streng und ungeduldig mit sich selbst sind. Sie verhalten sich ihren Mitmenschen gegenüber tolerant, aber verzeihen sich selbst nicht den kleinsten Fehler. Sie begegnen ihrer Umwelt mit Freundlichkeit, haben jedoch das Unvermögen, sich auch genauso positiv zu begegnen, wobei die Selbstliebe auch mit einem gesunden Selbstbewusstsein einhergeht. Gefühle der Unsicherheit, in Vertrauen und Sicherheit zu wandeln, gehören auch dazu.

Menschen, die Angst davor haben, einen Fehler zu begehen, treffen keine oder nur wenige eigene Entscheidungen oder tun alles zu einhundertfünfzig Prozent. Weder das eine noch das andere erscheint hilfreich für das eigene Leben, denn zum einen führt das zu einer Star-re, wo unsere Natur doch Lebendigkeit ist, und zum ande-ren zur immerwährenden Überforderung. Wenn wir eine Angst bekämpfen ohne Entscheidung, wird sie nur schlimmer. Wenn wir beginnen, das Risiko einzugehen und gute Entscheidungen für uns selbst zu fällen, ohne andere Menschen fragen zu müssen, sind wir einen guten Schritt weiter zu einem leichteren, selbstbestimmten und somit freudvollen Leben.

Nichts war seit diesem Tag der Wandlung für Katharina mehr wie zuvor. Ich selbst staunte, wie ihr Selbstbewusst-sein gestärkt wurde und eine neue Stufe auf dem Weg zur Eigenliebe genommen war. Sie war von diesem Augen-blick an höchst medial, jeden weiteren Kontakt, ob zu Engeln oder Verstorbenen, meisterte sie mit Bravour. Auch ich selbst bekam von ihr eine Engel-Botschaft, die mich sehr berührte.

Katharina wurde mir im Laufe der Zeit ein liebgewonne-ner Mensch, und ich durfte beobachten, wie sie viele neue und gute Entscheidungen für ihr Leben traf. Sie änderte ihre Wohn- und Praxissituation und lebte ihr Leben in einer passenderen Umgebung, die ihr Luft zum Atmen gab.

Markus und das
Kinderheim

»Bitte schau mal, ob du etwas für ihn tun kannst.« Armin sprach von einem jungen Mann, dem ich ebenfalls auf einem meiner Seminare bereits begegnet war.

Markus hatte seit geraumer Zeit große Probleme im Prostata Bereich. Die Ärzte konnten jedoch nichts feststellen. Seit Monaten quälten ihn schlimme Schmerzen. In der Hoffnung um Klarheit und Heilung nahm er an einem meiner Seminare teil.

Während der Vorstellungsrunde sah ich schemenhaft einen kleinen Jungen neben ihm stehen. Ich konnte mir noch keinen Reim darauf machen, dachte mir aber bereits, dass diese Kinderseele etwas mit seinen Schmerzen zu tun hatte. Während wir in der Gruppe dabei waren, unseren Sichtkontakt durch das Sehen der Aura zu erweitern, fragte ich nach einem Freiwilligen, der sich vor die Leinwand setzen würde. Mit der geistigen Welt hatte ich bereits ein Zeichen vereinbart, wenn ich Markus würde helfen können. So war es kein Wunder, dass er sich meldete.

Nachdem wir die Persönlichkeit, und auch den Körper erfasst hatten, kamen wir zu dem bereits angesprochenen Problem. Ich wurde von meinen geistigen Freunden angewiesen, mit Markus eine Transformationsübung vorzunehmen. Diese war mir Jahre zuvor als Hilfestellung für Menschen geschenkt worden, nachdem ich selbst diesen Prozess durchlaufen hatte.

Ich fragte Markus, ob ihm das recht sei. Nachdem er bejahte, wurde er aufgefordert, sich auf die Frage zu konzentrieren, warum er das Problem mit der Prostata hatte. Ich tat das Gleiche. Seine Seele offenbarte mir folgendes Bild: Ich sah ihn in einer früheren Zeit in Frankreich als sehr jungen Soldaten, allerdings war er nicht freiwillig dort. Plötzlich sah ich, wie Markus von mehreren Gleichaltrigen erniedrigt und heftig zusammengeschlagen wurde. Viele Tritte gingen in den Unterleib. Während ich ›sah‹, liefen Markus die Tränen herunter. Er sah offensichtlich auf innerer Ebene mit.

»Hast du mit Kindern in einem Heim zu tun?«, fragte ich ihn.

»Ja«, gab er verwundert zurück. »Ich arbeite seit geraumer Zeit nebenher in einem Kinderheim.«

»Einige dieser Kinder, mit denen du zu tun hast, sind Seelen aus einem früheren Leben. Ihr seid zusammengeführt worden, weil du ihnen auf der einen Seite vergeben möchtest. Auf der anderen Seite bist du aber auch ein wunderbarer Lehrer für sie. Sie haben das jetzige Leben gewählt, um bessere Menschen zu werden und ihr Karma auszugleichen. Sie wissen jetzt, was es heißt, ›anders‹ zu sein, sich hilflos und einsam zu fühlen. Sie wissen auch, was Verachtung bedeutet und erfahren am eigenen Leib die Leiden, die sie anderen in früheren Zeiten zugefügt haben.«

Der Tränenfluss wurde stärker. Markus sagte: »Das, was du soeben beschrieben hast, ich meine, das frühere Leben … das habe ich in ähnlicher Weise vor einiger Zeit von den Kindern im Heim erfahren müssen. Sie haben mich verhöhnt, und ich war furchtbar gekränkt. Ich verstand es auch nicht, war ich doch auf freiwilliger Basis in dieser Einrichtung, um ihnen zu helfen.«

»Ich wette, dass deine Schmerzen begonnen haben, als du in diesem Heim deine Arbeit aufgenommen hast, oder?«

Er überlegte kurz und meinte dann: »Stimmt, genau zu diesem Zeitpunkt haben meine Probleme angefangen.«

Das Kind, das ich eingangs gesehen hatte, war der Anführer von damals gewesen, und er bat Markus um Vergebung.

Ist es nicht merkwürdig, wie wir immer und immer wieder mit den Seelen in Verbindung gebracht werden, die die Ursache sind für unsere heutigen Probleme? Markus kannte die Themen bereits gut: Gefühle wie Sich-nicht-angenommen-Fühlen, Hilflosigkeit, Unsicherheit, etc. Auch sein Vater in diesem Leben repräsentierte diese Gefühlsebene. Nun aber wusste er, dass die wirkliche Ursache ihren Kern in der Vergangenheit hatte.

Markus wurde sich auch bewusst, warum er eine große Abneigung gegen alles Militärische hegte und deshalb den Zivildienst vorgezogen hatte. Sein Leben in Frankreich belastete seine Gefühlswelt noch sehr stark. Auch seine Gefühle der Unterdrückung und Ablehnung führten zu einer Aversion gegen dominante Persönlichkeiten.

Die Prostata-Schmerzen von Markus waren mittlerweile gänzlich verschwunden. Ich war froh, dass er mutig genug gewesen war, seiner inneren Stimme zu folgen, die ihn zu dem Kinderheim und den entsprechenden Seelen geführt hatte. Dadurch konnte er ihnen die Möglichkeit schenken, seine Seele um Vergebung zu bitten und damit etwas gutzumachen. Dass er seinen ehemaligen Peinigern vergeben konnte, hatte seine eigene Heilung zur Folge.

Auch wenn wir selbst von einem Schmerz betroffen sind, so handelt es sich doch um ›unseren‹ Schmerz und damit um die eigene Verantwortung, uns um ihn zu kümmern bzw. unser Möglichstes zu tun, damit der Schmerz aus unserer Seele entfernt werden kann. Dadurch können wir

197

selbst wieder mehr Licht erfahren und Licht ausstrahlen. Eine körperliche Belastung ist dann nicht mehr von Nöten.

Sandro, der Geigenspieler

Sandro, ein junger Immobilienmakler Ende Zwanzig, suchte mich wegen seiner immer wiederkehrenden Depressionen auf. Als ich seinen Engel um Hilfe bat, zeigte mir dieser die Ursache für seine depressiven Stimmungen, die offensichtlich mit einem früheren Leben zu tun hatten, das ich nun zu sehen bekam:

Sandro war ein hochbegabter Geigenspieler, der sein Instrument bis zum Exzess spielte. Seine Mutter in diesem Leben war auch seine Mutter in der damaligen Zeit. Sie setzte ihren ganzen Ehrgeiz ein, um aus ihrem Sohn so etwas wie eine berühmte Persönlichkeit zu machen, was ihr fast gelang. Ich sah, wie sich Sandros ursprünglich freudvolles Engagement in niederdrückendes Pflichtbewusstsein umwandelte. Nicht nur seine vom Ehrgeiz aufgeriebene Mutter, auch sein ganzes Umfeld in der damaligen Gesellschaft schraubten den Erwartungsdruck, der schwer auf seinen Schultern lastete, immer höher. Sandro kannte nichts außer Geigenspielen und versuchte, den Erwartungen gerecht zu werden. Natürlich auch seinen eigenen!

Es kam, wie es kommen musste: Sandro verlor die Freude am Spielen. Leider war das nicht das Einzige: Mehr und mehr verlor er das Vertrauen in sich selbst und zudem seinen Lebensmut, so dass er sich mit dreißig Jahren schlussendlich das Leben nahm.

Diesen Druck, immer perfekt sein zu müssen, hatte er in dieses Leben mit hineingenommen – verbunden mit alten Ängsten, den Erwartungen nicht gerecht werden zu können. Das gipfelte schließlich in so heftigen Schuldgefühlen, dass er sein Leben einfach weggeworfen hatte. All das Erlebte war der Grund für seine Depressionen im Hier und Jetzt.

Als ich ihm wiedergab, was ich gesehen hatte, begann er zu lächeln und den Kopf zu schütteln: »Das ist verrückt. Weißt du, in diesem Leben ist fast genau das Gleiche passiert: Ich hatte begonnen, Geige zu spielen und als man mein Talent dafür entdeckte, wurde ebenfalls Druck auf mich ausgeübt. Ich entschloss mich sofort, damit aufzuhören.«

»Bravo!«, rief ich aus. »Du hast deine erste Prüfung bravourös gemeistert! Du durftest erkennen und lernen, dass dein kreativer Ausdruck zur Geltung kommen darf, um selbst Freude, Leichtigkeit und Freiheit zu erleben, unabhängig von den Erwartungen anderer an dich. Als diese sich bemerkbar machten, hast du sofort aufgehört, weil du die Gefahr aus deinem früheren Leben erkannt hast. Damit hast du das alte Leben sozusagen wett gemacht.

Deine Depressionen stammen noch aus dieser Zeit, und deine Seele hat sich daran erinnert. Das hat auch mit deinem Todeszeitpunkt von damals und dem Einsetzen der düsteren Stimmungen im fast gleichen Alter in diesem Leben zu tun. Jetzt kannst du ganz loslassen.« Ich fühlte, wie sich die Schatten der Vergangenheit in Sandros Herz verflüchtigten.

»Im Übrigen, dein Engel übermittelt mir für dich, dass es wunderbar wäre, mit dem Malen anzufangen!«

Sandro sah mich mit großen Augen an: »Das Malen ist wirklich etwas, das mich fasziniert, und ich habe mich bereits mit Farbgestaltung usw. beschäftigt.«

»Das ist ja lustig! Deine Bilder werden großartig sein, und dein Engel spricht davon, dass diese so gut werden, dass du sie in der kommenden Zeit ausstellen wirst.«

Ein Jahr später besuchte mich Sandro erneut. Freudestrahlend berichtete er mir, dass er seine erste Ausstellung erfolgreich hinter sich gebracht hatte!

Sandros Geschichte macht deutlich, dass wir nicht immer das gleiche Dilemma aus früheren Zeiten in seiner vollständigen Gänze erneut durchleben müssen. In seinem Fall hatte er die tiefe Einsicht in sein Bewusstsein getragen, dass es nicht gut ist, dem Ehrgeiz zu verfallen, wenn die Freude dabei abhandenkommt. Denn was ist schon Pflicht ohne Liebe?

Die Seelen-Erinnerung im gleichen Alter an den Freitod damals brachte für Sandro noch etwas Gutes mit sich: Die Erkenntnis, wie wichtig sein kreatives Schöpferpotential ist, das er nun mitunter durch das Malen zum Ausdruck brachte.

Manuela und die Nazis

Ich lernte Manuela während eines gemeinsamen Seminars mit Armin kennen. Während einiger Heilsessions bemerkte ich, dass sie sich nicht so recht hatte fallen lassen können. Sie hatte zwar eine offene, freundliche Art, aber ich spürte doch, dass sie etwas quälte. Vielleicht belastete sie noch eine negative Erfahrung aus einer früheren Zeit, aber so richtig an den Kern der Sache kam ich noch nicht. Ich dachte nur: »Schade, dass sie so starr wirkt. Sie trägt so viel Wärme in sich, aber irgendwie kann sie sie nicht zeigen.«

Am dritten Tag sprach Manuela mich an. »Hast du eine Minute für mich, Andrea?«

»Natürlich«, gab ich zurück. »Ich kann nicht sagen, warum es mir so ergeht. Ich habe das Gefühl, wie versteinert zu sein, und das begleitet mich schon so lange; ich möchte es wirklich gerne loswerden. Es ist jetzt fast unerträglich geworden. Weißt du, für mich ist es so, als würde ich unter Wasser schreien, aber keiner hört mich.« Sie gab zum Ausdruck, was ich bereits gefühlt hatte. Es war, als ob da ein warmes, offenes Herz wäre, das viel zu geben hatte, aber etwas tief in ihr selbst ließ nicht zu, dass es sich frei ausdrücken konnte.

Ich beruhigte Manuela, indem ich ihr sagte, dass wir in diesen Tagen auch eine Umwandlung machen würden und es eine gute Möglichkeit wäre, ihr Innerstes zu befragen, um Klarheit über ihre Gefühle zu erlangen. Doch bereits die nächste Übung gab mir ein wenig mehr Aufschluss über die Sache.

Die Teilnehmer sollten sich gegenüberstellen. Ziel dieser Übung war es primär, um Vergebung zu bitten und stellvertretend Vergebung zu schenken.

Diese Übung hatte sich aus den Erfahrungen während eines Seminars mit Maya viele Jahre zuvor entwickelt. Damals in Holland sollten wir uns in einer Gruppe von sechs Personen gegenseitig die Hände massieren. Während wir dies taten, gerieten wir in immer tiefere Verbindung zu unserem jeweiligen Partner. »Und jetzt bitte innerlich und stellvertretend für andere Menschen deinen Partner, dir zu vergeben. Lade die Seelen aus dem Diesseits oder Jenseits ein, die darauf warten, dass sie um

Verzeihung gebeten werden«, wies Maya uns liebevoll an. Wir schlüpften sozusagen in die Rolle derjenigen, die sich, aus welchen Gründen auch immer, schuldig fühlten und Vergebung erbaten.

Danach wurde die Aufgabenstellung gewechselt und jeder sollte dem anderen vergeben, ebenfalls stellvertretend für Seelen, die unseren Partnern gegenüber Schuldgefühle hatten. Viele von uns sahen Personen aus diesem Leben, sei es den verstorbenen Vater, oder auch Personen, die noch lebten.

Am Ende der Übung war Maya in Tränen. Sie sah, dass auch große Seelen, bei denen man gar nicht annehmen würde, dass sie um Verzeihung bitten müssten, den einen oder anderen von uns darum baten. Es war, als wäre durch die Bereitschaft der einzelnen Teilnehmer, Vergebung zu schenken, eine Schleuse geöffnet worden, was für viele Seelen eine wunderbare Gelegenheit war, alte Wunden zu schließen. Sogar Seelen, mit denen wir vor vielen Jahrhunderten zu tun gehabt hatten, waren hier. Und war jemand bereit, einem Menschen zu verzeihen, bot sich eine gute Chance, dieses auch anderen gegenüber zu tun. Wir waren damals sehr erstaunt gewesen, zu erfahren, wen Maya alles ›gesichtet‹ hatte.

Während die Teilnehmer Armins Worten folgten, die Aura des anderen sahen oder das Gesicht ihres Gegenübers ›auflösten‹, kamen auch sie immer mehr in eine tiefere Verbindung zu ihrem jeweiligen Gegenüber. Es flossen viele Tränen. »Ein gutes Zeichen«, dachte ich, während ich Manuela bei dieser Übung aufmerksam beobachtete und die geistige Welt bat, mir zu zeigen, warum sie sich so hilflos und machtlos fühlte.

Plötzlich wusste ich, dass sie im vorangegangenen Leben Jüdin gewesen war. »Sie haben ihr die Zunge herausgeschnitten«, hörte ich zudem unvermittelt. Die inneren Bilder aus dieser

Zeit schockierten mich. Ich sah weitere Folterszenen und war dabei, konzentriert zu bleiben, als plötzlich der Film riss.

Eigentlich war Armin für den Vormittag dran. Wir wechselten uns immer ab, wie es gerade für die Gruppe am besten passte. Unerwartet fragte er mich: »Willst du weitermachen, Andrea?«

»Okay«, gab ich zurück und überlegte, was ich nun tun würde. »Aura-Sehen!«, dachte ich, und vielleicht könnte man es mit einer Umwandlung verknüpfen. Da kam mir natürlich Manuela in den Sinn. Sie stimmte gleich zu und platzierte sich vor die weiße Wand. Während wir mit ihrer Persönlichkeit beschäftigt waren, fragte ich sie nach ihrer größten Angst. »Ich denke, ich habe große Angst davor, etwas falsch zu machen. Ich fühle mich wie erstarrt und hilflos. Auch habe ich Angst um meine Töchter, dass ich sie verlieren könnte. Selbst wenn das absurd klingt und es gar keinen Anlass dafür gibt.«

Es war zwar nicht geplant, das sozusagen jetzt in der Gruppe zu tun, dennoch wusste und fühlte ich, dass die geistige Welt bereits zugegen war, um Manuela zu helfen. Man muss flexibel und offen sein und sich von unseren jeweiligen Freunden aus der geistigen Welt inspirieren lassen. Diese Führung ist für die Gruppe von immenser Bedeutung. Ich habe eine Weile gebraucht, um mich so führen zu lassen ohne Rücksicht auf das, was mein Verstand vorher geplant hatte. Zum Glück, denn was gleich folgen sollte, berührte uns alle zutiefst.

Während ich Manuela in eine leichte Trance führte, um nach der Antwort zu suchen, warum sie sich oft so hilflos fühlte, begannen bei ihr bereits die Tränen die Wange herunterzulaufen. »Was siehst du?«, fragte ich sie.

»Ich sehe einen Brunnen. Ich bin hineingestoßen worden. Ich sehe mich auf dem Grund des Brunnens und fühle mich ohnmächtig. Es ist schlimm!«

Ich schaute zur Gruppe, zwei bis drei Personen waren ebenso in Tränen aufgelöst und fühlten mit.

Dann führte sie weiter aus: »Jetzt sehe ich ein Kind und wie ich es verlassen muss.« Noch mehr Tränen, und wir fühlten noch mehr mit ihr.

»Ich sehe noch etwas anderes«, sagte ich, denn plötzlich sah ich wieder die Szene aus der Nazizeit. Dieses Mal durfte ich den Film bis zum Schluss anschauen. Es war kein schönes Ende. Die Bilder trieben auch mir die Tränen in die Augen. Ich war entsetzt, gelähmt und dachte: »Wozu sind Menschen nur fähig?«

Manuela war damals in einem jüdischen Lager. Irgendwie hatte sie eine Art Vorbildfunktion für die weiteren Gefangenen. Sie war eine stolze, kluge Persönlichkeit, die sich selbst und den anderen Mut machte und sie bestärkte, wie wichtig es sei, sich nicht brechen zu lassen. Ihr Kampfgeist war groß, und ihr Mut ebenso. Sie probte einen Aufstand. Dieser wurde buchstäblich niedergemetzelt.

Manuela, die als Anführerin von den Nazis bereits als solche erkannt worden war, wurde von ihnen mit den folgenden Worten in die Knie gezwungen: »Schau genau hin, was wir tun, und wisse, wenn es zu Ende ist, bist du als Nächste dran!« Ein furchtbares Szenario folgte: Sie schnitten den Menschen, die sich an dem Aufstand beteiligt hatten, die Zungen heraus und verstümmelten sie. Und Manuela musste zuschauen, bis einige von ihnen zu Tode gefoltert waren. Es war ein abscheuliches Bild und schrecklich, das Ganze mitzuerleben. Die Nazis führten aus, was sie zuvor angekündigt hatten.

Dann hörte ich innerlich weiter: »Einige der Seelen aus der damaligen Zeit haben in diesem Leben erneut eine Begegnung mit Manuela gehabt.«

Ich gab weiter, was ich gesagt bekam: »Du hast in letzter Zeit

öfter Patienten gehabt, die Probleme mit ihrer Zunge hatten.«
Erst traute ich mich gar nicht, das Gehörte weiterzugeben, weil
es so unglaublich erschien, aber dann platzte es doch aus mir
heraus. Sie antwortete: »Das ist wahr und ist mir selbst schon
aufgefallen.«

Manuela war Ärztin, und es kamen während der letzten
Monate vermehrt Menschen zu ihr in die Praxis, die mit diesem
Organ Probleme hatten.

»Jetzt weißt du, warum! Es sind diejenigen, die damals im
Lager dabei waren. Du wolltest ihnen unbedingt helfen und
hattest auch Erfolg damit! Sie waren dir nie böse. Die Begegnung mit ihnen hat deiner Seele gezeigt: Du musst dir selbst
vergeben, denn du hast dir nie die Folgen des Aufstands verziehen. Aber: Nicht du hast sie getötet! Das waren andere!«

Dass mit dem Mut, den Manuela damals zeigte, auch Hoffnung und Zuversicht geschenkt wurden, hatte ihre Seele nicht
mehr sehen wollen. Ihr Innerstes war zugedeckt mit Schuldgefühlen, und sie selbst fühlte sich unwürdig, Gott näherzukom-
men.

»Und noch etwas: Du hast dir in diesem Leben die Entscheidung, Ärztin zu werden, nicht leicht gemacht, aber wusstest,
dass du nur das werden kannst.«

Sie entgegnete: »Das stimmt, es war keine leichte Entscheidung, aber ich konnte nicht anders. Ich habe auch erst spät mit
dem Studium begonnen.«

»Und weißt du, was das Schöne an der Sache ist? Du bist aus
der richtigen Motivation nun das geworden, was du bist, weil du
Menschen helfen wolltest. Aber jetzt tust du das nicht mehr aus
Pflicht- und Verantwortungsgefühl aus dem früheren Leben
heraus, oder um etwas gutzumachen, sondern aus reiner Freude,
und das gibt dir ein Gefühl von großer Freiheit. Das Joch ist so-

zusagen von deinen Schultern genommen.« Sie wusste genau, wovon ich sprach.

Wir haben viele Erinnerungen aus unterschiedlichen Leben, positive wie negative. Wichtig dabei ist zu verstehen, dass es sich bei Blockaden um eine Wiederholung immer wiederkehrender Negativ-Gefühle handelt, die der Mensch in unterschiedlichen Situationen oder Begegnungen mit anderen Menschen erfährt.

Im Fall von Manuela waren es die Hilflosigkeit und Ohnmacht, die mit der Angst vor Verlust und vor Fehlern einherging. Es gibt dann meist zwei Konsequenzen: Entweder der Betroffene ›erstarrt‹, und tut lieber gar nichts aus Angst, Fehler zu machen, und geht jeder Entscheidung aus dem Weg. Oder: Der Mensch tut alles zu 150 Prozent und überfordert sich selbst, was bei Manuela zutraf.

Während der Sitzung konnte Manuela einzelne Situationen aus früheren Leben, die mit der betreffenden Problematik zu tun hatten, auf ihrer Gefühlsebene erneut durchleben. Ich sah die Seelen der betroffenen Menschen und fühlte, dass Manuela ihnen auch vergeben konnte. Vor allem war sie in der Lage, sich selbst zu vergeben – der wichtigste Aspekt ihrer Geschichte. So gelang es ihr, das alte Leben loszulassen und konstruktiv zu verändern.

Es war eine gute Gelegenheit, nun im Anschluss an das gerade Erlebte eine Gruppen-Umwandlungs-Meditation anzuschließen. Sie wurde ein voller Erfolg. Die meisten durften sehen, fühlen oder wissen, warum sie das eine oder andere in ihrem Leben quälte, und konnten dies positiv mit Hilfe ihrer schöpferischen Gedanken verändern.

Am Ende des Tages fühlte ich die friedvolle Atmosphäre und versäumte es nicht, mich bei Gott und allen himmlischen Helfern zu bedanken. Manuela wirkte am nächsten Tag gelöst und schenkte mir aus Dankbarkeit einen schönen Anhänger. Jedes Mal, wenn ich ihn betrachte, sehe ich die Geschichte dahinter.

Die Radiomoderatorin, die ihren Seelenauftrag lebt

Vor etlichen Jahren wurde ich zu einem Kongress geladen. Eine Woche vor Kongressbeginn hörte ich meine Engel sagen: »Heute bekommst du eine Einladung für eine öffentliche Arbeit. Sage nicht nein!« Ich hatte die Prophezeiung bereits wieder vergessen, als mich am Abend die Frage der Kongress-Veranstalter erreichte, ob ich einen Tag vor der Veranstaltung ein Interview für einen lokalen Radiosender geben würde. Hätte mich die Anfrage ohne die Weisung meiner Engel erreicht, wäre die Antwort Nein gewesen, da ich mich nicht gerne einer größeren öffentlichen Präsenz zeigte. So fügte ich mich, denn ich tat fast nie etwas entgegen dem Rat der Engel.

Die Radiomoderatorin war eine hübsche, junge, freundliche Person. Sie hatte den Sender, der sich überwiegend mit Gesundheitsthemen, Bewegung und spirituellen Themen befasste, selbst ins Leben gerufen. Das Interview verlief in entspannter Atmosphäre.

Am folgenden Tag gab ich Botschaften von Engeln, Verstorbenen und Geistführern für einige Teilnehmer aus dem Publikum durch. Mittendrin saß die Moderatorin vom Vortag, und mein Engel führte mich zu ihr. »Darf ich bitte zu dir kommen?« hörte ich mich selbst sagen. Die junge Frau wirkte überrascht, aber bejahte. »Kannst du mir etwas in die Hand geben, was du viel trägst?« Sie streifte einen schweren Ring ab und gab ihn mir.

Während ich mich auf ihre Schwingung konzentrierte, zog vor meinem geistigen Auge ein Film vorbei. Ich sah offensichtlich ein Vorleben der hübschen Radiofrau. Es zeigte sie in einem ostasiatischen Raum. Die Frau, die ich zu sehen bekam, war übergewichtig und rannte mit zwei Kindern, einem Jungen und einem Mädchen an der Hand, fluchtartig durch den Dschungel. Hinter ihr Soldaten, die auf alle drei schossen. Ich spürte die Angst und Verzweiflung der Verfolgten, und die Engel gaben mir zu verstehen, dass die Mutter der Kinder, vermutlich auch wegen ihres Übergewichts, herzkrank war und deshalb nicht so schnell laufen konnte.

Beide Kinder an ihrer Hand wurden plötzlich zu Boden gerissen. Sie waren von Kugeln getroffen worden und starben. Die Frau überlebte. Sie führte kein schönes Leben mehr und gab sich die Schuld am Tod ihrer Kinder.

Ihr Engel sagte zu mir: »Das ist der Grund, warum sie tut, was sie tut, und sich mit Themen für Körper und Geist auseinandersetzt, sich fit hält und anderen Menschen zeigt, wie sie das auch tun können.« Die Seele des Jungen meldete sich mit folgenden Worten: »Immer noch hat sie wegen uns Schuldgefühle. Wenn sie es schafft, sie loszulassen, werde ich wiederkommen. Ihre Seele hat es sich bislang selbst nicht erlaubt, Kinder in die Welt zu setzen.« Ich gab wieder, was mir gezeigt und gesagt worden war. Zum Schluss zeigte ihr Engel eine DVD, die er nach oben hielt. Thema war wieder Gesundheit und Bewegung, und das Cover zeigte die junge Frau in Yoga-Position.

»Hast du vor, einen Film herauszubringen?« fragte ich sie.

Sie musste überrascht lachen: »Ja, das stimmt, wir arbeiten gerade an einem Film-Projekt.«

»Dein Engel winkt mit der DVD des Films und sagt, es wird ein Erfolg werden!«

Die junge Frau bedankte sich für die Botschaft, und für mich war es, wie so oft, eine Bereicherung, die Seelenaufgaben erkennen zu dürfen, aber auch zu sehen, wie ein Mensch diese Ziele praktisch umsetzt.

Ist es nicht wunderbar, wie aus einem Negativ-Erlebnis einer früheren Zeit ein so wunderbares Projekt wachsen durfte?

Die negativen Gefühle von Hilflosigkeit, Ohnmacht, Schuld und die Angst, keine gute Mutter zu sein, wurden in diesem Leben in Eigeninitiative (sie hatte diesen Sender alleine ins Leben gerufen), gewandelt, und daraus war eine kraftvolle, flexible und gesunde junge Frau geworden. Auch das Gefühl von Einsamkeit und Unzulänglichkeit (sie hatte damals in dem Leben als Ostasiatin ihren Mann verloren und fürchtete, ihre Kinder nicht gut alleine aufziehen zu können, weil ihr das notwendige Selbstwertgefühl fehlte) wurden in Mut und Vertrauen gewandelt.

Im Grunde hatte sie bereits in den ersten dreißig Jahren ihres Lebens eine Menge der Vorhaben ihrer Seele umgesetzt. Die Sache mit den Kindern würde sie sich selbst vergeben müssen, aber ich war guter Dinge, dass das nun geschehen würde. Schließlich hatte sich die Seele des Jungen bereits angekündigt.

In einer Pause unterhielten wir zwei uns noch einmal. »Alles gut mit dir?«, fragte ich sie.

»Ja, ja. Alles okay, danke. Jetzt weiß ich wenigstens auch, warum ich mich immer wieder als zu dick empfinde.« Die bildhübsche Frau hatte mit Sicherheit Größe 34!

»Aber ja«, sagte ich zu ihr, »es kommt vor, dass wir alte Erinnerungen mitnehmen. Jetzt weißt du, dass du diese nicht mehr haben musst.«

»Ja, es ist nun Schluss damit!«, verkündete sie fest entschlossen.

Meiner Erfahrung nach sind wir gekommen, um uns aus den Schockzuständen vergangener Zeiten zu lösen, uns und anderen zu vergeben und die Schwäche von damals in Stärke zu wandeln, wie es auch bei der jungen Frau geschehen war. Aus dem, was wir für uns selbst an Kenntnis und Stärke gewonnen haben, schöpfen wir und teilen diesen Erfahrungsschatz mit anderen, die davon profitieren können, womit sich der Kreis schließt.

Pfarrer Paul

Paul war eine gepflegte Erscheinung und in der Geschäftsleitung einer großen Firma sehr erfolgreich tätig, und man sah ihm sein Alter von sechzig Jahren überhaupt nicht an. Er wirkte mindestens zehn Jahre jünger.

Paul suchte mich auf, weil er einige körperliche Problemfelder hatte, wie er es selbst nannte. Zwei Jahre zuvor hatte er eine Bypass-Operation, mit deren Auswirkungen er einigermaßen umgehen konnte. Mehr belastend waren für ihn die Probleme im Unterleibsbereich, wobei er beobachtet hatte, dass die Beschwerden bei psychischen Belastungen verstärkt auftraten.

Nachdem ich mich eingestimmt und Gott um Hilfe gebeten hatte, bekam ich das folgende frühere Leben zu sehen: Paul war Pfarrer. Er trug eine schwarze Robe mit einem weißen Kragen. Liebevoll hielt er ein Baby in den Händen. Offensichtlich sollte das Kind getauft werden. Er hob es über ein Taufbecken. Da geschah etwas Entsetzliches: Das Kind hörte plötzlich in seinen Armen auf zu atmen! Pauls Körper erstarrte. Ich konnte die Tränen nicht zurückhalten, war ich doch total mit seiner Innenwelt verbunden und fühlte, was er in diesem Moment gefühlt haben musste.

Die nächste Szene zeigte, wie ihn die Menschen beschimpften und offensichtlich mit dem Bösen in Verbindung brachten, so, als hätte er einen Pakt mit der anderen Seite geschlossen. Sie wollten ihn nicht mehr in ihrem Dorf haben. Paul beschloss, nach Afrika zu gehen, um dort Missionar zu werden und den Kindern zu einem besseren Leben zu verhelfen.

Als ich Paul die Geschichte aus seinem Vorleben erzählte, entstand eine kurze Pause, nach der er zu sprechen begann: »Meine Lebensgefährtin ist aus Äthiopien, und wir sind beide damit beschäftigt, eine Schule in Äthiopien aufzubauen, um den Kindern dort eine Zukunft zu sichern. Ich habe bereits ein Grundstück gekauft, das hierfür geeignet ist. Aber es ist nicht einfach, die weiteren finanziellen Mittel zu erhalten.

2008 war ich in Äthiopien, in einer Stadt im Süden, ca. 200 km von der Grenze zu Kenia; ein grünes Land mit Wäldern, Savannen und einer reichen Vegetation. Eine junge schwangere Frau war während meines 2-monatigen Besuches dort. Sie wollte den Jungen nach mir benennen. Ich beschloss deshalb ein Jahr später, mit meiner Freundin nach Äthiopien zu fliegen, um den kleinen Jungen bei den Missionaren von Don Bosco taufen zu lassen. Der kleine Paul hatte jedoch schon einige Zeit eine Infektion. Wir haben ihn dann ins Krankenhaus gebracht und mussten erst mal weiter.

Als wir einige Tage später zurückkehrten und ich zu ihm ans Bett kam, ist der kleine Paul blau angelaufen und durch Herzversagen gestorben. Keine Chance. Zwei Tage später, am Tag der Beerdigung, traten bei mir dann plötzlich heftige Herzbeschwerden auf, und ich konnte weder Treppen steigen noch irgendeine andere Anstrengung verkraften. Die Folgen waren Rückflug nach Deutschland und Bypass-Operation.«

Ich konnte es kaum fassen: Paul hatte tatsächlich und tragischerweise zweimal das Gleiche erlebt. Da war es kein Wunder, dass die körperlichen Symptome sich so zeigten, denn in seinem Leben als Pfarrer, als das Kind während der Taufe plötzlich und unerwartet starb, blieb ihm fast das Herz stehen. Hinzukam, wie die Menschen danach reagierten.

Es wurde offensichtlich: Seine Mission von damals war noch nicht beendet, so dass seine Seele ihn in das vertraute Land zurückführen wollte, um die Arbeit, die er begonnen hatte, fortzusetzen. Später schickte mir Paul, den ich als ernsthaften, pflichtbewussten Mann einstufte, Bilder von sich mit den Kindern aus Äthiopien. Als ich die Fotos betrachtete, bekam ich eine Gänsehaut und war sichtlich berührt. Es war kein Vergleich zu dem Paul, den ich kennengelernt hatte. Hier sah man einen gelösten Mann, der im Mittelpunkt einer Gruppe von lachenden Kindern saß. Es herrschte eine fröhliche Atmosphäre, die mir zeigte: »Ja, da gehört er hin, und sein Herz weiß das, denn es lacht genauso wie Paul auf dem Foto.« Die Freude aller Beteiligten zog beim Betrachten der Bilder auch in mein Herz.

Während der Sitzung wurde mir von der geistigen Welt übermittelt, dass bald ein höherer Beamter in Pauls Leben treten würde, um ihm und seiner Frau bei ihrem Projekt zu helfen. Ich riet ihm also, er solle auf keinen Fall aufgeben, auch wenn es keine leichte Sache war, die noch fehlenden finanziellen Mittel zu beschaffen. Im Nachhinein erzählte mir Paul, dass er eine Verbindung zu einem äthiopischen Generalkonsul knüpfen konnte, der versprach, ihm zu helfen.

Wie wunderbar doch alles Hand in Hand geht. Wenn die Seele das tut, was sie sich vorgenommen hat, wird sie von Gott geführt, und plötzlich kommen Menschen in unser Leben, die aus dem Nichts auftauchen und unsere Sache unterstützen. Gott will, dass wir glücklich sind und das tun, was unserem Potential gerecht wird. In den nächsten Tagen nach der Sitzung erreichten mich folgende Zeilen:

Guten Abend, Andrea,
nach dem Besuch bei dir habe ich in der darauf folgenden Nacht durchgeschlafen von 22 Uhr bis 7 Uhr in der Frühe. Das klingt banal, ist aber für mich eine kleine Sensation,

da ich seit mindestens 10 Jahren nicht mehr durchgeschlafen habe. Normalerweise bin ich immer gegen 3-4
Uhr wach und betreibe meine nächtlichen Studien. In
einer Nacht muss ich manchmal zwischen dreimal und
jeder halben Stunde raus. Aber auch gestern in der Nacht
war ich nur einmal zum WC. Seit gestern spüre ich auch
kaum noch Schmerzen am linken Bein bzw. am Damm.
Die Dinge sind in Bewegung.

Unabhängig davon schöpfe ich aus der Berührung mit der
›Ganzheit‹ offenbar Kraft. Auf jeden Fall fühle ich mich
bei dir gut, und ich muss weiter daran arbeiten, auch die
andere Welt in mein Leben zu integrieren.

Herzliche Grüße, Paul

*Paul war sich zwischenzeitlich sicher, dass die Ursache
für seine Beckenbodenprobleme, Blase, Prostata und
Nieren in früheren Zeiten zu finden war, denn es gab in
seinem Leben keinen Grund für derartige Probleme, wie
er selbst sagte. Er war immer erfolgreich gewesen, außer
in Partnerschaften und Beziehungen, die stets von ihm
beendet worden waren. Dies stand eng im Zusammenhang mit seinen Gefühlen von Ablehnung, die schon früh
in der Kindheit präsent geworden waren und durch seinen Vater und seine Umgebung verstärkt wurden. Er empfand sich schon immer anders als andere.*

*Wie doch alles zusammengeht: Die Gefühle der Ableh-
nung, auf die er in geballter Form in dem Leben als Pfar-*

rer gestoßen war. Die Angst, jemanden zu verlieren und somit gerne alles selbst in die Hand zu nehmen nach dem Motto: Bevor mir wieder so etwas passiert, beende ich es lieber. Die emotional schmerzhafte Erfahrung wollte nicht noch einmal erlebt werden.

Aber gerade wenn sie wieder erlebt wird, haben wir den Schlüssel gefunden, mit dem wir die Tür zu erhöhtem Bewusstsein öffnen und lernen, anders mit Dingen, Beziehungen etc. umzugehen. Für Paul war es wichtig, sich im Vertrauen zu üben und insbesondere anderen Menschen gegenüber sein Misstrauen abzulegen, seine Gefühle zu zeigen und sich selbst in Hingabe zu üben.

Und natürlich sich selbst lieben zu lernen – nicht für den Umstand, in einer Sache gut oder erfolgreich zu sein, sondern einfach für das, was er ist, und wer er ist. Auch war es für ihn besonders wichtig, Freude zu leben und zu teilen, und wie konnte er das besser als mit Kindern? Ich drücke ihm von Herzen die Daumen, dass er sein Projekt in Äthiopien schnell fortsetzen kann.

Ute und der fehlende Arm

Die ersten Teilnehmer meines Engelbotschaftsabends hatten sich gerade eingefunden. Es waren drei, vier Menschen unter ihnen, die ich nicht kannte. Zu ihnen gehörte auch Ute, eine finster dreinblickende ältere Dame mit nur einem Arm.

215

Nachdem ich die einleitende Meditation beendet hatte, nahm ich Kontakt zu den Schutzengeln der Anwesenden auf. Meist handelte es sich in den Botschaften um derzeitige Lebensumstände oder Situationen und hilfreiche Antworten, damit der Betreffende besser und leichter mit seinem eigenen Leben umgehen konnte. Oft wurde auch auf Talente aufmerksam gemacht, die noch nicht gelebt wurden, damit diese in das jetzige Leben integriert werden konnten.

Während ich die ersten Kontakte knüpfte, bemerkte ich am Rande immer wieder Utes missbilligenden Blick. »Puh«, dachte ich, »mit ihr lasse ich mir doch ein wenig Zeit.« Als ich am Ende zu Ute kam, um mit ihrem Engel Verbindung aufzunehmen, spürte ich, dass mich etwas oder jemand störte. Ich atmete tief. Ihr Engel erschien, doch gleichzeitig trat eine Person vor den Engel, die allem Anschein nach ihre verstorbene Mutter war.

»Während sich dein Engel zeigt, liebe Ute, schiebt sich deine Mutter Anna vor ihn. Ich weiß nicht, warum sie das tut. Aber es scheint ihr ein dringendes Bedürfnis zu sein, etwas loszuwerden. Sie möchte, dass du ihr verzeihst!« Ute verzog keine Miene.

Also konzentrierte ich mich wieder auf den Engel, der etwas über ihre Aufgaben in diesem Leben mitteilte. Er zeigte Ute, die sicher schon Rentnerin war, umgeben von Kindern und sagte: »Sie ist eine wunderbare Lehrerin. Sie hat viel Verständnis und gibt ihnen das Gefühl, gut aufgehoben und verstanden zu sein.«

Ute äußerte daraufhin nur, dass sie ab und zu zwei Kinder zur Aufgabenbetreuung bei sich hätte. Sie wirkte irgendwie genervt, und als sie bemerkte, dass sich die Botschaft dem Ende zuneigte, schoss es aus ihr heraus: »Ich will endlich wissen, warum ich das hier habe!« Sie zeigte auf ihren nicht vorhandenen Arm. Ich erschrak über diese plötzliche Reaktion und fragte innerlich nach, bekam jedoch nur gähnende Leere zu spüren.

»Ich bekomme es nicht gezeigt. Tut mir leid. Aber vielleicht magst du einmal zu einer Einzelsitzung kommen. Es scheint mir, als wäre dies eine zu persönliche Geschichte.«

Johanna, eine weitere Teilnehmerin, warf prustend ein: »Pah, da kannst du aber lange warten!« Innerlich musste ich lächeln. Ute war es nicht zum Lachen, ernsthaft und steif nahm sie Abschied. Ich hätte nie gedacht, dass sie sich tatsächlich einige Monate später telefonisch melden würde, um einen Termin für eine Sitzung zu erfragen.

Innerlich bereitete ich mich auf eine schwierige Sitzung vor. Als ich sie bat, Platz zu nehmen, und fragte, warum sie da sei, war ich zunächst erstaunt, hatte ich doch fest damit gerechnet, dass sie mit der gleichen Frage kam wie beim damaligen Botschaftsabend. Ich hatte meine Engel bereits vorher inständig darum gebeten, mir dieses Mal zu zeigen, warum Ute diese Beeinträchtigung hatte.

»Ich möchte mit meiner verstorbenen Freundin Kontakt aufnehmen.« Das war nun wirklich eine Überraschung!

»Okay«, sagte ich, »ich versuche mein Bestes. Garantieren kann ich es jedoch nicht. Aber ich bin guter Dinge, da es bislang noch immer geklappt hat. Ich brauche einen Moment, ja?«

»Geht in Ordnung«, hörte ich sie sagen, und ihr Wesen fühlte sich mit einem Mal viel weicher, fast kindlich, an.

Als Erstes trat ihr Schutzengel in Erscheinung. Der Engel zeigte mir ein früheres Leben von Ute, von dem ich wusste, dass es die Antwort auf die Frage nach ihrem verlorenen Arm bieten würde. »Na prima«, sagte ich, mal wieder unausgesprochen, zu mir selbst. »Einmal fragt man nach dem Umstand der Beeinträchtigung und bekommt keine Antwort. Ein anderes Mal geht es um einen Jenseitskontakt, und plötzlich kommt die andere Antwort!« Ich entschuldigte mich bei Ute: »Ein bisschen

Geduld noch mit deiner Freundin, ja? Dein Engel zeigt mir etwas sehr Bedeutendes für dich.«

Ich wurde in eine Zeit zurückversetzt, in der es noch Großgrundbesitzer und Frondienste gab. Ein herrschsüchtiger Mann zeigte sich vor meinem inneren Auge. In seiner Nähe ein junges Mädchen von etwa zwölf Jahren. Sie wirkte schmal und zerbrechlich. Es war offensichtlich, dass sie für diesen Mann, der ein hohes Ansehen in der Stadt oder dem Dorf hatte, arbeiten musste. Der Mann stellte dem jungen Mädchen immer und immer wieder nach, und sein lüsternes Gesicht ruhte beständig auf ihr. Ich sah, wie er sie packte und sich gefügig machen wollte. Sie wehrte sich. Die Szene wiederholte sich. Das Mädchen vertraute sich schließlich ihrer Mutter an. Die Mutter sah sie ungläubig an, und ich verstand, dass sie ihrer Tochter keinen Glauben schenkte und das Mädchen enttäuscht zurückblieb.

Die Mutter des Kindes war in jener Zeit Ute gewesen. Als das Mädchen das nächste Mal ihre Arbeit bei diesem abstoßend wirkenden Menschen verrichtete, sah er seine Gelegenheit gekommen, packte sie am Arm mit der Absicht, dieses Mal nicht von seinem Vorhaben abzulassen. Das Mädchen wehrte sich mit aller Kraft. Der Mann geriet in Wut. Ich konnte nicht genau sehen, wie er es bewerkstelligte (vielleicht auch zu meinem eigenen Schutz), aber ich verstand deutlich, dass er etwas tat, was im weiteren Verlauf den Verlust ihres Armes bedeutete. Das Kind von damals war Utes Mutter in diesem Leben. Die Mutter war schockiert, als sie ihr Kind erblickte, aber keiner im Dorf glaubte die Geschichte der Tochter.

Ich fragte den Engel nach der Seelenaufgabe von Ute in diesem Leben. »Sie ist gekommen, um Kindern den Rücken zu stärken. Ihr Wunsch war es, Lehrerin zu werden, nicht nur, um Kindern etwas beizubringen, sondern vor allem, um für sie da zu sein, für sie Verständnis zu haben, ihnen zuzuhören, sie zu beschützen. Sie trägt ein großes Schuldgefühl, weil sie ihrer Tochter damals keinen Glauben schenkte. Deshalb hat sie es durch den Verlust ihres eigenen Armes wieder gutmachen wollen.« Ich gab Ute alles eins zu eins weiter. Sie schwieg für einen Moment und platzte dann im nächsten Moment heraus: »Weißt du, wie alt ich war, als ich meinen Arm verloren habe?«

»Nein«, antwortete ich ihr.

»Genau zwölf!«

Ich war erstaunt. Ihre Seele musste sich an die Zeit, als ihre Mutter das eigene Kind von zwölf Jahren war, erinnert haben. »Wie ist das mit deinem Arm passiert?«, fragte ich.

»Ich hatte einen Bruch. Man gipste mir den Arm ein, doch ich bekam große Schmerzen und wurde fiebrig. Meine Mutter reagierte nicht rechtzeitig. Als man mir den Gips abnahm, war die Infektion bereits so weit fortgeschritten, dass die Ärzte nichts mehr tun konnten. Schließlich amputierten sie ihn mir.«

»Habt ihr nichts unternommen im Nachhinein? Ich meine, habt ihr nicht geklagt?«, fragte ich.

»Doch, schon. Meine Mutter hat versucht, die Ärzte zur Rechenschaft zu ziehen, aber sie bekam zu hören: Wenn Sie nicht merken, dass ihr Kind schon so lange Zeit fiebrig ist, ist das nicht unsere Schuld!«

Das war interessant, denn Utes Mutter verhielt sich tatsächlich so, wie Ute ihr gegenüber in einer anderen Zeit. Ute ihrerseits wählte die gleiche Erfahrung, die ihre Mutter als ihr Kind von damals erlebt hatte. »So, jetzt ist alles gut!«, schloss ich. »Jetzt weißt du auch, warum sich deine Mutter beim Botschaftsabend vor deinen Engel drängte und dich um Verzeihung bat. Ihr seid quitt, und du musst auch keine Schuldgefühle mehr haben. Und jetzt kommen wir zu deiner Freundin ...« Diese hatte sich schon bemerkbar gemacht, und es wurde noch eine schöne Sitzung.

Ute rief mich eine Woche später an und trällerte fröhlich: »Ich habe mich schon lange nicht mehr so froh gefühlt! Die ganze Woche über geht es mir schon so gut, dass ich ständig vor mich hinsinge!«

Schön, dass Ute dem Wunsch ihrer Seele in diesem Leben nachkam und Lehrerin wurde. In dieser Funktion konnte sie lernen, ›zuzuhören‹, aufmerksam zu sein und den ihr anvertrauten Kindern Schutz zu schenken. Sie machte alles wett, was sie ihrer eigenen Meinung nach in ihrem Vorleben versäumt hatte.

Für Ute war es wichtig, dass sie sich nun selbst für ihre Unachtsamkeit ihrem damaligen Kind gegenüber, ihrer jetzigen Mutter, vergeben konnte und ihrerseits ihrer Mutter für dieses Leben vergab. Es geht nicht so sehr um Schuld, sondern meist eher um das gleiche Erleben dessen, was man beabsichtigt oder unbeabsichtigt einem anderen an Schmerzen zugefügt hat. Durchlebt die Seele den gleichen Schmerz, lernt sie hinzu. Sie durchwandert alle Gefühlsebenen, um immer reiner und bewusster zu werden.

Birgit und das Feuer

Während eines Kongresses wurde ich von meinem Engel zu einer jungen Frau namens Birgit in den hintersten Reihen geführt. Als ich sie bat, mit ihr arbeiten zu dürfen, wirkte sie sehr überrascht.

»Birgit, dein Engel zeigt sich hinter dir. Wunderschön schaut er aus, und er beugt sich zu dir. Du müsstest ihn eigentlich jetzt spüren können. Er küsst dich fast. Fühlst du das?«

Die Augen groß nach links und rechts bewegend, erwiderte sie erstaunt: »Ja! Mir wird auch gerade sehr warm.«

»Ja, wenn der Engel sich so nah zeigt, ist es kein Wunder, dass es dir warm wird«, erwiderte ich. »Mal schauen ...« Augenblicklich wurde mir ein früheres Leben von Birgit gezeigt. Zunächst sah ich ein Gebäude, hörte Kinderstimmen und nahm ein wildes Durcheinander von Kindern wahr. Dann sah ich in dem Gebäude ein Feuer. Es musste eine Art Kurzschluss gegeben haben, denn mir wurde ein kleines Kästchen mit Schaltern gezeigt. Dieses Kästchen war wohl der Auslöser für die Zündung. Fast alle Kinder waren durch das Feuer gestorben.

Nun sah ich Birgit, wie sie verzweifelt und weinend, die Hände erschüttert vor das Gesicht haltend, im Freien stand. »Ich konnte nichts tun!«, hörte ich aus ihrer Seele. »Es ist meine Schuld.« Birgit war die Lehrerin der Kinder gewesen.

»Das ganze Gebäude stand in Flammen ... es war nicht deine Schuld, aber du fühltest dich schuldig, weil du nichts tun konntest. Es ist Zeit, das Schuldgefühl abzulegen«, sagt dein Engel. »Und dass es schön wäre, wenn du in Zukunft wieder etwas mit Kindern tun würdest.«

Birgit wirkte irritiert, bedankte sich aber. Später erfuhr ich, dass sie auf den Kongress gekommen war, um für einen weiteren Referenten ein Video aufzuzeichnen. Sie fungierte als Kamerafrau und war von Beruf Regisseurin. Als wir uns vor dem Veranstaltungssaal wiedertrafen, sprach ich sie nochmals an.

»Alles in Ordnung mit dir?«, wollte ich wissen. »Du hast vorhin so verwirrt ausgeschaut ...«

»Ja, das mit den Kindern hat mich zum Nachdenken gebracht. Ich habe überlegt, was ich mit Kindern tun soll. Ich kann´s mir nicht so richtig vorstellen.«

Am Abend beschlossen Volker und ich, in der Bar noch etwas zu trinken. Eine Gruppe von fünf, sechs Leuten hatte es so richtig lustig, und wir nahmen deshalb gegenüber von ihnen unseren Platz ein. Birgit befand sich unter diesen Menschen. Mir war unbehaglich, weil die Sache mit den Kindern irgendwie im Raum stand und es schließlich nicht Birgits Lebenstraum war, mit Kindern zu arbeiten. Da sprach sie mich plötzlich an: »Danke dir nochmal, Andrea. Ich muss dir sagen: Du warst heute meine Rettung!«

»Wieso das denn?«, fragte ich zurück.

»Es geht mir derzeit nicht gut, und so habe ich mir hier zwischendurch die unterschiedlichsten Beiträge angeschaut, um eventuell Hilfe zu erhalten. Aber ich fühlte mich nur noch deprimierter. Du warst heute mein Highlight, und danach fühlte ich mich endlich wieder gut.«

»Oh, das erleichtert mich sehr, dachte ich doch, dass du nichts davon gehabt hättest.«

Wir blieben miteinander in Kontakt und freundeten uns an. Wann immer Volker und ich uns in der Gegend aufhielten, vereinbarten wir ein Treffen. Später erfuhr ich, dass Birgit zwischenzeitlich Workshops für Jugendliche angeboten hatte, um ihnen beizubringen, mit Kameraführung und Ähnlichem umzugehen. Ich war hocherfreut, das zu hören, denn es war eine Bestätigung dessen, was mir ihr Engel übermittelt hatte. Die Lehrerin war doch wieder durchgekommen, und ich bin mir sicher, dass die Jugendlichen bei ihr mit viel Begeisterung den Kurs absolvierten. Und wer weiß, ob nicht auch ein paar Seelen aus vergangenen Tagen dabei waren!

Die Freude sollte in Birgits Leben wieder einziehen, das hatte der Engel deutlich gemacht. Mit der Freude am Tun in Verbindung mit Kindern würde auch ihr altes Schuldgefühl im Laufe der Zeit verschwinden. Später erzählte mir Birgit, dass sie durch die Botschaft auch verstanden hätte, warum sie sich in diesem Leben vor dem Ausbruch eines Feuers fürchtete.

»Ehrlich, ich habe bislang ständig hunderttausendmal überprüft, ob auch alles in der Wohnung ausgeschaltet ist, bevor ich das Haus verließ. Fast krankhaft habe ich alles doppelt und dreifach überprüft, Herdplatte und alles Mögliche. Jetzt weiß ich auch, warum ...«

Mit der Klarheit über eine negative Erfahrung von einst verliert sich meist auch der Angstzustand, weil der Mensch das Erlebnis in die Vergangenheit einordnen kann. Er versteht die Ursache seiner Denk- und Handelsweisen und kann sie durch Mitgefühl und Verständnis loslassen. Er weiß, dass das Erlebte nichts mit der Gegenwart oder Zukunft zu tun hat, und fühlt sich nicht mehr unter ›Zugzwang‹, etwas Bestimmtes tun zu müssen. Durch Erkenntnis kann er die Gewohnheit durchbrechen.

Ich bat Birgit einige Jahre später, ihre Geschichte teilen zu dürfen, und sie stimmte sofort zu. Zu ihrer Angewohnheit, alles im

Haus kontrollieren zu müssen, sagte sie: »Ich tue es immer noch, aber ich weiß jetzt, woher es kommt, und die Angst, dass etwas passieren könnte, hat sich deutlich abgeschwächt.

Martina und der Hungertod

Die 21-jährige Klientin, die meine Hilfe beanspruchte, suchte nach einer Erklärung und Besserung ihrer Essstörungen, unter denen sie bereits seit vier oder fünf Jahren litt. Martina war eine sympathische, offene und warmherzige junge Frau, deren Aura-Feld viel Violett und Grün aufzeigte – ein Indiz für Medialität, Empathie und Heilkraft. Nur im Schulterbereich wirkten die Farben gedämpft. Das führte mich zu dem Schluss, dass Martina eine Bürde auf den Schultern trug, eine Verantwortung, die sie als große Last empfang.

Ich fragte Martinas Seele nach den Umständen ihrer Essstörung. Kurz darauf wurde mir ein früheres Leben von Martina gezeigt, das offensichtlich die Ursache für ihre heutigen Beschwerden war. Wenn mir ein Leben des Verständnisses halber gezeigt wird, ist es meist das Leben, das den größten Schmerz oder das größte Schuldgefühl in der Seele des Menschen hinterlassen hat. Auf Seelenebene sehe dann nicht nur ich die Ursache, sondern auch der Klient ›schaut‹ auf innerer Ebene mit. Das muss in der Persönlichkeit, also im Derzeit-Bewusstsein, nicht unbedingt wahrgenommen werden. Doch meist zeigt sich auch hier das ›Wiedererleben‹ durch emotionale Ausbrüche oder durch Tränen, die während des inneren Erlebens vergossen werden. Das war bei Martina auch der Fall.

Martina lebte in dem betreffenden Leben in Indien in der Zeit von Mahatma Gandhi. Ich bekam zwei Männer zu sehen, die sich im Gefängnis im Hungerstreik befanden. Weiter verstand ich, dass nur einer der beiden Männer überlebte. »Mit beiden Männern hatte Martina zu tun«, hörte ich innerlich zu meinem Verständnis. »Einer davon war ihr Ex-Freund und der andere ist ihr derzeitiger Partner.« Ich hatte zudem das Gefühl, dass sich beide Männer auch in diesem Leben kannten. Zu Martina gewandt, erklärte ich: »Du wolltest deine Schuldgefühle gegenüber beiden Männern loswerden. Ihr drei hattet eine tiefe Freundschaft miteinander, aber weil du dich nicht solidarisch gezeigt hast und auch nicht mit ihnen in den Hungerstreik eingetreten bist, fühltest du dich schuldig.

Du hättest es gerne getan, aber du hattest Kinder zu versorgen, und dein Verantwortungsgefühl ihnen gegenüber war einfach größer. Trotzdem hast du dich wie eine Verräterin gefühlt, und das ist der Grund, warum deine Seele meint, es durch eine Essstörung oder die Ablehnung von Nahrung wiedergutmachen zu können. Du wolltest beiden Männern zeigen: Ich bin mit euch solidarisch, und ich hole nach, was ich damals versäumt habe. Du musst jetzt aufhören mit diesem Schuldgefühl! Sie haben es dir nicht übel genommen. Das schaffst du auch, denn bereits jetzt kehrt die Sonne in dir wieder zurück.

Des Weiteren zeigt mir dein Engel, dass du mit etwas Bürokratischem beschäftigt und damit nicht gerade happy bist«, führte ich weiter aus.

»Das stimmt«, erwiderte Martina. »Ich mache eine kaufmännische Ausbildung, und sie macht mich in der Tat nicht glücklich.«

»Das kann ich mir gut vorstellen. Und dein Engel übermittelt mir, dass es auch wirklich überhaupt nichts für dich ist!« Ich wurde mir dessen bewusst, was ich gerade an Martina weitergegeben hatte, und mir war klar, dass es eine große Verantwortung war, ihr das zu sagen, bedeutete es doch auch eine mögliche totale Veränderung ihres jetzigen Lebens und Berufes. Ich suchte nach einer ›Rückversicherung‹ durch ihren Engel, der mir das Gesagte noch einmal bestätigte und mir folgendes Bild zeigte: Martina war mit Menschen auf sehr fürsorgliche Art und Weise in einer Art Praxis beschäftigt. Es wurde offenbar, dass sie diese Fürsorglichkeit und das mitgebrachte Verständnis, die menschliche Güte und Wärme auf freudvolle Art mit Menschen teilte. Viele Leben hatte sie diese Attribute in ihrer Arbeit mit Kindern ausgelebt.

Das Bild, das Martinas Schutzengel zeigte, war das einer sozialen Tätigkeit. »Ich sage das nicht gerne, Martina ... und irgendwie doch ..., weil dein gewählter Beruf nicht deine Bestimmung ist. Es war eine Fehlentscheidung, und deshalb fühlst du dich auch nicht glücklich, da, wo du jetzt bist. Es wäre nicht zu spät, etwas Neues anzufangen, etwas, das viel besser zu dir passt und wozu du auch bestimmt bist, und das wäre ein sozialer Beruf. Später vielleicht sogar in eigener Praxis. Das wird auf leichte Art und Weise passieren. Es wird dir etwas angeboten werden.«

Martina bestätigte mir, dass sie auch das Gefühl habe, dass ihr momentaner Beruf sie nicht glücklich machen würde und sie ursprünglich auch lieber etwas Soziales machen wollte.

»Ich kann mir vorstellen, dass es zunächst nicht so einfach erscheint, das zu ändern.« Mir kam Martinas Mutter in den Sinn, die ich aus vielen gemeinsamen Heilsessions mit Volker kannte, und war mir darüber im Klaren, dass sie es bestimmt nicht begrüßen würde, wenn ihre Tochter ihre Ausbildung abbrechen sollte, um etwas Neues zu beginnen. »Aber du schaffst das«, fuhr ich fort, »und es wird dich und die Menschen, die dir anvertraut werden, sehr glücklich machen.

Dein Engel zeigt auch, dass du gerade eine Fremdsprache erlernst. Stimmt das?«

»Ja!« Martina lachte überrascht auf. »Ich lerne gerade Englisch!«

»Bleibe dabei, sagt dein Engel. Du wirst es in der Zukunft brauchen. Ich sehe dich auch mit einem Rucksack alleine reisen … eine größere Reise ist das, sieht für mich aus wie Thailand oder so. Zudem solltest du auch einmal nach Irland reisen, liebe Martina. Du hast dort ein sehr schönes Leben verbracht, und die Erinnerung daran kehrt sicher zurück.«

»Das ist ja witzig«, antwortete Martina. »Ich denke schon seit zwei oder drei Monaten darüber nach, nach Irland zu reisen.«

»Ha, siehst du?! Nichts kommt von ungefähr!«

Für meine junge Klientin war es in diesem Leben sehr wichtig, sich selbst lieben und schätzen zu lernen. Selbstliebe zu entwickeln war ihre allerwichtigste Seelenaufgabe. Sie war bereits eine sehr verantwortungsbewusste Seele, die lernen durfte, ihre Bedürfnisse nicht hinter die Bedürfnisse anderer zu stellen. Ihr Engel zeigte für Martina, dass in Einfachheit und mit Begeisterung leben ›Wünsche ihrer Seele‹ für diese Leben waren.

Etwa fünf Jahre nach dieser Sitzung traf ich Martina mit ihrer Mutter auf der Verabschiedungsparty einer Freundin zufällig wieder. Sie erzählte mir, dass sie ihre Ausbildung zur Kauffrau tatsächlich gekündigt hatte und mittlerweile Ergotherapeutin geworden war. Demnächst würde sie in einer Institution für beeinträchtigte Kinder und Erwachsene einen angebotenen Job beginnen. Sie freute sich sichtlich darauf und wirkte fröhlich und leicht wie eine Feder.

Martina hatte in der Zwischenzeit eine längere Reise nach Thailand unternommen und war mit ihrer Mutter gemeinsam nach Irland gereist. Während des Festes erzählten beide Frauen begeistert von dieser Reise. Für ihre Mutter war Martinas Entschluss, ihren alten und sicheren Arbeitsplatz zu verlassen, bestimmt nicht einfach gewesen. Doch ich spürte, wie glücklich auch die Mutter über Martinas Werdegang war, und darüber, wie sich ihr Tochter zu einer selbständigen Frau entwickelt hatte, die es sich erlaubte, das zu tun, was sie wollte.

Im Laufe meines Lebens bin ich sehr vielen Menschen begegnet, die nicht glücklich mit dem sind, was sie den ganzen Tag tun. Aber sie tun es trotzdem. Warum nur? Viele werden denken: »Na, des Geldes wegen ... ich muss doch meine Familie ernähren.« Einige werden denken: »Ich kann nichts anderes als das, was ich jetzt tue.« Und wieder andere fürchten sich vor Neuerungen. Was ich feststellen durfte, war, dass jeder Einzelne, der den Mut aufbrachte, seinen Traum zu leben, mit den nötigen finanziellen Mitteln, mit Begeisterung, Freude und Zufriedenheit beschenkt wurde.

Jeder Mensch auf meinem Weg, der sein Hobby zum Beruf machte oder seiner Bestimmung folgte, wurde im Leben dafür reichlich belohnt. Tue nichts nur des Geldes wegen. Es kommt von alleine, wenn du tust, was dir Spaß macht.

Fühle dich nicht als unzulänglich oder festgefahren, denn das Leben ist keine Einbahnstraße. Wenn du nichts Neues wagst, wirst du nie wissen, ob du es hättest schaffen können, oder wie viel Freude dir die angedachte Tätigkeit bereitet hätte.

Wenn du unglücklich bist mit deinem jetzigen Beruf, gibt es nur zwei Möglichkeiten: Ändere die Situation, oder schaffe eine neue.

Wie kann man die Situation verändern? Deine Einstellung zu einem Umstand oder zu Personen, die es dir an deinem Arbeitsplatz schwer machen, darf verändert werden. Und wenn das nicht hilft, gehe weiter und suche die Veränderung an einem anderen Ort.

Wir haben dieses Leben von Gott geschenkt bekommen, um unser Potential zu leben, nicht um es zu vergeuden. Es ist schade, wenn sich Menschen in ein Schicksal fügen, das nicht zu ihnen passt.

Ich erinnerte mich an den besagten Botschaftsabend in Österreich, der mir schwer im Magen liegen geblieben war, weil alle Verstorbenen, die mit einer Nachricht durchkamen, bedauerten, dass sie ihr Leben nicht in vollen Zügen gelebt hatten. Sie hatten weder Hobbys noch bestimmte Vorlieben, sie wussten nichts über sich zu erzählen, weil einfach nichts passiert war. Es war eine Warnung für mich und die Anwesenden, bewusster zu leben und die Zeit, die wir hier auf Erden haben, mit Freude zu füllen.

Nur das nimmst du mit ins Jenseits: Freude, die gelebt und geteilt wurde, Liebe, die in dich hinein und aus dir herausgeflossen ist, und Weisheit, die du als spirituelles Wesen in einem menschlichen Kleid erworben hast.

Praktische Übung

Angst und ihre positive Ausrichtung

Viele Ängste haben sich bereits in früheren Leben entwickelt. Doch oft fällt es uns schwer, die Ängste zu benennen. Versuche einmal, die Angst genauer zu definieren. Ist es die Angst ...

... vor dem Alleinsein?

... vor emotionalem Schmerz?

... vor dem Tod?

... vor Verlust?

... vor Krankheit?

... vor Versagen?

... vor Nähe?

Wie fühlst du dich in dieser Angst?
Ohnmächtig, hilflos, traurig, ungeliebt, wütend?

Wo in deinem Körper und was genau fühlst du?
Betrachte dein Negativ-Gefühl und nimm das Pendant dazu. Die Medaille hat immer zwei Seiten. Betrachte die negative Seite und erkenne, welches Ziel die positive Ausrichtung hat. Dann weißt du im Grunde bereits, welche Eigenschaften deine Seele in diesem Leben aufnehmen oder mehr integrieren wollte.

Beispiele dazu sind:

Fühlst du Trauer, weißt du, für dich geht es um Freude. Fühlst du dich hilflos, darfst du die eigene Kraft entdecken. Fürchtest du dich vor Versagen, darfst du Mut und Vertrauen aufbringen. So kannst du für dich herausfinden, wohin die Reise geht.

KAPITEL 5

Wenn die Seele sich erinnert

Als Seele sind wir die Summe all unserer Erfahrungen aus dieser sowie aus früheren Inkarnationen. Alle Erinnerungen sind in uns gespeichert, die guten wie auch die nicht so guten. Da unsere Persönlichkeit, also das, was wir in diesem Leben als Kleid übergestreift haben, mit unserer Seele verbunden ist, entsprechen unsere Vorlieben, Abneigungen und auch manchmal unmittelbar auftauchende Körpersymptome diesen gesammelten Erfahrungen. Wie sich die negativen Erinnerungen auch im heutigen Leben äußern können, zeigen die folgenden Geschichten.

Beate und der Friseur

Beate war eine gepflegte Mittfünfzigerin, die mich eines Tages wegen einer immer wiederkehrenden Angst aufsuchte, die sich als sehr spezifisch erwies: Beate hatte Angst vor dem Friseur!

»Weißt du, Andrea, ich bekomme wirklich Panikattacken, wenn ich zum Friseur muss. Wenn er mir mit der Schere von hinten kommt, habe ich Schweißausbrüche und fühle mich total beklommen. Zudem muss ich aus den Augenwinkeln immer nach hinten in den Raum schauen, weil ich die Befürchtung habe, dass sich etwas Ungutes von dort nähern könnte.«

Ich stimmte mich auf Beates Seele ein und erhielt folgendes Bild: »Du warst erste Kammerzofe am königlichen Hof. Weil deine Herrin gehen musste, wurdest auch du zum Tode durch Enthauptung verurteilt. Die Erinnerung daran muss so fest sitzen, dass du noch heute an das Scheren der Haare, das man vor der Enthauptung vorgenommen hat, schockiert zurückdenkst.« Für Beate war das sehr stimmig, und offensichtlich konnte sie den Schock aus der damaligen Zeit durch das erneute Aufleben überwinden. Sie hatte, wie sie mir später berichtete, seit dieser Sitzung nie mehr Angstzustände beim Friseur.

Während der medialen Arbeit stellte ich mit der Zeit fest, dass sich bei Menschen durch Begegnungen mit Seelen aus früheren Zeiten plötzlich ein körperliches Leiden zeigen konnte, das sie an unschöne Ereignisse aus der Vergangenheit erinnerte.

Oder die Erinnerung eines schockierenden Erlebnisses trat mit dem Erreichen eines bestimmten Alters auf. Wenn beispielsweise ein schlimmes Ereignis im Alter von vierzig Jahren mit einem Freitod geendet hatte, erinnerte sich die Seele auch in diesem Leben bei Erreichen dieser Lebenszahl an das Ereignis, und der Körper oder die Psyche reagierte darauf, sofern das Problem oder die daraus resultierenden Gefühle noch nicht ganz verarbeitet waren.

Auch ich habe mehrmals in diesem Leben emotionale wie auch körperliche Auswirkungen erlebt durch Erinnerungen, die aus früheren Inkarnationen hochkamen:

Meine Angst vor Übergewicht

Als ich dreizehn Jahre alt wurde, überkam mich die plötzliche Furcht, dick zu werden. Nach jedem Festmahl begann ich sofort, die einverleibten Kalorien meist in Form von Liegestützen abzutrainieren. Von jedem Nahrungsmittel, das ich zu mir nahm, war ich bestens über die Kalorienanzahl informiert, und niemals überschritt ich den Mindestbedarf.

Maya spürte das hierfür relevante Leben auf. Es ergab sich einfach während einer Sitzung für mich: »Du bist eine Yogini gewesen. Als du 13 Jahre alt warst, wurdest du mit einem weitaus älteren Mann verheiratet, typisch für Indien. Deine Schwiegermutter hatte dich, weil du, naja, rundlicher warst, stets deswegen gehänselt. Eines Tages konntest du ihre bösen Anspielungen nicht mehr ertragen und hast Gott um Hilfe gebeten.

›Lieber Gott‹, hast du gesagt, … ›willst du mir bitte helfen, dass ich nie mehr in meinem Leben etwas essen muss?‹ Gott hat dein Gebet erhört und dir einen Meister auf den Weg geschickt. Seitdem hast du nie wieder einen Bissen zu dir genommen und bist dafür berühmt geworden.«

Damals, als Maya mir dies eröffnete, musste ich sofort daran denken, wie fanatisch ich mit dem Essen bei Eintritt in mein dreizehntes Lebensjahr wurde. Das gleiche Alter, in dem ich in Indien von meiner Schwiegermutter wegen meines Überge-

235

wichts so gehänselt und gedemütigt worden war! Zum Glück verlor sich mein Angstzustand nur wenige Monate später wieder, was unter Betrachtung der Ereignisse von damals nur logisch erscheint.

Der Meister, der mir damals half, mit einer bestimmten Atemtechnik mein Ziel zu erreichen, kreuzte im Übrigen auch in diesem Leben wieder meinen Weg. Als ich auf unserer ersten Nord-Indienreise von einer Nonne ins Kriya Yoga eingeweiht wurde, ›sah‹ ich meinen damaligen Meister während der Initiation wieder. Er war derjenige, der mir geholfen hatte, ohne Nahrung auszukommen. Jetzt war es seine Seele, die mich einweihte. Die Erkenntnis darüber ließ mein Herz während des heiligen Moments vor Liebe und Dankbarkeit überschwappen, weil er mir auch in dieser Zeit zur Seite stand.

Er erschien mir noch einige Male später, einmal im Traum, aus dem ich von ihm erweckt wurde, und in Visionen. Auch schenkte er mir, was ich als große Gnade empfand, Heilung meines Körpers, der so einer Operation entging. Der Yogi-Meister war der Mann, der mich als Fünfjährige aus meinem Schlaf geweckt und vor dem ich mich unsinnigerweise so gefürchtet hatte. Es war Babaji, ›the ultimate yogi‹[6].

---

[6]Mahavatar Babaji ist ein mythologischer Sadhu, der seit vielen Jahrhunderten im Himalaya existiert und über Jahrhunderte gesichtet wird. Er wird in Paramahansa Yoganandas Buch ›Autobiographie eines Yogi‹ beschrieben.

Ein gewaltsamer Tod

Auch mein Nachbar Harald wurde Auslöser für Erinnerungen meinerseits, die ich ebenso wie Beate auf ähnliche Weise mit unangenehmen Gefühlen verband. Harald lebte ein paar Häuser entfernt von mir. Wenn ich mit meiner Hündin Gina auf das nahegelegene Feld für die morgendliche Gassi-Tour ging, musste ich quasi sein Haus passieren. Ich begegnete Harald relativ häufig auf diesen Feldweg-Touren. Anfangs grüßten wir uns nur freundlich, aber mit der Zeit kamen wir ins Gespräch. Harald war offensichtlich auf der Suche.

Es ergab sich, dass er von meiner Arbeit erfuhr. Er wirkte aufgeschlossen und wissbegierig, und ich hatte das Gefühl, dass ihm die wenigen Minuten Gespräch gut taten. Ich erzählte ihm von Maya und Prem Rawat (Maharaji) und schlussendlich erwarb er auch ›knowledge‹ von ihm. Er schien überglücklich damit zu sein.

Ich erfuhr, dass er als Kind sehr schlecht von seinen Eltern und Familienmitgliedern behandelt worden war. Demütigungen waren während seiner traurigen Kindheitstage allgegenwärtig. Die Einweihung von Maharaji und die Techniken von ›knowledge‹ halfen ihm, wieder einen neuen Zugang zu sich selbst zu finden. Doch wunderte ich mich darüber, dass mein Nachbar jedes Mal, wenn ich mit Gina vor die Tür ging, schon an der nächsten Ecke auf mich wartete.

Wenn der sympathische Harald mit mir sprach, hatte er eine für mich sehr unangenehme Angewohnheit: Er trat immer sehr nahe an mich heran, und sogleich fühlte ich einen Kloß in meinen Hals. Ich bekam kaum Luft und wünschte mir nichts sehnlicher, als dass er aus meinem Feld abwandern würde. Da er meinem inneren Wunsch jedoch nicht nachkam, trat ich jedes Mal ein paar Schritte zurück, nur um festzustellen, dass er ›nachrückte‹. »Bleib` doch um Himmels willen weg von meinem Hals!«, dachte ich ein paarmal. Es half nichts. Als es eines Tages wieder geschah, machte ich eine Feststellung: »Bestimmt warst du einmal mein Henker in einem früheren Leben.« Ich war geradezu überzeugt von dem Gedanken, sprach ihn aber natürlich nicht aus.

Eines schönen Tages, ich war bei meinem morgendlichen Ritual mit Gina, erwartete mich Harald wie gewohnt bereits um die Ecke. »Ah, Andrea! Ich muss dir was erzählen ...«, empfing er mich aus einigen Metern Entfernung und steuerte auf mich zu. »Ich habe heute Nacht von dir geträumt!«

»Ach so? Ich hoffe, nur etwas Gutes!«, gab ich ihm lächelnd zurück.

»Nein, überhaupt nichts Gutes! Ich habe geträumt, dass ich dein Henker war am englischen Hof!«

»Ha, naja, das macht nichts ... es ist lange her, und ich bin mir sicher, du hast deinen Job gut gemacht. Es war eben auch nur ein Beruf, der in seiner Tradition vom Vater an den Sohn weitergegeben wurde. Keine Sorge, es ist alles vergeben.«

Daraufhin mussten wir beide lachen, und die Erinnerung wurde gelöst. Doch du siehst: Mein Hals hatte sich sehr wohl daran erinnert!

Ein merkwürdiger Schmerz

Vor vielen Jahren erlebte ich ein weiteres Aufblühen alter Ereignisse einer früheren Inkarnation. Volker und ich waren dabei, unsere Fühler ein wenig mehr über die Grenzen Deutschlands und Österreichs hinaus auszustrecken. Mein Mann hatte dementsprechend eine Organisation ausfindig gemacht, die uns eine Plattform bot, um unsere Arbeit vorzustellen. Er nahm Kontakt mit dem Firmeninhaber auf, und wir vereinbarten einen Termin.

Vor diesem Termin hatten wir ein gemeinsames Seminar und planten, an unserem Abreisetag noch eine Runde im nahegelegenen Wellness-Hotel zu schwimmen. Als ich meine Runden drehte, überkam mich ein stechender Schmerz im linken Knie. So heftig, dass ich nicht mehr weiter schwimmen konnte. Der Schmerz blieb, und ich hatte keine Erklärung dafür. Ich dachte nur: »Super, jetzt stelle ich mich morgen als Medium und Heilerin vor und humpele zu dem Treffen! Bitte, lieber Gott, lass es morgen vorbei sein.« Zu meinem Unmut wachte ich mit den gleichen Knieschmerzen auf.

Wir fuhren zum Treffpunkt, und ein ungutes Gefühl kam in mir auf. Die Frau des Organisators begrüßte uns mit einem Lächeln, der Mann per Händedruck, starr und steif, seine Mimik schien eingefroren. Er schien keine Notiz von uns zu nehmen. Volker und ich bemühten uns um eine Konversation, die jedoch nur einseitig erfolgte. Nach einer Weile wurde ich verärgert und dachte: »Ok, es ist, wie es ist. Aber wenn dieser Mensch nicht binnen drei Minuten mit uns spricht, mache ich auf dem Absatz kehrt, selbstverständlich auch ohne ein Wort!«

Vor Ablauf der Zeit begann er missmutig zu sprechen. Wir einigten uns und tschüss, weg waren wir. Meine Knieschmerzen verflogen – bis zu dem Tag, an dem ich eine Zeitschrift in die Hand bekam, in der ein Foto des Organisators mit einem kurzen Bericht veröffentlicht war. Ich betrachtete das Foto. Erneut kam ein ungutes Gefühl in mir auf, und mit dem Gefühl kehrten auch meine Knieschmerzen zurück. »Das gibt's doch nicht! Ich bin mir sicher, das hat etwas mit ihm zu tun.«

Volker und ich gingen ein wenig an die frische Luft. Während wir die Straßen entlangschlenderten, fragte ich Gott: »Bitte, lieber Gott, willst du mir zeigen, was er mit meinen Knieschmerzen zu tun hat?« Ich atmete … und fand mich in einer Kirche als junges Mädchen wieder. Mein ›Organisator‹ war der damalige Pfarrer der Gemeinde. Er mochte mich nicht, und das ließ er mich auch spüren, indem er mich zum Beispiel zur Strafe für irgendetwas stundenlang auf der Kirchenbank knien ließ. Gerade so lange, bis meine Knie blutunterlaufen waren.

Nun hatte ich meine Antwort. Ich wusste, dass mit unserer Begegnung auch mein alter Schmerz aufflammte und es nur eine Lösung gab: Ich musste ihm vergeben. Das tat ich innerlich, und der Schmerz verschwand. Wir sind uns seit dieser Zeit mehrmals begegnet. Mein ehemaliger Schmerz blieb stumm. Nach unserer letzten Veranstaltung und Verabschiedung fiel mir der Mann zu meinem Erschrecken um den Hals, umarmte mich, bedankte sich für die erfolgreiche Arbeit und küsste mich sogar zu meiner höchsten Überraschung. Hilfesuchend schaute ich Volker an, der sich heimlich ins Fäustchen lachte.

Wenn wir Menschen begegnen oder in Umstände geraten, die in uns schmerzhafte Erinnerungen auslösen, bringt das neue Herausforderungen mit sich und bietet gleichzeitig die wunderbare Möglichkeit, etwas oder jemandem zu vergeben. Letztendlich sitzt der Schmerz in uns, nicht unbedingt im anderen, und deshalb liegt es in unserem Verantwortungsbereich, den Stachel zu entfernen.

Dass es zu gewissen Begegnungen kommt, die genau dazu die Gelegenheit bieten ... naja, dafür sorgt das Leben. Wir können die Vergebung dann auch innerlich stattfinden lassen. Meist ist damit auch die Chance verbunden, uns selbst zu vergeben ... dass wir nicht genug Mut aufgebracht oder uns selbst kleiner gemacht haben, dass wir nichts gesagt haben oder lieber hätten schweigen sollen. Wir können somit nachholen oder ändern, was uns verbesserungswürdig erscheint, und somit das Licht in unserer Seele stärken.

Tagesrückblick und Vergebung
Vor dem Schlafengehen empfiehlt es sich, diese Übung durchzuführen:

Atme ein paarmal tief ein und aus. Lasse den Tag Revue passieren. Beginne dabei beim Aufstehen am Morgen und erinnere dich dann daran, was du heute alles erlebt hast. Du kannst dich auch fragen: Wofür bin ich heute dankbar? Was war heute besonders schön? Was hat mich begeistert?

Achte darauf, was dich berührt hat, aber auch, was dich jetzt noch bewegt. Wie bin ich mit anderen, aber auch mit mir umgegangen? Erinnerst du dich an Situationen, wo es

Praktische Übung

Praktische Übung

Streit oder Unstimmigkeiten gab? Kommen dir Menschen in den Sinn, denen es noch etwas zu verzeihen gibt oder bei denen du dich entschuldigen möchtest? Du kannst dies auch innerlich tun. Stelle dir die betreffenden Personen vor … sprich telepathisch mit ihnen.

Wenn dir etwas angetan wurde oder du dich verletzt gefühlt hast, vergebe diesen Menschen ganz bewusst. Versuche, sie zu verstehen: Vielleicht gab es Missverständnisse, möglicherweise war dein Gegenüber unbedacht oder überfordert. Es gibt viele Gründe. Sprich innerlich mit den jeweiligen Personen, lasse sie wissen (ohne Groll), was dich verletzt hat. Höre nun den Menschen zu und betrachte auch, was du selbst aus der unliebsamen Situation oder Begegnung gelernt hast.

Wenn du einen Fehler begangen hast, tue das Gleiche. Sprich innerlich mit der Person und entschuldige dich. Nimm dir vor, es ein nächstes Mal besser zu machen. Hole aber auch im inneren Dialog nach, was du versäumt hast, zu sagen oder zu tun.

Schaue, wie deine Worte und Gefühle beim anderen ankommen. Siehe, wie die Person dir zulächelt, womöglich dankbar über deinen Willen, Frieden zu schaffen.

Vergib dir aber auch selbst für alles, was du getan oder nicht getan, gesagt oder nicht gesagt hast. Auch für alle negativen Gedanken und auch dafür, dass du vielleicht nicht gut mit dir selbst umgegangen bist.

Betrachte dich mit den Augen Gottes, der alles vergibt. Bringe dir selbst Verständnis und Mitgefühl entgegen. Begegne dir mit Freundlichkeit und Sanftmut.

Lasse dich nun vor dem Einschlafen von einer guten Erinnerung durchdringen.

Wenn du diese Übung regelmäßig praktizierst, entwickelst du mit der Zeit mehr Mitgefühl mit dir selbst und auch mehr Verständnis gegenüber deinen Mitmenschen.

Praktische Übung

KAPITEL 6

Gebete für
Mutter Erde

D ass wir alle viel mehr für den Zustand und Erhalt unserer wunderschönen Erde tun können, wurde mir durch die folgende Geschichte wieder ins Bewusstsein gebracht. Ich teile sie mit dir in der Hoffnung, dass sich jeder Einzelne seiner Möglichkeiten bewusst wird, durch Gebet und Meditation, Mutter Erde, die uns nährt und am Leben erhält, in ihrer Umlaufbahn zu halten. Möge ihr liebevolles Wesen weiter über uns wachen!

»Hallo Andrea!«, meldete sich eine mir vertraute Stimme am Telefon. Ich freute mich, Brigitta nach langer Zeit mal wieder zu hören. Brigitta war ein sehr gutes Medium, und wir hatten einige Male miteinander gearbeitet.

»Was ist los?«, fragte ich sie.

»Ich habe ein echtes Problem: In meinem Schlafzimmer stinkt es, und zwar nach Leiche. Seit ich von Fratel Cosimo aus Kalabrien zurück bin, und das ist bereits einige Wochen her, kann ich nicht mehr schlafen, weil es so erbärmlich stinkt.«

Fratel Cosimo ist ein Geistlicher, dem Mutter Maria erschienen war und der seit dieser Zeit sein Leben in den Dienst der katholischen Kirche gestellt hat. Es werden ihm etliche Wunder und Heilungen zugeschrieben.

»Ich habe schon mit den Seelen, wer oder was das auch

immer sein mag, geredet und gebeten, dass sie doch ins Licht gehen sollen«, erklärte mir Brigitta. »Aber es hilft nichts. Ich zünde jede Nacht Weihrauch an, was es ein bisschen erträglicher macht, aber eben nur ein bisschen. Wir haben schon alles durchsucht, ob nicht doch irgendwo ein totes Tier liegt. Aber tut es natürlich nicht. Es ist beängstigend.«

Ich ließ mir ein aktuelles Bild von Brigitta zusenden, um darauf zu meditieren und dem Gestank auf die Spur zu kommen. Das zugesandte Foto zeigte Brigitta als Ganzkörperaufnahme. Daneben stand ein unheimliches Geistwesen, Volker sichtete es ebenfalls. Am nächsten Tag begab ich mich mit der Aufnahme in unser Meditationszimmer. Ich bat Gott darum, sehen bzw. wissen zu dürfen, woher der erbärmliche Gestank kam.

Nachdem ich mich mit einem Gebet eingestimmt hatte und in meinen Atem ging, sah ich mit meinem inneren Auge sofort ein ziemlich hässliches Wesen. Es ist unmöglich, es zu beschreiben. Das Gesicht hatte etwas von einer Fratze, die Konturen des Kopfes und Körpers waren eckig und kantig. Alles in allem kein schöner Anblick und ein wenig beängstigend. Dennoch fühlte ich hinter der furchterregenden Erscheinung etwas Menschliches, etwas, das mir sagte: »Hilf mir bitte!« Ich fühlte einen Mann, der, durch wen oder was auch immer, zu dieser Gestalt geworden war.

»Wer bist du?«, fragte ich das Wesen.

»Mein Name ist Sanchez. Ich möchte wieder ein Mensch werden.«

Ich fühlte, wie diese arme Seele, die in Dunkelheit gefangen war, sich wieder nach dem Licht Gottes sehnte. Der Mann schaute zu einer kleinen Öffnung, die Licht freigab. »Es tut mir leid. Ich möchte, dass es ihr besser geht«, fuhr er fort.

»Wen meinst du?«, fragte ich.

»Maria Filippa!«

Ich fühlte, dass die Frau, von der das männliche Wesen sprach, eine tiefe Verbundenheit mit ihm haben musste, und begriff, dass sie es war, die die Öffnung zum Licht wieder in ihm hervorgebracht hatte. Es waren sein Mitgefühl und seine Liebe zu ihr, die seinen Wunsch zur Umkehr und die verblasste Erinnerung an Gottes Licht wieder erweckt hatten. Sehnsucht und verzweifelte Hoffnung, weitergehen zu können, sich aus Liebe zu einem anderen Menschen aus dem Sumpf zu befreien, waren die Antriebsfeder der bemitleidenswerten Kreatur.

»Die heutige Mafia ist meine Brut, meine Saat«, hörte ich ihn weiter sprechen und fragte ihn, wie er das genau meinte. Ich erfuhr, dass Sanchez, wie er sich nannte, einige Jahrhunderte zuvor in Kalabrien gelebt und etwas mit den Katharern zu tun gehabt hatte. Ich ›sah‹ seine Maria Filippa mit einem Kind auf dem Arm. Die Szene zeigte ein Flammenmeer, und ich begriff, dass Menschen, die nicht willens waren, ihren Glauben aufzugeben, bei lebendigem Leib verbrannt worden waren. Es schien mir, als hätte diese Zeit und die Erlebnisse meines Gesprächspartners den fruchtbaren Boden für die Saat des Hasses, der Kälte und der Mitleidlosigkeit in ihm hervorgebracht.

Dann plötzlich sah ich Brigitta. Auch sie trug ein Kind in ihren Armen, das man ihr entriss und in die Flammen warf.

»Bitte sag ihr, dass es mir leid tut, und bitte hilf mir. Sie muss mir vergeben!«

Ich staunte nicht schlecht, als ich begriff, dass dieser Mann mit all seiner Wut ein Ventil nutzte, das sich heute die `Ndrangheta nennt und vergleichbar ist mit der italienischen Mafia. Bei Mitgliedern dieser Verbrecher-Organisation konnte er seinen negativen Einfluss auf innerer Ebene geltend machen.

»Komisch«, dachte ich bei mir. Erst kürzlich hatten Volker und ich eine Dokumentation über die `Ndrangheta angeschaut.

Volker hatte einige interessante Filme auf Video aufgenommen, und ein paar Tage vor Brigittas Anruf entdeckten wir diese im Archiv. Die Doku handelte von den Frauen der Mafia. Darunter wurde das Leben einiger mutiger Frauen, die sich aus ihren Mafia-Familien lösen wollten, dargestellt. Einige unter ihnen traten als Kronzeugen gegen ihre Mafia-Onkel oder andere Angehörige auf, und verloren nicht selten ihre Kinder, die man umbrachte, und viele von ihnen fanden den eigenen Tod, indem sie als Verräter auf grausamste Art umgebracht und verscharrt wurden.

Mich hatte die Dokumentation sehr mitgenommen, und ich erinnerte mich daran, wie ich eines Tages selbst einmal durch den kalabresischen Wald gefahren war, ebenfalls Fratel Cosimo als Ziel, und mir sehr mulmig zumute wurde. In dieser Doku wurde gezeigt, dass die Mafia unter anderem auch in diesen Wäldern unterwegs war und nach Entführungsopfern Ausschau hielt. Irgendwie musste ich das gespürt haben. Damals war mir, als könnte jederzeit jemand mit einer Kalaschnikow aus dem Wald stürmen, und ich aktivierte die Kindersicherung meines Wagens.

Ich verstand, dass Sanchez einer der geistigen Drahtzieher dieser kaltblütigen Menschen war und sie dazu brachte, ihre Macht auszudehnen. »Und Maria ist der Grund, warum du aufhören willst?«, fragte ich Sanchez.

»Ja, ich möchte nicht, dass sie in den gleichen Sumpf gerät. Sie hat das nicht verdient.«

»Hm ... und wie kann ich da helfen?«, fragte ich innerlich.

»Bitte hilf mir, dass Brigitta, aber auch all die anderen Opfer unseres Handelns, mir vergeben. Ich kann es nicht alleine. Sie hören mir nicht zu. Sie lassen mich nicht weitergehen«, war prompt seine Antwort.

»Okay, aber nur, wenn du versprichst, dass es sofort in Brigittas Schlafzimmer aufhört zu stinken. Und das muss heute Nacht passieren, damit ich weiß, dass ich alles wahrheitsgetreu und richtig gehört habe. Wenn das passiert, verspreche ich dir, dass wir für dich beten und morgen gemeinsam unser Möglichstes tun, damit auch dir vergeben werden kann.«

In meinem Inneren fühlte ich, dass ich nicht alleine darum bitten konnte und Volker, Brigitta und ich das gemeinsam tun sollten. Ich sah, wie sechs der lichtvollsten Seelen in einem Halbkreis standen und die Transformation vollziehen würden. Es war ihnen aber nicht möglich, ohne unsere entsprechende Bitte. Ich verstand dies wie ein Miteinanderwirken auf irdischer und himmlischer Ebene.

Daraufhin kontaktierte ich Brigitta, erzählte ihr aus der Zeit der Katharer, ihrer eigenen Vergangenheit aus dieser Zeit, und dass die Seele, die offenbar den Gestank verursacht, um Vergebung und Mithilfe bittet. Als ich von Maria sprach, überkam Brigitta eine Gänsehaut.

»Jetzt richten sich alle Härchen auf, Andrea. Das gibt es ja wohl nicht! Ich habe eine Maria bei Fratel Cosimo getroffen! Eine Italienerin, die mich ansprach, als ich zur Toilette musste. Sie erzählte mir einfach so ihre Geschichte. Eine merkwürdige Begegnung … wir haben lange miteinander gesprochen. Maria fing während unseres Gespräches auch plötzlich an zu weinen und sagte: ›Ich weiß eigentlich gar nicht, was ich hier tue. Es ist wie ein Zwang, hierher zu kommen. Ich bin nun bereits das achte oder neunte Mal hier und weiß nicht einmal, wieso.‹ Lange habe ich mir darüber noch Gedanken gemacht. Es war wirklich eine sehr merkwürdige Begegnung.«

»Wow, das ist wirklich ein Ding. Ja, sie ist es! Du hast einen Bezug zu dieser Maria aus einer früheren Zeit, und über eure

erneute Begegnung in diesem Leben hat sich Sanchez einge-
schlichen. Wir müssen gemeinsam beten, Brigitta. Ich habe das
Gefühl, dass ich es nicht alleine kann, und es notwendig ist, dass
Volker, du und ich darum bitten. Es ist wichtig, dass du vergibst
und wir für all die Opfer der Mafia heute stellvertretend um Vergebung bitten. Große Seelen von der anderen Seite werden uns
dabei helfen.«

Am nächsten Morgen rief ich Brigitta an. Ich wollte wissen,
ob es, wie es mir versprochen worden war, im Schlafzimmer
meiner Freundin aufgehört hatte zu stinken.

»Ja«, erwiderte Brigitta, »aber jetzt riecht es dafür übel im
Wohnzimmer und vor dem Haus.« Ich war froh, dass es zumindest in ihrer Schlafstätte aufgehört hatte. Das war der mir von
Sanchez zugesicherter Beweis dafür, dass ich alles richtig verstanden hatte. Dass er außerhalb davon noch unangenehme Ge-
rüche verströmte, konnte ich verstehen. Die Arbeit war ja noch
nicht vollends getan.

Wir verabredeten uns zum gemeinsamen Gebet für 19:00
Uhr am Abend. Kurz zuvor gab es einen plötzlichen Stromaus-
fall in unserem Haus … es wurde stockfinster.

»Das ist die andere Seite, die uns an unserem Vorhaben hin-
dern will«, sagte ich zu Volker. Doch wir ließen uns nicht ab-
oder aufhalten. Gemeinsam beteten wir: »Bitte Vater, schenke
uns deine Liebe, deine Kraft und deine Weisheit. Und bitte
schütze uns. Bitte hilf uns, dass Frieden geschlossen werden
kann.« Innerlich sah ich unsere geliebten heiligen Seelen, die
sich wie zuvor in einem Halbkreis aufgestellt hatten. »Bitte helft
uns, dass wir unser Ziel erreichen«, bat ich auch diese lichtvollen
Seelen. Sie gehören zu den reinen Wesen, die Gott niemals verlassen haben. Unter ihnen waren Buddha und Sant Ji mit ihren
jeweiligen Dualseelen, und auch Christus mit seiner weibliche
Hälfte.

Nun sah ich Sanchez. Er war bereit, all die Seelen, denen durch seinen Einfluss innerhalb der Mafia Leid angetan worden war, um Vergebung zu bitten. Er senkte den Kopf. Die ersten Seelen traten in Erscheinung. Daraus wurden zwischen hundert und einhundertfünfzig Seelen! Öfters hörte ich ein: »Ich werde ihm nicht vergeben. Ich kann es nicht, sie haben mein Kind getötet.« Oder: »Sie haben mir die Nase, die Ohren abgeschnitten.« Es bedurfte viel Überredungskunst, sie davon zu überzeugen, dass es auch für ihr eigenes Wohl gut wäre, wenn sie bereit wären, die schrecklichen Taten zu vergeben. So musste ihnen beispielsweise gezeigt werden, dass auch sie nicht immer Engel gewesen waren, und allmählich waren sie gewillt, loszulassen.

Nach ca. einer Stunde hatte ich das Gefühl, jetzt ist es gut. Ich spürte Wärme in mir. Nun konnte ich auf anderer Ebene Sanchez wieder als Menschen erkennen. Er hatte nichts Fratzenhaftes mehr an sich und war zu einem normalen Mann geworden, der seinen Weg in Richtung Licht weiterbeschreiten konnte. Dankbarkeit strömte von ihm aus und füllte mein Herz. Trotz eines bleiernen und erschöpfenden Gefühls in meinem Körper, bemerkte ich eine friedvolle Atmosphäre.

An Volker gerichtet, fragte ich: »Wie war es für dich? Wie hast du es wahrgenommen?«

»Ich hatte das Gefühl, dass viele Seelen anwesend waren.«

Kurz darauf telefonierte ich mit Brigitta: »Wie geht es dir?«, fragte ich sie.

»Puh, es war ganz schön anstrengend! Kurz vor sieben gingen bei uns alle Lichter aus! Das war unheimlich. Und es war auch für mich überhaupt nicht leicht, die Sache von damals zu vergeben, ich hatte damit ganz schön zu kämpfen. Aber dann ging's. Es waren sehr viele da. Nach meinem Gefühl mehr als hundert. Es hat manchmal richtige Überredungskunst gebraucht.« Brigitta bestätigte meine Wahrnehmung.

»Nun, ich denke, wir haben unser Bestes getan. Deinen Freund habe ich jedenfalls wieder menschlich wahrgenommen und Dankbarkeit fühlen können. Ich glaube, dass er insbesondere dir sehr, sehr dankbar ist. Jetzt bleibt es abzuwarten. Ich bin gespannt.«

Am nächsten Morgen war ich sehr neugierig, was sich in Bezug auf den Gestank im Haus getan hatte. Erneut telefonierten wir, und ich fragte Brigitta danach.

»Nichts mehr!«, rief Brigitte freudig aus. »Es stinkt nirgends mehr. Endlich konnte ich mal wieder schlafen, und auch so fühle ich mich viel besser. Wie befreit. Danke, Andrea.«

»Du musst mir nicht danken. Ich bin genauso froh.« Tatsächlich war ich froh darüber, Brigitta helfen zu können, hatte sie doch auch etwas gut bei mir, weil sie mir ein paar Monate zuvor in eigener Sache geholfen hatte, etwas zu erkennen, für das ich blind gewesen war. Wir verabschiedeten uns, und am gleichen Tag hörte ich von meinen geistigen Freunden: »Pass` auf … binnen einer Woche wirst du die Auswirkungen dessen, was ihr bewerkstelligt habt, in den Nachrichten zu hören bekommen. Es wird ein Mafiaring in Kalabrien gesprengt werden.« Ich war erstaunt und nahm mir vor, nach einer Woche zu prüfen, ob sich etwas in der Welt getan hatte und die Sache bis dahin ruhen zu lassen. Doch bereits zwei Tage später legte mir Volker, der von meiner Botschaft nichts wusste, intuitiv folgende Nachricht vor:

19.7.2016: Razzia gegen `Ndrangheta: 40 Festnahmen in ganz Italien. Wegen Verbindungen mit der `Ndrangheta, der Mafia in der süditalienischen Region Kalabrien, und Korruption sind heute in Italien 40 Personen festgenommen worden. Bankkonten mit Guthaben von 40 Mio. Euro wurden eingefroren. Unter den Verdächtigen befinden sich auch Beamte der Steuerbehörde, teilte die Polizei mit. Mafia-Clans hatten enge Verbindungen zur Politik aufgebaut, um Unternehmern Aufträge im Infrastrukturbereich zu sichern. Korruption wurde im Zusammenhang mit Aufträgen für den Bau des sogenannten ›Terzo Valico‹ festgestellt. Dabei geht es um den Bau eines 37 Kilometer langen Tunnels durch den Apennin, durch den der Güterverkehr zwischen Mailand und Genua beschleunigt werden soll. Die Projektkosten liegen bei 6,2 Mrd. Euro, die Fertigstellung ist für 2021 geplant.

Mein Herz hüpfte. »Das ist ja verrückt!« Nicht einmal eine Woche ist vorbei, gerade einmal zwei Tage sind vergangen, und dann das! Ich war glücklich. Meine Gebete hinsichtlich der Zerschlagung der Mafia und meine Appelle an den Mut von Familienangehörigen, das Schweigen zu brechen, waren angekommen. Und vor allem unsere innere Arbeit, die nun bestätigt wurde.

Etwas, was ich bereits lange Zeit vergessen hatte, war mir durch diese Erfahrung wieder ins Bewusstsein gerückt: Wie oft hatte ich erlebt, wie Maya, die eben noch durch den Garten geschlendert war, im nächsten Moment zusammenzuckte oder vor Schwindel fast vornüber kippte, weil sie etwas in ihrem Körper spürte, das ihr sagte: Etwas stimmt nicht auf der Welt oder mit Mutter Erde.

Mit den Worten: »Ich muss sofort Ananda fragen, was los ist!«, machte sie sich dann meist mit wackligen Beinen auf den Weg hinauf in ihr Zimmer, um nach der Ursache zu fragen. Wenn sie wusste, worum es ging, hat sie stets Gott gebeten, ob das, was im Anmarsch war, auf andere Art und Weise gelöst werden konnte. Manchmal waren es Erdbeben, manchmal Angriffe auf die Erde, oder andere Naturkatastrophen. Und immer konnte sie mit ihren Gebeten und ihrem kreativen Schöpfergeist eine Veränderung bewirken. Das war Mayas großer Verdienst für Mutter Erde und die Menschheit.

Ich erinnerte mich an die Worte Mayas, die mir zu verstehen gaben: »Kind, du kannst das auch tun. Immer dann, wenn du in der Zeitung oder in den Nachrichten etwas Negatives hörst, kannst du Gott darum bitten, es zu ändern. Dein Gebet wird erhört werden, und du kannst die Welt damit besser machen.«

Ab und an hatte ich das natürlich auch gemacht, aber zu selten. Dieses Erlebnis hatte mir wieder klar zu verstehen gegeben, wie wichtig es doch ist, dass wir alle für Belange der Menschheit, für unsere Umwelt und für Mutter Erde beten sollten. Jeder von uns kann hier einen wichtigen Beitrag leisten.

Die Heiligen und Gott brauchen auch unsere Aktivität. Ich hätte das schon lange Zeit früher wieder tun sollen und nahm mir fest vor, mich öfter bewusst mit Mutter Erde zu verbinden, um ihr Heilung, Frieden und Kraft zu schenken.

Wie war es möglich, dass ich vergessen konnte, wie wichtig es war, immer wieder bei Missständen für alle Bewohner dieser Erde um Hilfe und Heilung zu bitten? War ich doch selbst Augenzeuge von so vielen Wundern gewesen, die Maya vollbracht hatte.

Nach der Geschichte mit Brigitta wurde mir bewusst, dass es nicht richtig war, die Nachrichten wegen ihrer Negativität nicht mehr zu hören oder zu lesen. Im Gegenteil: So hat jeder von uns die Chance, bewusst Missstände auf schöpferische Art und Weise positiv zu beeinflussen.

Wenn ich also Negatives höre, bitte ich Gott, wie Maya es tat, um Linderung, Besserung, Klarheit in den Köpfen der Machthaber. Sich mit den Seelen innerlich zu verbinden, mit ihnen auf diese Art und Weise zu sprechen, hilft zumindest bei dem einen oder anderen, zur Einsicht zu gelangen, Mitgefühl aufzubringen und Frieden zu wollen.

Sich vorzustellen, wie es anders – besser – geschehen könnte und damit schöpferisch tätig zu werden, ist ein verantwortungsvoller Prozess, der gute Früchte hervorzubringen vermag.

Schöpferkraft ist eine wichtige Seeleneigenschaft, die meist mit Kreativität einhergeht. Wenn wir lernen, negative Gedanken in positive umzuwandeln, nutzen wir diese Eigenschaft. Aber auch Verantwortungsbewusstsein für uns und unser Umfeld zu übernehmen, sorgt für mehr Lichtausstrahlung, was auch unserer Erde entsprechend mehr Licht und Frieden schenkt.

Möge das Licht stets über die Finsternis siegen und in jedem Menschen Gottes Ursprung erkennen lassen!

Nachwort

E s ist Ostern, und mein Herz wandert zurück in die Zeit, in der Christus als Gottes Sohn und Mensch unter uns gelebt hat. Das Buch ist geschrieben, und ich lehne mich zurück. So vieles ist gesagt worden, aber vieles auch nicht, und mir wird klar, dass alles nur im Moment geschehen kann. Ich versuche, mir keine Gedanken mehr zu machen.

Ist das nicht wirkliche Freiheit? Christus hat uns gelehrt, uns keine Sorgen zu machen. Viele Jahre zuvor hatte ich eine Vision aus der Zeit von Jesus:

Da stand ich, eine junge Frau, die trauernd und mit tränennassen Augen über Jerusalem blickte, in dem Bewusstsein, dass ER bald nicht mehr unter uns weilen würde. In meinen Gedanken machte ich mir Sorgen um die Menschen, die zurückblieben. »Was sollen die Menschen nur ohne dich tun?« Da nahm er mich bei der Hand und sagte zu mir: »Komm, Kind, ich möchte dir etwas zeigen!«

Wir gingen einen schmalen, von Büschen gesäumten Pfad, bis wir ans Ende des Weges gelangten. Dort öffnete sich mein Blick auf ein Dorf. Menschen gingen ihren alltäglichen Dingen nach, backten Brot, hackten Holz.

»Trauere nicht, und schaue, was ich getan habe«, sagte ER zu mir. »In jedes Menschenherz habe ich einen Samen gelegt.«

Und tatsächlich …, ich konnte plötzlich den Samen als wunderschönes Licht in den Herzen aller Menschen erkennen, auf die ich blickte, und tiefer Frieden erfüllte mich. Nun wusste ich – und weiß ich – getröstet und voller Zuversicht, dass ER immer bei uns sein wird, »bis ans Ende aller Tage!«

>»Ich war ein verborgener Schatz und
> liebte es, erkannt zu werden;
> so erschuf ich die Welt,
> auf dass ich erkannt würde.«
> Sufi-Mystiker Rumi

Ich möchte Danke sagen

Mein Dank gilt vor allem meiner liebsten Freundin Maya Storms, der ich dieses Buch widme. Maya ist am 22.2.2016 heimgekehrt. Alles Gute, das in mein Leben gekommen ist, wie auch mein spiritueller Dienst an Menschen, habe ich ihr zu verdanken. Mein Leben hat in Wahrheit begonnen, als dieser Engel in mein Leben trat. Mayas Licht und ihre Liebe haben nicht nur mein Leben von Grund auf verändert, sondern das Leben tausender Menschen. Sie half uns, die Himmelsleiter durch ihre Hand emporzusteigen.

Meinem Mann Volker möchte ich von Herzen für sein Mitwirken an diesem Buch, aber vor allem für seine unendliche Geduld und seine offenherzige Liebe danken, ohne die ich nicht die wäre, die ich heute bin. Seinem Dasein habe ich zu verdanken, dass ich die Tore zur Freiheit beschreiten konnte. Ist es nicht die Liebe, die alle Wunden heilt? Danke, dass du mich nimmst, wie ich bin, und stets die Sonne für mich strahlen lässt.

Danke möchte ich auch Armin Mattich und seiner Frau Andrea sagen, meine treusten Freunde und Wegbegleiter. Armin führte mich zu Maya und war die Initialzündung für meinen spirituellen Pfad. Wann immer ich ›Hilfe‹ gerufen habe, war mit ihnen zu rechnen. Ihr wart und seid mir eine große Stütze.

Mein herzlichster Dank gilt auch meiner Schwester Birgit. Wie oft im Leben hatten wir das Gleiche zu durchleben und haben es doch gemeinsam geschafft! Als eine meiner ehrlichsten Kritikerinnen im positiven Sinne danke ich für dein Sein und deine Liebe, die auf Gegenseitigkeit beruht!

Meiner verstorbenen Hündin Gina, die immer noch als Engel an meiner Seite steht, danke ich aus der Wärme meines Herzens für ihre tiefe Liebe zu mir, die alles ertragen hat, mir in meiner Arbeit und in meinem Leben eine treue Freundin war und mir half, immer weiterzugehen.

Auch möchte ich all meinen Freunden danken. Es ist unmöglich, alle aufzuzählen, die mich unterstützten, die mir Mut zusprachen und mit mir lachten und weinten.

Im Geiste danke ich meinen Engeln und himmlischen Helfern, ohne die ich diese Arbeit nie tun könnte. Im Himmel scheint es keinen Feierabend zu geben.

Und, last but not least, möchte ich mich von Herzen bei all meinen Klienten und Seminarbesuchern bedanken, die mir ihre Geschichten zur Verfügung gestellt und dadurch erst dieses Buch möglich gemacht haben. Mögen eure Lebensgeschichten – und das ist meine große Hoffnung – dazu beitragen, dass es vielen Menschen gelingt, das Leben als eine Abenteuerreise mit Gott zu betrachten.

Danke!

Über die Autorin

Andrea Dinkel-Tischendorf wurde am 24.12.1969 geboren und lebt heute mit ihrem Mann in Freilassing an der Grenze zwischen Österreich und Deutschland. Bereits in frühen Kindheitsjahren nahm Andrea die geistige Welt durch Fühlen, Sehen und Hören wahr. Durch die persönliche Erfahrung einer Spontanheilung nach einer schweren Krankheit wurde sie auf den Weg gebracht, ihre eigenen Heilkräfte zu entwickeln und einzusetzen.

Sie ist ein klares Medium und vermag die Seele des Menschen wahrzunehmen. Frühere Leben zu sehen gehört mit zu ihren Aufgaben. Durch ihre heilsamen Kontakte zu Engeln, Geistführern und Verstorbenen hilft sie anderen Menschen, Trost zu finden, Klarheit zu erhalten, Verständnis zu erlangen und Frieden zu finden.

Ihre wesentlichste Aufgabe sieht Andrea darin, ihren Mitmenschen zu helfen, die Reise ins Innere anzutreten und die Verbindung zu ihrer Seele, die Verbindung zu Gott und Allemwas-ist, wieder aufzunehmen und ein neues Bewusstsein für das Geschenk des Lebens zu erlangen.

Sie teilt ihre Erfahrungen aus fast zwanzigjährigem Dienst für die geistige Welt europaweit mit ihren Besuchern in Vorträgen, Kongressen und Seminaren. Weitere Informationen zu den Veranstaltungen finden Sie auf ihrer Website www.andreadinkel.de

»Manchmal muss man die Augen schließen,
um wieder zu sehen«

CD: Kontakt zu den geistigen Helfern

Geführte Mediation, gesprochen von Andrea Dinkel-Tischendorf

Deine himmlischen Helfer – deine Engel, deine geistige Führung und weitere Helfer – haben dich ausgesucht, um dich mit all ihrer Liebe und ihrem Wissen während der Zeit auf dieser Erde zu unterstützen. Sie stehen dir immer zur Seite.

Während dieser geführten Meditation kannst du dich ganz bewusst mit ihnen verbinden, deine Wahrnehmung erhöhen und wichtige innere Fragen stellen, wie zum Beispiel:

- Warum bin ich hier?
- Wie haben zwischenmenschliche Beziehungen mein Wachstum gefördert?
- Wie gelange ich zu wahrer Kraft und Freude?

*Folge dieser Reise, die dich näher und näher
mit der geistigen Welt verbindet.*

Kontakt zu den geistigen Helfern (60 min):
01: Lerne deine Energie kennen
02: In der Gegenwart der geistigen Welt

www.echnaton-verlag.de

EchnAton Verlag

Der EchnAton Verlag steht für transformierende Literatur.
Neben den Büchern von spirituellen Weisheitslehrern,
Schamanen und Coachs veröffentlichen wir tiefgehende
Romane und Meditations-CDs.

Fordern Sie unseren Gesamtkatalog an!

Aktuelle Neuerscheinungen und Informationen
zu geplanten Veranstaltungen der Autoren
finden Sie auch auf unserer Webseite:

www.echnaton-verlag.de